Así dicho 2

© 2025 Gonzalo Vázquez (dir.)
Editorial: BoD · Books on Demand, Calle de Manzanares,
4, 28005 Madrid, bod@bod.com.es

Impresión: Libri Plureos GmbH, Friedensallee 273,
22763 Hamburg (Alemania)

Dirección del festival: Gonzalo Vázquez
Dirección artística: Yolanda Castaño
Transcripción: María del Rosario Bakun
Corrección de los textos: Sergio Gómez
Maquetación y portada: Gonzalo Vázquez

ISBN: 978-84-1373-192-6
Depósito legal: marzo 2025

Gonzalo Vázquez (dir.)

Así dicho 2

Actas del II Festival de literaturas hispanoamericanas
Paris ne finit jamais

París, del 3 al 9 de mayo de 2021

ÍNDICE

París en mayo: cantar la libertad en español

Pablo Milanés   **353**

El papel de la cultura en la hipermodernidad

GILLES LIPOVETSKY

Conducido por **Raphaël Estève**
(Universidad Bordeaux Montaigne, Francia)

Para el gran filósofo y sociólogo Gilles Lipovetsky, atravesamos tiempos de hipermodernidad, de capitalismo artístico, de un consumo transestético. ¿Qué lugar y qué papel ocupan la literatura y la cultura general en ese marco conceptual? Nos interesa conocer las reflexiones de uno de los mayores y más originales pensadores franceses de la actualidad, y tenemos la oportunidad de hacerlo de la mano de Raphaël Estève, investigador y profesor de la Universidad de Bordeaux Montaigne. Ellos mantendrán una conversación en francés, con subtítulos en español, que servirá de umbral al festival de este año. La hemos titulado: «El papel de la cultura en la hipermodernidad».

RAPHAËL ESTÈVE: Gilles Lipovetsky, buenos días.

GILLES LIPOVETSKY: Buenos días.

RAPHAËL: Gracias por aceptar formar parte de este evento, «Paris ne finit jamais». Usted es filósofo, de formación, pero las obras que lo dieron a conocer son más bien una forma de acercarse a la sociología, y es cierto que usted está mucho más preocupado por la limpidez operativa de la eficacia de sus observaciones con respecto a fenómenos sociales concretos y contemporáneos que por plantear sistemas conceptuales o por deshacer un pensamiento estrictamente especulativo. El libro que lo dio a conocer es *La era del vacío*, publicado en 1983, un ensayo sobre el individualismo contemporáneo y sus raíces, el cual se ha convertido en un verdadero *best seller* en el campo de las humanidades, y que fue leído masivamente, no solo en Francia, sino en todo el mundo. Sus dos obras siguientes, publicadas respectivamente en 1987 y 1992, son *El imperio de lo efímero: la moda y su destino en las sociedades modernas* —siempre con esta misma lógica del título y el subtítulo que desarrolla el contenido de la idea—, y *El crepúsculo del deber: la ética indolora de los nuevos tiempos democráticos*, que además tuvieron mucho éxito. Trabajó —solo o en colaboración— acerca de la feminidad o sobre la imagen en general, educando en una predilección innegable por lo sensible. Personalmente, el que me resultó más familiar fue *La estetización del mundo: vivir en la época del capitalismo artístico*, que escribió con Jean Serroy en el año 2013. Por supuesto, también se puede mencionar —sin citar todos, ya que escribió unos quince en total— la aparición, en 2017, de su último libro, *Gustar y emocionar: ensayo sobre la sociedad de seducción*, en el cual también me basaré para esta entrevista. Antes de comenzar, quería hacerle una pregunta que ya se le ha hecho muchas veces, pero, como indica nuestro título, ¿por qué ese término de *hipermodernidad*? Y, dado que esta entrevista aparecerá asimismo en español y, por lo tanto, también estará destinada a un público de habla hispana, con un pequeño preámbulo, me gustaría preguntarle, ¿cuáles son sus posibles afinidades al mundo hispánico?

GILLES: Bien, de acuerdo. Para contestar a la primera pregunta acerca de la hipermodernidad, hay que ubicarse en el contexto en que el término se forjó. En esa época, había un debate importante acerca del concepto de posmodernidad. A partir de los años 80, y del libro de Jean-François Lyotard que lanzó, a gran escala, el concepto de posmodernidad, yo mismo retomé ese concepto asociándolo con el individualismo del cual habla y proponiendo el paradigma de un individualismo posmoderno. No había hecho un tratamiento verdaderamente conceptual de esta pregunta. Solo se trataba de marcar algún tipo de ruptura que se estaba dando, que se estaba produciendo en la sociedad de consumo y comunicación, y que había creado un nuevo tipo de individualismo, rompiendo con el individualismo más clásico, el individualismo más posesivo, el individualismo más disciplinario. Quise marcar así, con este concepto que estaba tan de moda, que la sociedad de consumo y de comunicación cambiaba nuestros hitos. Luego de varios años, me di cuenta de que el concepto en sí mismo no era adecuado, porque la modernidad no está superada. *Post* es como en *postmortem*, significa que se acabó. Ahora, cuando no se ha terminado —y esa es la cuestión—, *hipermodernidad* significa que hemos ingresado a una modernidad radicalizada: no somos posmodernos, sino que somos cada vez más modernos. La primera modernidad, que comenzó en el siglo XVIII, era una modernidad inacabada, que todavía llevaba consigo demasiadas huellas del pasado. En particular, de ideologías que creaban cierta religiosidad en la modernidad, donde el mercado estaba atado a varias estructuras. La idea de hipermodernidad es que los frenos que hasta ahora bloqueaban la modernización ya no están, y entonces pasamos a una nueva espiral de modernización del mundo. De ahí viene la idea de una especie de sobreoferta en todos los ámbitos del consumo: en el individualismo, en la economía, en las tecnologías, en los medios de comunicación, en la cultura. Esa fue la idea de *hiper*, que me pareció mucho más reveladora que la idea de *post*, porque *post* significa que ya se ha terminado, y eso no lo creo en absoluto. No estamos más allá de la modernidad, estamos en una nueva modernidad. Una modernidad liberada que nos propulsa hacia un mundo cada vez más improbable, que contiene lo bueno y lo malo, y ese es el problema. Con respecto a su segunda pregunta acerca del vínculo con el mundo hispánico, este es muy estrecho. Debo reconocer que, tanto España como todo el continente sudamericano, me han acogido de manera formidable. Siempre me invitan por trabajo. Por ejemplo, el año anterior al COVID, fui a América Latina seis veces. Siempre me invitan a México, Colombia, Argentina, Chile, Brasil. Tengo muchos contactos allí, muchos amigos. Lamentablemente no hablo español, pero siempre hay intérpretes. Ni siquiera puedo contar cuántas veces estuve en América Latina, igual que en España. Así que, para mí, es un mundo que aprecio mucho. Siempre tuve un recibimiento muy caluroso, y por eso es una gran felicidad ir.

RAPHAËL: Le hice la pregunta para retomar el hilo de su bella explicación y su justificación para el empleo del término *hipermodernidad.* En el libro de 1983 menciona el libro de *El punto de convergencia,* de Octavio Paz, que ha sido leído por muchos intelectuales de su generación. También reflexiona sobre esta continuidad de ruptura que usted argumenta muy claramente. Por eso quería ver con usted el libro de Daniel Bell, del que se inspira bastante, pero del cual difiere al final, y esto es lo que nos interesa. Fue publicado en 1976 y traducido en 1979, *Las contradicciones culturales del capitalismo,* los términos *contradicciones* y *cultura* nos interesan aquí. Como usted explica muy bien, la aparición del crédito fue un cambio que revolucionó la lógica del capitalismo para introducir una lógica hedonista. Para él, ese cambio es una contradicción cultural porque distingue dos esferas inconciliables en el capitalismo, la ruptura y la tendencia hedonista. Donde usted difiere, y esa es la lógica de su pensamiento posterior, es en la lógica de la contradicción, la idea de que la contradicción terminará inevitablemente en un colapso o en la destrucción del capitalismo que no podrá sobrevivir a sus contradicciones internas, lo que podría justificar hablar de posmodernidad en el sentido de que algo habría sido destruido. Pero tiene razón, nada se destruyó, ya que, según usted, no fue una contradicción excluyente, sino integrable para el capitalismo.

GILLES: Gracias por citar a estos dos autores que son importantes para mí, Octavio Paz y Daniel Bell. Son libros magníficos. He hablado con ellos, con mucha estima. Octavio Paz entendió el lugar de las vanguardias —de eso hablaremos más adelante—. Es un lugar muy interesante, con el nuevo lugar del arte en la hipermodernidad, que no fue lo que sucedió en el mundo moderno, el de las vanguardias. No hay más vanguardia como las que conocimos en los años 1880, 1890, con Cézanne y todos los que vienen después o, en literatura, con Joyce, por ejemplo. Ese mundo se acabó. Daniel Bell demuestra efectivamente que existe una antinomia entre la esfera económica y la esfera cultural. La economía ha creado una nueva cultura consumista que choca con la lógica del trabajo. Y para él, esto genera contradicciones insolubles. Yo no creo que sea así, pero puede que tenga razón, aunque no por las razones que presenta. El consumo ha integrado profundamente a las poblaciones en su vida cotidiana y ha hecho que se pierda la violencia de los conflictos sociales modernos. Es decir, en los países desarrollados, cuando hay huelga no hay muertos. Hay conflicto, pero no muertos. Ya no tenemos revoluciones sangrientas como fue el caso de la Comuna de París. Entonces, la cultura del consumo ha pacificado el conflicto social, y dio acceso a las masas a una forma de vida generalizada. Así es que no creo que haya contradicción entre el capitalismo y la nueva cultura. La nueva cultura del hedonismo, por el contrario, ha fortalecido al capitalismo porque reaviva constantemente la demanda. Por eso queremos políticas de crecimiento en el mundo entero, porque si no hay crecimiento, el aparato productivo se detiene. Sin embargo, Daniel Bell no se ocupa de esto en absoluto, ni aunque hubiera existido en esa época. Por otro lado, existe un problema real con el hedonismo consumista y el futuro de la modernidad, y es la cuestión ecológica. Esto no es un asunto menor. Obviamente, el calentamiento global, la pérdida de biodiversidad, etcétera, todo sigue conectado a una cultura productivista, y el consumismo forma parte de ello. La gente quiere coches, quiere viajar, quiere ropa. Por lo tanto, esta dinámica del productivismo crea un nuevo tipo de contradicción, hace un futuro difícil, inevitablemente, porque en algún momento va a provocar el calentamiento global, con sus consecuencias terribles como terremotos, tornados, inundaciones o sequías. El planeta no va a explotar, pero esto va a impactar a cientos de miles de personas.

Encontramos la cuestión de la contradicción, pero no en los términos de Daniel Bell; allí al capitalismo le ha ido muy bien. El hedonismo no necesita ascetismo, al contrario, el ascetismo no es bueno para el capitalismo porque hace que haya menos negocios. La gente tiene que consumir, viajar, comprar coches, comer. Y son consumidores, eso es genial para el capitalismo. Pero ¿podemos seguir consumiendo lo mismo si consideramos sus efectos en el medio ambiente? Yo creo que sí, soy optimista, pero tendremos que modificar los sistemas productivos. No podemos continuar de esa manera. Podemos seguir consumiendo, pero de otra forma. Volviendo a nuestro tema, sigo pensando que el hedonismo no es una contradicción del capitalismo, pero puede serlo si se continúa sin una transformación. Necesitamos un hedonismo que se asimile a la dimensión ecológica, a la responsabilidad planetaria; es decir, un hedonismo que sea duradero. Obviamente, los ayatolás de la ecología dicen que esto no es posible. Yo pienso que sí. Pienso que gracias a la innovación podemos tener un coche que no contamine o que contamine cada vez menos. Sin duda tendremos aviones que consuman cada vez menos diésel y que emitan menos dióxido de carbono. Por eso pienso que la solución razonable —y, de hecho, la única posible porque el resto es encantamiento— no es abogar por un ascetismo que quizá esté bien entre los burgueses, pero los chinos, los indios, los africanos no quieren el ascetismo, se alejan de él. Quieren poder consumir medicinas, viajes, productos, etcétera. Pero, de todos modos, la cuestión planteada por Daniel Bell sigue siendo una cuestión de contradicción, un problema real. Por eso debemos poner todos nuestros esfuerzos para tener un nuevo sistema productivo que integre cada vez más la dimensión ambiental, con sistemas productivos compatibles con la sustentabilidad. Esta es, en mi opinión, la gran contradicción, y no la que existía antes. Antes se trataba de una persona trabajadora y ahora se trata de un consumidor divertido. Este funciona muy bien con el capitalismo, pero no con el planeta. Turismo sí, pero habrá que cambiar, habrá que tener apartamentos compatibles con el medio ambiente. Pero no estoy a favor de una ecología punitiva. Creo que la inteligencia humana se basa en encontrar soluciones. El Estado debe impulsar la transformación y la inversión en nuevas formas de energía. Y los industriales también deben encontrar procesos que permitan que el planeta se contamine menos. Creo que necesitamos una nueva alianza. Una alianza entre el sistema de producción y consumo y la exigencia ambiental. En mi opinión, ahí yace la gran pregunta acerca de la contradicción.

RAPHAËL: Volveremos a las perspectivas de la deceleración cuando nos acerquemos a su libro sobre la seducción, porque es allí donde comienza a hablar de ello de una manera que quizá ha evolucionado ya un poco ahora, con los hechos que han ocurrido últimamente. Si volvemos a esa idea de contradicción, en aquel momento, y antes de tener todos los nuevos parámetros de reflexión o concientización tardía, en el momento de su obra *La era del vacío*, esta deserción del espacio y del común interés individual, para usted, no es un drama, sino, en ciertos puntos, un avance sobre lo fundamental desde el punto de vista de la emancipación y la autonomía que lleva la modernidad. Ese es su punto cardinal para desarrollar su pensamiento. Vemos, de todos modos, que había elegido el término *vacío* como emblema de todo eso, que no es anodino desde el punto de vista de su connotación. ¿Hay aquí un resto de axiología, de problematización de este fenómeno?

GILLES: Sí. El vacío se refiere a algo muy preciso. En ese momento fue el colapso de la esperanza revolucionaria. No estábamos lejos de Mayo del 68. Allá, a finales de los 70, se tiene la idea de que la problemática revolucionaria no es deseable ni deseada por la sociedad. La cultura revolucionaria del siglo XVIII fue una etapa extraordinaria. Y continuó con la gran fraseología marxista revolucionaria. A partir de los años 70, podemos ver que esto ya no resulta creíble. De modo que el vacío, que era allí una esperanza para los intelectuales o activistas, se ha derrumbado. Y, por lo tanto, hubo una sobreinversión del espacio privado. Fue un cambio drástico. La Revolución francesa no es un detalle pequeño, estaba rompiendo la historia en dos. La vanguardia, además, compartía plenamente esta idea de que era necesario crear el «nuevo hombre». Esto no es un detalle. Le di un tono un tanto irónico, precisamente porque los que pronunciaron la vanguardia y con ello la seriedad de la historia, la religión de la historia, el consumidor y su carrito o quien se va de vacaciones, se transformaron. El cambio fue rápido. Hubo un poco de controversia al respecto, especialmente porque estaba tratando de decir que, después de todo, es un vacío. Pero no hubo un vacío trágico, podemos vivir con eso. En aquella época, no había una amenaza climática ni populismo. La historia cambia, es así. Lo que sería problemático hoy no es la cuestión ecológica, sino la seguridad. La inseguridad por mafiosos, por robos; una inseguridad generalizada. Eso es lo que caracteriza a nuestra época. Podemos tomar cualquier esfera y notamos que la gente está desorientada. Ya no hay puntos de referencia, lo cual va acompañado del miedo: miedo al futuro, miedo al desempleo, miedo a la globalización, al calentamiento global. Miedo por la salud, como ahora que estamos en medio del COVID —a partir de los 80, el sida—. Miedo por la alimentación, y ahí vemos el éxito de los productos ecológicos: la gente come orgánico, el resto es cancerígeno y hay que tener cuidado con todo. Y, luego, el miedo a la inmigración, la creciente proporción de europeos que no aceptan las poblaciones inmigrantes. Son muchas esferas. El hilo común de nuestro tiempo está ahí, alrededor de la inseguridad y la desconfianza. Esta época ya no está en el vacío, está en la desconfianza de las élites políticas e intelectuales. Todas las autoridades científicas y políticas son acusadas por la gente. Eso tiene consecuencias, lo vemos en Brasil, lo vimos en Estados Unidos, quizá lo veremos dentro de un año en Francia con las elecciones. Hago libros para analizar lo que está cambiando en el mundo. Creo que el diagnóstico fue correcto en el momento de escribir *La era del vacío*. Hay muchas cosas que quedan de ese análisis, pero también hay cosas que ya han cambiado. En el momento en que escribía esto, a principios de los 80, no había desconfianza. Los franceses eligen a François Mitterrand con todo su programa. Ahí hubo desconfianza y la ilusión se detuvo rápidamente. Fue un miedo diferente. No hablo de Mayo del 68, donde hubo la liberación y fue una época de formidable optimismo, con la sensación de que estábamos liberados, cambiando de mundo. Hoy tenemos la impresión de que las cosas se están cerrando, la gente se está retractando y estamos en pleno momento del COVID. Estamos en una era extrema, estamos confinados. Bueno, confinados en nuestros hogares donde al menos hay Netflix. Así que es otro mundo, pero no es un vacío, por así decirlo. Es confinamiento, la gente está en casa. Ahora no nos relacionamos, pero, por supuesto, esto no va a durar. Por otro lado, la inseguridad global de nuestro mundo está destinada a perdurar porque ya no tenemos aquellos sistemas de otros tiempos que daban a las personas garantías, seguros, incluso para personas en situaciones de vida muy difíciles, como la religión que dio las respuestas a todo. Hoy la gente puede que siga creyendo, por supuesto, pero también cree en la inseguridad. Las respuestas ya no son tan claras. Ya no tenemos las respuestas en mano. Y es esta desorientación de la cultura la que hace que surja un mundo distinto.

RAPHAËL: Veo que es su gran fortaleza el querer hablar siempre de lo más contemporáneo. Todavía vamos a pasar por una fase de transición, vamos a dejar atrás los años 80. A la luz de lo que dice, este tono un poco más preocupado, aunque usted es optimista, de repente —no sé si deberíamos llamarlo un paréntesis, y tomo esto como punto de referencia— a partir de los años 2000, su libro del 2013, *La estetización del mundo* —para hacer una transición de lo que dijimos en torno al vacío y lo que llevará a su último libro, un poco más preocupado y con reflejos un tanto oscuros— tiene la idea de la homogeneización del mundo a través de la estética. Y usted dijo en 2013, todavía en esta idea de la luz, de lo frívolo, de lo efímero, que la estética había reemplazado a la religión y a la ética, y que había introducido asimismo la noción de sacrificio que se volcó de cierta manera en la obra *El crepúsculo del deber,* un cierto sacrificio hedonista e individualista, ya que se trataba de artistas que sacrificaron su vida familiar y material por la vocación artística. Entonces, ¿esta estética que conquistó el mundo es lo que reemplazó al vacío que estaba estudiando en el 83? ¿Ese sería el nuevo nombre o estaba en un plano diferente?

GILLES: No, no fue así. Fue una discusión con lecturas clásicas, digamos, heredadas de la escuela de Fráncfort. Adorno, por ejemplo, que veía al capitalismo como un sistema que erradicaba la dimensión de lo sensible. Porque la estética no es solo lo visual, es lo sensible, las emociones. De hecho, mencioné a Adorno, pero ya antes había críticas al capitalismo. Si pensamos en William Morris, por ejemplo, existe esta idea de que el capitalismo destruye todo lo que hace que las cosas sean bellas, el talento, y hasta las cualidades sensibles del trabajador. El Charlot en la línea de montaje ya no tiene sensibilidad, es destrozado por la máquina. A partir de ahí, vi que sí observamos en detalle, por eso di muchos ejemplos en el libro, de lo contrario estamos siempre en el encantamiento. Sé que esto no es bueno en el mundo intelectual donde solo debería haber ideas, pero —quizás sea mi lado de profesor— a mí me gusta dar argumentos que se apoyen en hechos porque así la gente puede juzgar después. Luego, puede que no estén de acuerdo, pero hay una discusión clara, saben de lo que estamos hablando. No siempre es así. Por eso, me parece que si miramos las cosas de cerca, el aspecto apocalíptico y destructivo del capitalismo es cierto, sin duda, pero también hay algo más. Es esta ambivalencia lo que quería mostrar, de un capitalismo que ha integrado el paradigma estético de lo sensible al trabajo, a la publicidad, al diseño, al cine, a la música, a la dimensión cultural. Pero también en los objetos. No se puede comprender el formidable destino de la industria automotriz sin entender cómo la máquina industrial ha incorporado esta dimensión. Tomemos el ejemplo de Ford, que a principios de siglo inventó el automóvil moderno, pero sin tener fines estéticos. Es un automóvil eficiente, no demasiado caro para las clases medias, que debe durar. Pero es negro, ¡es el mismo auto para todos! Tiene algo de puritano, Ford; odia el desperdicio, la moda, cosas así. Luego, General Motors, la competencia, estableció otro paradigma a partir de 1930. Esta dice que si hacemos otro sistema, el automóvil no es bueno para los negocios, porque una vez que tienes un automóvil ya no lo cambias. Y entiende que para que el mercado funcione es necesario introducir el paradigma estético; es decir, la moda, los colores, los detalles, los efectos de estilo, las aletas, etcétera. En los años 50, tenemos los coches americanos, los Cadillac, con esos estilos fálicos, autos *kitsch*, si se quiere. Ahí podemos ver la fascinación que han creado los autos, se trata de una dimensión estética, no solo de velocidad y tal. Y hay algo más, a la gente le encantan los coches. De modo que el capitalismo es una máquina que crea objetos. El famoso texto de Barthes sobre el DS, la catedral del siglo XX, por así decirlo. El DS es un coche magnífico, con un hermoso diseño y todavía extraordinario hoy. Decir que al capitalismo no le importa la estética no es cierto. El capitalismo nos ha dejado entender que se necesita una alianza entre el dinero, el mercado, la belleza y la emoción. El cine nos vende risas y lágrimas. El cine es una industria. Tendríamos que tratar de entender que el capitalismo no es el capitalismo de Max Weber. Allí solo es el aspecto contable el que funciona. Hoy, en las empresas, tienen conflictos dentro de las marcas. Algunos dicen que hay que ahorrar dinero y vender, y otros son creativos. Hay creativos por todas partes: en *marketing*, en arquitectura para tiendas, en el diseño de productos, en gráfica. En todas partes hay artesanías hoy; trabajan en el mundo de los objetos. Y, por otro lado, lo cual nos acerca al festival, al mismo tiempo el capitalismo ha creado un consumidor estético. Eso también resulta algo escandaloso, porque unos dicen que el capitalismo, al contrario, empobrece las sensibilidades. Podríamos pensar en la pornografía, en los programas malos de televisión. Sí, es cierto. Pero también es cierto que la gente nunca ha escuchado tanta música. Hoy, Spotify tiene más de cuarenta millones de canciones. Las personas pueden escuchar música mientras trabajan, viajan o al hacer cualquier cosa pueden escuchar música. Y toda la música del mundo se encuentra disponible. Así que existe una difusión de la oferta cultural por parte del capitalismo que ha generado aspiraciones estéticas. El gusto por la música, ir a festivales, el verano en que hay miles de festivales en Europa. La gente los adora. Personas que ven Netflix, que ven películas, series. Cualquiera diría que eso no es cultura. Sí, una cultura de masas, pero es cultura. No es un bocadillo, uno ve una película y eso le produce emociones. La gente viaja, quiere visitar lugares, ver las pirámides aztecas. Existe una curiosidad masiva por los paisajes. Son emociones estéticas. Hay una degradación de la imagen del turismo que es inexacta. A menudo nos burlamos de los turistas que viajan en grupo y fotografían cualquier cosa todo el tiempo, que comen bocadillos. Está bien, eso es muy elegante. Pero al mismo tiempo, el turista es un consumidor profundamente estético. Da la vuelta al mundo solo para ver y sentir. No busca ganancias, no hace negocios. Quiere divertirse, ver cosas, emocionarse, conmoverse. Es estético en el sentido más profundo de la palabra. Hoy, la pasión turística está generalizada. Antes, el consumo cultural era consumo tradicional. Los carnavales, las canciones, la música, cosas así. Hoy es un consumo que afecta a miles de millones de personas. Entonces, el capitalismo ha hecho de la cultura un objeto de consumo masivo, al mismo tiempo que ha desarrollado el amor, el deseo de la cultura. Después, podríamos discutir acerca de la calidad. Ese es otro asunto. No debemos mezclar todo. Debemos ver que en el capitalismo hay un poder de producción del deseo que es profundamente estético. El Día de la Música en Francia, millones de personas salen; las Noches en Blanco en París; las Jornadas del Patrimonio. Millones de personas van a ver los castillos. Es la cultura, el patrimonio. Antes, el patrimonio no interesaba a nadie más que a los comisarios y amantes del arte. El patrimonio reunía a muy poca gente. Es interesante la cuestión del patrimonio. Lo fue para profesores y gente así. Hoy todo el mundo ama el patrimonio. Hacemos asociaciones para la defensa del campanario del pueblo más pequeño. Es un apego a las identidades, por supuesto, al pasado, pero también hay algo estético. Fijémonos en la emoción después del incendio de Notre-Dame. Es identidad, pero hay algo más: es el paisaje, el amor por los paisajes, es la estética. El capitalismo no hace que desaparezca, al contrario, lo difunde. Esto es para corregir una imagen demasiado maniquea en este aspecto. Por eso creo que el capitalismo es más para atacar en cuanto a la ecología que en cuanto a la estética.

RAPHAËL: Gracias. Vamos a continuar un poco en este plan porque es cierto que en el libro de 2013 realiza un análisis muy esclarecedor, la estética como valor expositivo. Para proseguir con lo que acaba de exponer, que le permite definir con mucha precisión la lógica de los fenómenos contemporáneos que son homólogos a los que acaba de describir, como la museificación masiva o incluso las redes sociales. Pero insistió en lo que pasa afuera. Vemos que el encierro le preocupa. También se habla de otras cosas, con un fuerte poder explicativo, como de la museificación masiva o incluso la de las redes sociales sujetas a este valor de exposición. Y en cuanto a las redes sociales, que tienen una imagen hedonista en el sentido de que el término *compartir* ya no tiene ninguna forma de privación. Y así, estas redes sociales, no las exclusivamente verbales, parecen atestiguar una puesta al alcance de todos, la dimensión estética y el potencial de la creatividad. Al respecto, tengo una pregunta. Se ha dicho que estas redes sociales eran efectivamente un nuevo marco de la competencia. Seguramente dirá, en perfecta armonía con sus ideas, que esto estimula una cierta forma de creatividad, pero si queremos darle un giro a las cosas, cuando dijo que viajar no estaba relacionado con los negocios y que era algo desinteresado, ¿no existiría una relación de capitalización de esta dimensión estética en la competencia de la cual las redes sociales son el objeto?

GILLES: Por supuesto, cuando dije eso estaba hablando del turista en una fenomenología del turismo, pero por supuesto que el turismo es una industria. Hay ganancias, por supuesto. No es en absoluto contradictorio. Claro que existe esta dimensión. Netflix ofrece, a sus doscientos millones de suscriptores, películas y series increíbles, pero está en competencia con Amazon, con Disney, etcétera. Es un gran negocio. Yo soy sensible a la complejidad del mundo contemporáneo y sus contradicciones. Lo que a veces me enerva es esa intención de decir sin ver. Produce cosas que son aceptables y otras que lo son menos. Hay ambas. No vivimos en un gulag. A veces con los textos tenemos la impresión de que vivimos en un absoluto horror. Este no es el caso. Lo siento, pero no es así. Estoy tratando de comprender esta cuestión. Ahora, es cierto, hay que ver las guerras, la pésima competencia terrible que existe entre los grandes actores de la cultura en las redes sociales. Y los nuevos problemas que están surgiendo con el *big data*, lo que algunos llaman una especie de «vigilancia en la web»; ahora uno puede ser observado en cada requerimiento. Un robot conoce nuestros propios deseos casi mejor que nosotros mismos. Hay todo un debate hoy día, que ya no es tanto publicidad en el sentido clásico, la exageración publicitaria, sino que hoy con las redes sociales la web permite un nuevo tipo de control del consumidor. Yo usé el término *control*, que dudo en usar, y acepto recomendaciones.

RAPHAËL: Algoritmos, sí.

GILLES: Cuando estás con tu ordenador, recibes pestañas de «esto debería interesarte». Si han visto que has estado buscando vuelos para visitar playas en la Polinesia, recibirás solicitudes continuamente. El dispositivo informático es como que sabe todo de ti de una determinada manera. Ahí hay un debate, ¿eso significa

27

una pérdida de autonomía, algo insoportable para las libertades individuales, o abre un cierto número de posibilidades que no afectan a la autonomía final? Debo decirles que no estoy de acuerdo con muchas cosas que leo sobre esto. Como la mayoría de los intelectuales, pueden ver que cuando busco algo en Google, es algo intelectual. Si recibo alguna recomendación a través de Amazon, es «este libro debería interesarte». Debo admitir que la mayoría de las recomendaciones son correctas. No me muestran lo que acaba de salir, no. Son cosas específicas. Entonces, está bien con el ámbito en el que estoy. Y no lo veo como algo que pesa sobre mi libertad. Evidentemente, podría decir: «Sí, pero tiene puntos de referencia». Lo veo más como una oportunidad para hacerme saber cosas en las que no habría pensado. No siempre, pero me pasó a mí descubrir cosas gracias a eso. Prefiero un mundo con muchas opciones, que un mundo que censura, donde no hay elección. Permíteme hacer un guiño filosófico, diría que como Descartes, con estas solicitudes por la web, quizá se trate de libertad, pero es la libertad menos importante. Uno elige un hotel u otro, una película u otra para pasar la noche. ¿Y qué? ¿Eso es la existencia? ¿En eso se juega la cuestión de la autonomía individual y la libertad existencial? Yo no lo creo. Este es el aspecto del consumo, reconozco que toca la cuestión de la libertad, pero, en mi opinión, para usar la expresión de Descartes, es el grado más bajo de la libertad. La libertad la veo a otra escala, a nivel de ciudadanía, a nivel de la vida privada, de los compromisos de cada uno, de la vida profesional, de los amores, de la vida familiar, donde se gestiona la existencia. Estas son las elecciones fundamentales de la vida. Pero, bueno, un destino para ir de vacaciones en verano, o recomendar una película en lugar de otra, francamente, no me parecen ataques fundamentales a la libertad individual. Solicita, probablemente canalice. No lo contradigo.

Pero respondería con una pregunta: ¿y qué? No lo veo como algo intolerable al ideal de autonomía individual, porque yo posiciono la autonomía en otra parte.

RAPHAËL: Pasaremos al arte contemporáneo, pero antes, y esto no es una cuestión sino para acreditarle con un importante poder de anticipación, *La era del vacío* es una recopilación de artículos, y en uno que se llama «Seducción a la carta», ya había profetizado un poco sobre este algoritmo.

GILLES: Sí, cuestioné esa cuestión del concepto de posmodernidad, pero, en cuanto a la idea de la personalización a la carta, no hay un día que no aumente esa lógica. Y ahora, con el mundo virtual, el mundo a medida, el mundo a la carta, ha explotado literalmente.

RAPHAËL: Muy bien. Ahora, una última pregunta acerca de este libro de 2013. En este libro, *La estetización del mundo,* se detecta un fenómeno de vasos comunicantes entre el universo tecnocomercial, por un lado, y el arte contemporáneo, por el otro. La estética, cuya etimología se relaciona con los sentidos y su placer, traicionaría al arte contemporáneo en favor del universo tecnocomercial. Usted parece colocar el arte contemporáneo en una posición de desavenencia o exterioridad —luego corregirá esta afirmación—, eventualmente el mundo comercial, y también el cotidiano. Sin embargo, ciertos pensadores bastante cercanos generacional y, quizá, ideológicamente a usted, me dirá si se confunden con las vanguardias de antaño, pero sitúan el arte contemporáneo y su programa de exclusiva innovación, o consistiendo exclusivamente en un gesto de innovación, en una relación de homología con las lógicas de producción del capitalismo, donde si no innovamos, estamos muertos. Entonces, para desarrollar mejor la pregunta, estos mismos pensadores también identifican una predilección particular, además, quizá, una distinción sociológica, un gesto, entre los capitanes de industrias por las obras de arte contemporáneo que su bagaje financiero les permite coleccionar. ¿Cree que esta es solo una inversión, entre tantas otras, o tiene una afinidad estructural más profunda?

GILLES: Son varias cuestiones.

RAPHAËL: Sí. Usted elija el eje que prefiera.

GILLES: La cuestión del futuro de las vanguardias es delicada. Tratemos de ver cómo fue el paradigma de la moda que hizo el cambio porque las grandes vanguardias históricas tienen una fuerte finalidad. Se trata de revolucionar por completo la perspectiva, de romper la historia del arte en dos, de olvidar el pasado. Hay un radicalismo revolucionario en las vanguardias. Inventa un hombre nuevo, cambia la sensibilidad del hombre. Por cierto, la vanguardia se dará menos cuenta de ello que el capitalismo en sí. Además, como lo vio Marx, es el capitalismo mismo, porque la sensibilidad de los hombres ha cambiado. Pero lo que la hizo cambiar —bueno, ya lo hubo un poco con Mondrian y Picasso, o con Duchamp, que tocó mundos muy pequeños— es importante. Lo que ha cambiado es la relación con el mundo, la relación con el cuerpo, la relación con el sexo. Se trata de la forma de vida, formas de vida a través de la producción del capitalismo. Esa es la primera cuestión. Creo que ese universo de vanguardia ya no es el nuestro. El mundo de las vanguardias —y Octavio Paz lo ha demostrado— se ha construido en contra, en una sociedad donde los estándares eran muy tradicionales, con conformismos, etcétera. El problema es que este universo conformista ha desaparecido, ¡y todo el mundo está de acuerdo! ¡Nadie está en contra! Se puede mostrar lo que sea y todos dirán que es bueno, pero puede que no llegue a ser lo suficientemente radical. Así que hay una especie de competencia ahí, lo cual se convierte en una subversión. Y hoy en día, la subversión está subvencionada. Las grandes instituciones exigen la subversión. No soy el primero en decirlo, pero es que eso cambia totalmente el significado, porque las vanguardias nacieron en una sociedad terriblemente académica. ¿Quién es académico hoy? ¡Nadie! Todo el mundo dice que somos abiertos, liberales. Entonces, en ese nivel, se acepta de todo. Es en este sentido que la innovación, el cambio del mundo del arte, se acerca cada vez más a la innovación en el mundo de la moda. Son pequeñas innovaciones en el interior, pero no molestan a nadie, como en la moda. Es simpático. Y el público de la exposición en el Palais de Tokyo en París, etcétera, se puso de moda, es un mundo de moda. Mientras que en el mundo de las vanguardias, no saciaban el hambre todos los días, era un mundo difícil. Los artistas de vanguardia se han convertido en estrellas ahora. La lógica del mundo de las celebridades ha engullido al mundo de las vanguardias. La vanguardia y el mundo de las celebridades no son el mismo mundo. Jeff Koons y otros hacen fortunas, ellos mismos tienen colecciones de arte. Están consagrados. Y hoy está más cerca de la moda, es interesante. A Picasso se lo consagró, pero con el tiempo. Hoy, en un año o dos, puedes ser propulsado. Hay problemas de velocidad y de reactividad. El mundo de las vanguardias se ha reestructurado, colonizado, por el mundo de la comunicación, la lógica del mundo de las celebridades. Así que, efectivamente, el corte que hubo entre las vanguardias y el mundo de la economía, significa que un cierto número de empresas, en particular en el sector del lujo, recurre a artistas y lo hace con libertad, no es el modelo antiguo. Le dan libertad, es mucho más inteligente. Vuitton cada año pide a los artistas, Murakami, Stephen Sprouse, para que hagan colecciones de bolsos, en cantidades limitadas. Este es un ejemplo paradigmático, seguramente interesante, ya que si compras un bolso —Vuitton, en este caso—, ¿estás comprando un bolso Vuitton o una obra de Murakami? Bueno, ambos. Al mismo tiempo, Murakami está recibiendo una publicidad infernal y con buena inteligencia comercial para Vuitton, la marca de lujo líder del mundo. Y es extremadamente interesante ver cómo una empresa capitalista como Vuitton no está en contradicción con el mundo de los artistas. Los hacen trabajar. A veces emplean artistas *trash*. Es un mundo de lujo, pero eso no es un problema. Todos lo hacen: Gucci, Longchamps, Hermès. Tenemos artistas de vanguardia que crearon este capitalismo artístico completamente asombroso en el que los artistas ya no vomitan al sistema, como era con Baudelaire y su odio a la burguesía. Fue algo terrible con Baudelaire. Está bien ganar dinero y es normal. Desde Warhol, ¡él es increíble! Dice: «Soy un artista de negocios». Es impresionante decir algo así. El arte, desde los románticos, es lo que nunca capitula, que tiene una lógica propia, que es autónoma. Y hubo artistas comerciales en el siglo XIX. El teatro del bulevar, por ejemplo. Esa fue la abyección de la abyección. Que el arte pudiera estar sujeto a la ganancia o al comercio, es espantoso. Es *kitsch*, un horror. Hoy el artista más caro reivindica el *kitsch*, Jeff Koons. Estamos en medio del *kitsch*. Y el *kitsch*, que estaba completamente dominado, se ha convertido en top. Los puntos de referencia han cambiado por completo. En términos de estructura, el capitalismo ha sido perfectamente capaz de integrar a las vanguardias. Las hace trabajar en su propio provecho, y los artistas están bastante contentos de hacer estas cosas, porque ya no es una negación de sus libertades. Ordena un cierto número de directivas, pero luego las deja libres, aunque no totalmente. Entonces hay algo bastante nuevo ahí. No vemos a Duchamp, Modigliani, Mondrian trabajando para marcas mundiales. No hay problema ahora. Hay una lógica de hibridación, ya no es el mismo mundo. Estábamos haciendo ruptura en las vanguardias. Existe una disfunción entre el arte y lo comercial o la economía. Hoy en día, donde hay disfunciones, hay hibridaciones. El mundo del arte ya no existe sin comunicación. No habría Damien Hirst, por ejemplo, sin esto. En el mundo del arte contemporáneo, si eliminas las operaciones de comunicación, eso ya no significa nada. Es así como funciona. Pero tenemos otro fenómeno para mostrar la lógica de la hibridación. La lógica del museo. El museo es un organismo público. Por lo menos, en Francia, los grandes museos son públicos. Es una invención del siglo XVIII. Los museos estuvieron durante mucho tiempo completamente aislados de la lógica comercial. El museo está allí para presentar las obras maestras de la humanidad, como el Louvre. No tiene una finalidad comercial. Se trata de promover, de dar a conocer las obras de la humanidad, posiblemente para poner un interés nacional, pero no económico. Hoy en día no hay ningún museo que no tenga un fin comercial. Necesitamos un restaurante y exposiciones para acercar a la gente. El Louvre tendrá una oficina en Abu Dabi. Alquila sus colecciones. Es una marca. Guggenheim, bueno, es una fundación, pero, de todos modos, podemos ver que el universo comercial y el universo del arte han entrado en una lógica de hibridación e hipermodernidad. Es una expresión casi contradictoria hablar de un capitalismo artístico, es inverosímil y, sin embargo, es así como funciona. Hay un mestizaje permanente de conjunciones, y cada vez más. Los capitalistas entendieron que vender cultura era un buen negocio. Y los artistas ven allí herramientas de promoción. Y, por dentro, el consumidor es otra cosa. Usted habló de los coleccionistas. Yo no soy un experto absoluto, pero es muy interesante. Es cierto que los grandes coleccionistas son grandes empresarios. El imaginario, la cultura de los coleccionistas, ha cambiado. Los coleccionistas clásicos de principios del siglo XX formaban un mundo muy pequeño. Compraban obras de vanguardia porque les gustaban. Hoy día los grandes coleccionistas trabajan con expertos. Tienen consultores. Compran en el mundo entero. Antes, eran amantes del arte de vanguardia. No es tan complejo. Se iban a París. París era el centro. Vivían en París, iban a ver a artistas, era un mundo muy pequeño. Hoy hay que ir a Nueva York, París, Berlín o Shanghái. Hay una oferta de arte contemporáneo que nada tiene que ver con los pocos artistas que vivieron en Montparnasse o Montmartre. Y ahí vinieron los coleccionistas estadounidenses, o los pocos galeristas franceses. Era un mundo muy pequeño, funcionaba por el boca en boca. Hoy hay consultores, compran, colocan… No significa que no les guste el arte, les gusta, pero tal vez de otra manera. Quizá también es una lógica de hibridación. Lo que he podido ver es que venden, vuelven a comprar, hay una rotación más rápida que antes. Pero no demonicemos, eso no significa que no sea más que un negocio, no creo. Creo que el amor al arte se ha democratizado. No es que haya sido borrado. Podemos amar de diferentes formas, como con todo. Y probablemente es eso lo que está sucediendo. Es cierto que los *traders* están ahí, invierten su dinero todo el tiempo. Probablemente no sea el mismo mundo que el de Peggy Guggenheim cuando vino a París, cuando tuvo tiempo de venir a ver las galerías, los artistas. Ahora no tienen tiempo, hay que hacerlo rápido. No significa que no les guste. Pueden amar y no amar. Cambia. Por eso, creo que también estamos en la lógica de la velocidad.

RAPHAËL: Como París a veces sí termina, para recuperar el título y rendirle homenaje al mismo tiempo, entonces, para pasar rápidamente del nivel cultural al político, recomiendo a todos, de su libro *Gustar y emocionar*, de 2017, dos páginas muy esclarecedoras con este discurso propagandístico, con lo que implica como heteronomía de su destinatario, y que usted presenta como un antimodelo del proceso de seducción. Aún en el plano político, paso a un tema que me pareció más interesante para usted, por eso regreso a ello, y esta será la última pregunta. Quizá sea un poco extensa, pero usted elegirá en qué aspecto prefiere enfocarse. Al leerlo, entendemos que para usted hay una marcha ineluctable general hacia la emancipación del individuo, y la historia le da toda la razón. Esta convicción significa que para usted la modalidad de Trump, la forma en que Trump hablaba a la gente, la sedujo. Trump, que también es un puro producto del individualismo narcisista, y usted hace de este episodio de Trump, como lo describe, un epifenómeno: una desviación temporal del advenimiento de esta pacificación de la que hemos hablado y del advenimiento de la corrección política. Y allí, de nuevo, las últimas elecciones estadounidenses parecen demostrar que tiene razón. Así, esta ya es una primera pregunta, y hay una segunda detrás —usted elegirá la que prefiera, por supuesto—. Está esta desconfianza que mencionó anteriormente, por eso regreso a esta idea, con respecto a las élites, lo que significó la elección de Trump, porque me desafió su recordatorio de la idea común de que nuestros representantes solo están interesados en su reelección y son incapaces de resolver problemas fundamentales. Como consecuencia, agrega usted, los ciudadanos ya no se identifican con quienes los representan. La pregunta sería: ¿ya no se reconocen o se reconocen exactamente? Lo que quiero decir es cómo queremos, si nos convertimos a las virtudes del hedonismo narcisista y la búsqueda del interés inmediato, que otros se dediquen, en cierto sentido, «con sacrificio», al bien común.

GILLES: Entiendo bien la pregunta. El individualismo consumista y hedonista no excluye que, cuando pides algo como un producto u otra cosa, tengas exigencias. El consumidor exige que el producto que compra se corresponda con lo que quiere. Pero cuando eres ciudadano, y votas por alguien, entonces esperas un retorno. No es algo contradictorio. Simplemente, cuando eres ciudadano, pides un servicio, una solución, que no es del mismo orden del mercado. El gran problema que tenemos en Europa, y especialmente en Francia, que es preocupante, es que los ciudadanos ya no confían. Si toma las elecciones una tras otra, cada vez es un voto «en contra». Eliminamos, porque estamos desesperados. La derecha no ha resuelto los problemas; la izquierda ha traicionado. Así que, por otro lado, hay un aumento hoy, como hemos visto con el COVID, hay una desconfianza en la ciencia, en la tecnología, alimentada por *fake news*, por teorías de conspiración. Debo decir que eso me preocupa porque hemos vivido, desde el siglo XVIII, tanto con fe como con razón en las ciencias. Esa fue la solución a nuestros problemas. Ahí hay toda una sensibilidad de gente que dice: «No, eso nos mete en la pared. Los expertos son pésimos, son codiciosos». Los políticos no respetan lo que queremos, por eso no nos reconocemos en lo que hacen. Eso plantea un problema para la gestión de un país. Muy bien. Después, mencionó a Trump. Yo no dije que fuera un epifenómeno. O no me expresé bien. No creo que sea un epifenómeno. Lo que quiero decir es que hubo una elección desastrosa para Trump. Pero, afortunadamente, la democracia estadounidense es robusta, podría haber cambiado, pero eso no significa que sea un epifenómeno. Sin embargo, refleja un nuevo malestar en la democracia. No debemos caer en el catastrofismo.

No me gusta, porque a menudo no es eso lo que sucede. Es cierto que mucha gente piensa que hay otras cosas más que la democracia. Es algo nuevo. Esto no significa que la gente esté dispuesta a besar a Putin en la boca. No significa eso. Pero hay un malestar real, un malestar democrático. Los franceses solo se reconocen en el alcalde de su municipio. Todos los demás apestan.

RAPHAËL: Sí, se tiene la impresión de que es quien puede actuar.

GILLES: Así es. Exactamente, puede actuar y vemos lo que hace. Así, este es un problema real. Esta desconfianza, yo no la comparto. Sigo pensando, fiel a la Ilustración, que no habrá soluciones sin los aportes de la ciencia y la tecnología. Y lamento decir eso. Lo vemos con el COVID, sigue siendo la vacuna lo que prácticamente resolverá los problemas después de un tiempo. Podemos decir lo que queramos, pero si hay una solución a largo plazo es gracias a lo que descubren los laboratorios. Entonces, decimos: «Sí, ¡pero produce trombosis!». Sí, pero es una en un millón. Existe una terrible desconfianza hacia estas vacunas. No queremos ningún riesgo. Sin riesgo, no es posible. Pero hay que admitir que se trata de una vacuna que se logra en un año, cuando antes se lograba en diez años… La ciencia nos trae muchos problemas, y ahora son las técnicas las que traen muchos problemas. Pero no habrá solución al problema creado por la técnica aparte de la técnica. Si bien hay una sensibilidad hoy en día que dice que hay que romper esa lógica y buscar otra, eso es un sueño. No coincide con el mundo en el que vivimos. En este nivel, sigo siendo marxista, si se quiere. Marx dice que la humanidad tiene los medios para resolver los problemas que ella misma ha creado. Yo también lo creo. Se trata del mundo técnico. Creo que de hecho es el mundo técnico el que creó el caos electrónico. Es verdad. Ahora estamos con eso, pero la solución no es salir de eso, sino al contrario. Debemos sobreinvertir en estas áreas, dar concursos a la investigación, a la educación superior, para encontrar soluciones inteligentes. Sostengo que la razón y la inteligencia son nuestros aliados, no nuestros enemigos. No habrá una solución global válida fuera de estas áreas, de este camino. Esto significa que estoy convencido de que hay mucho trabajo que hacer en educación, y que tenemos que forjar a nuestros pequeñines en la educación, en medios de comunicación, para enseñarles a utilizar nuestras herramientas. La web, que es una herramienta mágica —siempre que se conozca, no técnicamente, pero al menos un poco—. Ahora hay personas que solo obtienen información en las redes sociales. Creo que no hemos terminado con los medios más antiguos, es decir, la escuela. A largo plazo, pienso que una democracia necesita ciudadanos informados, ciudadanos capacitados para pensar. Creo que podemos hacerlo mejor. Hacerlo mejor no en los sistemas escolares, los programas. No vamos a hablar en detalle ahora de los programas educativos, pero opino que el futuro requiere una formación más compleja en el acceso al conocimiento, la información, y la escuela es crucial si no queremos que ocurran desastres.

RAPHAËL: Bueno, no podemos hacerlo mejor. Esa será la última palabra. Le agradezco calurosamente su participación, y antes de despedirme, ¿ha aprovechado el encierro para preparar nuevas publicaciones?

GILLES: Sí. La suerte de los intelectuales es que la crisis no es demasiado difícil, porque siempre estamos en la oficina escribiendo. En este sentido, yo sí pude adelantar. Con menos viajes, terminé un libro. Con la crisis hubo muchos retrasos en la publicación. Es un libro sobre la autenticidad, un libro grande. Y luego también hice un libro con mi amigo, Jean Serroy, sobre la artista portuguesa Joana Vasconcelos, que también está listo. Y sigo. Tengo otros proyectos de libros. Para ir más allá de mi caso personal, se requiere una reflexión. Me gustaría terminar en la escuela. La escuela debería invertir más en la cuestión de la cultura y el arte. Lo vemos cuando la gente no tiene nada más en tiempos como el COVID. Es espantoso. Pero cuando se tienen recursos personales, cuando haces música, escribes poemas, pintas, entonces tienes recursos. No eres solo un consumidor. Y creo que la escuela debería preparar eso. Hago un llamamiento a una verdadera revolución en el lugar del arte y la cultura en el sistema educativo. No es algo secundario. Debemos darle su lugar completo para el desarrollo de un ser humano más global. Y es en este sentido que no es algo secundario. Llamo a una especie de ecología de la mente. Eso requiere de la literatura, de las artes, que nutren la vida. Esta es la principal misión de la escuela. Tiene que dar títulos de por vida, para trabajar y demás, pero eso solo no es suficiente. Debemos ser imaginativos y ver que la vida el día de mañana será complicada, porque los sistemas que antes enmarcaban a las personas, se han derrumbado. Entonces, ¿qué es lo que le puede dar sabor a las cosas? La pasión por hacer cosas, no solo por comprar marcas o cosas en Amazon. Aquí la escuela tiene un papel protagonista. Creo que aún no estamos a la altura. Hay mucho trabajo por hacer. Trabajar este siglo en el lugar, el papel de la cultura, porque ese era nuestro tema: el lugar de la cultura. Precisa ser reforzado. La cultura no es solo la cultura web, no es solo la informática. Lo es también, y es genial, no hay problema. Pero no te enamoras de los programas de computadora. Puedes enamorarte de lo que los programas informáticos pueden permitirte leer, ver. Pero creo que debemos repensar la creación, las letras, en el sistema educativo. De lo contrario, no eres más que un productor y un consumidor. Es lo que nos permite escapar del vicio, que tampoco es el infierno, pero no es algo satisfactorio, por eso debemos arreglarlo. Ser consumidor no es la abominación de la abominación, pero no es el colmo de lo que uno puede esperar de una civilización. Hay que tener una ambición superior y prepararla desde la escuela. Demostrar que en una época en la que las personas están un poco confundidas, desorientadas, la cultura, la creación, el amor por hacer cosas bonitas, bellas, sí da felicidad. Propone metas que son bellas y que permiten conectar a las personas. Es por eso que creo en esto tanto como creo que necesitamos programas humanistas donde la cultura tenga su lugar para forjar ciudadanos que critiquen y que, sin embargo, puedan enfrentar y mantener a raya las teorías de la conspiración, que alimentan el populismo.

RAPHAËL: Gilles Lipovetsky, muchas gracias.

GILLES: Gracias a usted, fue muy lindo, y ¡suerte con el festival!

Cruzar las galerías: el lugar de la crítica en los tiempos distópicos

JAVIER GARCÍA RODRÍGUEZ

Conducido por **Guillermo Sánchez Ungidos**
(Universidad de Oviedo, España)

Hasta la bulliciosa ciudad de París en tiempos de pandemia hubo de replegar sus movimientos a los espacios de interior, los túneles, las galerías. Afortunadamente, siempre nos quedan pasadizos íntimos que conecten nuestras ideas y el mundo, las prácticas culturales de las que unas cultivan y de las que otras gozamos. El polígrafo, autor, teórico de la literatura y gestor cultural, Javier García Rodríguez, conversará con Guillermo Sánchez Ungidos, ambos de la Universidad de Oviedo, sobre el papel de la literatura en ese futuro pospandémico. Acompañémoslos por esas galerías que atraviesan la teoría, la crítica y la escritura creativa ante el desafío de tiempos distópicos.

GUILLERMO SÁNCHEZ UNGIDOS: «París estaba cargada de tantas sorpresas, que estas no se acaban nunca», decía Vila-Matas en *París no se acaba nunca,* su famosa novela. Nos reunimos hoy, Javier, en esta ciudad, en este París más París y menos París, a la vez. Un tanto fantasmal, virtual. No sé cómo calificarla, pero, en cualquier caso, es un punto de encuentro también valioso de literatura y, sobre todo, también de pensamiento. Es necesario, a veces, darle un motivo a la literatura. Por eso estamos aquí, y vamos a conversar durante estos minutos sobre cómo ciertos autores —en especial, tú, Javier— permitís que aquello que tenía de mágico la literatura y de incomprensible, a veces, en su primitivo ensayo en la antigüedad, se convierta en algo más inteligible, pero sin que por ello se renuncie a lo complejo. Gracias a autores como tú, Javier —como digo, autores todoterreno—, que eres profesor titular de Teoría de la Literatura y Literatura Comparada en la Universidad de Oviedo; autor de libros de poemas como *Estaciones, Qué ves en la noche;* de libros de relatos como *Barra americana, La mano izquierda es la que mata;* de ensayos recopilados en libros como *Literatura con paradiña, En realidad, ficciones;* e incluso de libros de literatura infantil y juvenil tales como *La tienda loca, Un pingüino en Gulpiyuri, Mi vida es un poema* o *Miedo a los perros que me han dicho que no muerden.* Eres también articulista, y tus artículos también están recopilados en libros como *Líneas de alta tensión* o *Y el quererlo explicar es Babilonia.* Y eres también gestor cultural, *flâneur,* turista, recopilador, antólogo, ávido lector, teórico y crítico literario, investigador de Propp al afterpop, de canción de autor, de cine, de guion y muchas más narrativas audiovisuales. Hoy daremos un breve paseo por una representación de una ciudad que está totalmente al margen de la conciencia. Vamos a cogernos del teclado y, digamos, que «en cuerpo y en lo otro», como diría nuestro admirado Foster Wallace, atravesaremos, pensaremos, las galerías. Ese espacio «entre», que es infinito, una especie de intersticio en el que habitamos ya para siempre y en el que, como ven, nos sentimos algo protegidos. Javier, «vamos pa París, cuando quieras huir de los líos», decía una canción de C. Tangana que he escuchado esta mañana. Así que vente para París. Bienvenido a este espacio.

JAVIER GARCÍA RODRÍGUEZ: Muchísimas gracias, Guillermo. ¡Allá voy! Iba a decir: «con C. Tangana», pero diré que a pesar de C. Tangana, por empezar a decir las cosas un poco claras. Muchas gracias por tu presentación. Muchísimas gracias a la organización de este festival, a la Asociación Dalia, a todas las instituciones que, ya desde el año pasado, con muchas ganas y mucho esfuerzo, y con mucho criterio también, encarnado en la figura de Yolanda y de Gonzalo, se han metido en esta aventura tan perfecta de ir y volver a París, que está más cerca y más lejos que nunca. De modo que, muchísimas gracias. Y a ti, por acompañarme en esta sesión.

GUILLERMO: Muy bien. Si te parece, arrancamos destacando algo que es vital en tu producción… Iba a decir «literaria», directamente, y me equivocaría, porque es tu producción en general, aunque quede muy vago. Lo académico forma parte de tu escritura literaria, y la literatura forma parte de lo académico o más puramente académico. La primera pregunta que te quiero hacer es cómo conviven la pulsión de un poeta y de un narrador con el prurito académico al que estamos acostumbrados de este lado de la partida.

JAVIER: Imagino que, durante algunos años, no se trataba de una relación muy bien avenida, pero sobre todo en el plano teórico; es decir, al pensar cómo esto podía conjugarse o unirse. Todo resultó mucho más sencillo cuando del ámbito del pensamiento se pasó al ámbito de la tarea práctica y cuando comencé a dejar por escrito aquello que solamente había sido una idea más o menos pergeñada o más o menos pensada. Conviven bien el teórico y el escritor desde que descubrieron que más allá de la posible calidad de los resultados —que no soy yo quien ha de juzgar—, ambos podían funcionar en el mismo espacio, porque descubrieron que el criterio básico era el del uso de la libertad que le permitía un concepto muy amplio como lo es el concepto de escritura —que no es mío, como tú bien sabes, sino que está en nosotros desde hace tiempo— y que superaba un poco a la idea de hacer crítica o hacer literatura o hacer teoría. En ese paraguas más amplio todo cabía. Es un criterio de libertad, de no cerrar la puerta a todo aquello que uno cree, en un momento determinado —en el momento histórico, en el momento personal—, que puede aportarle algo a él, aportarme algo a mí, y aportar algo a esto, a lo que se está haciendo. Otra cosa es la circulación social de todo esto, pero ahí uno ya no es tan responsable, de cómo circula lo que uno lleva. Es verdad, hay en mí, en lo que se entendería como obras literarias, un alto componente teórico, y en las obras teóricas también hay un componente literario. Tanto en los contenidos como en las formas. Ahí es donde creo que puede estar la posible aportación o el posible camino. Es en expandir algunos de los modelos que se habían mantenido bastante estables y que habían dado resultados extraordinarios. Pero quizá al enfrentarse a nuevas formas de creación no eran capaces de encontrar la manera de dialogar con esas nuevas formas. Yo quería encontrar una forma de dialogar con lo que a mí me estaba sucediendo y también con lo que le estaba sucediendo a otros y a otras.

GUILLERMO: Mencionas cuestiones fundamentales que tienen que ver con el ámbito de la teoría. Mencionas el espacio, el uso, libertad, literatura y teoría —evidentemente—, contenido, formas, diálogo. Es algo que está, si nos ponemos muy exquisitos, desde Aristóteles, tanto desde la parte creativa como desde la parte más analítica y crítica de teoría literaria. Pero, entonces, ¿qué es lo que permite la fusión? Porque es verdad que ciertos críticos literarios o teóricos, más bien los norteamericanos, hablaban de que podría existir una crítica creativa. Pero no creo que sea en ese marco en el que tú te mueves. No sé si es una cuestión de explicitud, quizá, más que únicamente de forma, o cómo se conjugan ambas cosas, si es que son ambas.

JAVIER: Posiblemente no sea tanto, como tú dices, una crítica creativa, como no es una literatura teórica, sino tener la posibilidad y la oportunidad de estar siempre resbalando un poco en un terreno poco definible, poco definido. Tanto el de esta crítica, o el de esta teoría, cargada de elementos tradicionalmente entendidos como literarios, así como lo contrario. Esta literatura que no renuncia a todo lo que ha pasado en las últimas décadas y, si me apuras, en los últimos siglos. Quizá esto sea —y algunas veces esto se ha dicho acerca de lo que yo hago, incluso es posible que yo mismo lo haya dicho— una especie de pragmatismo muy peculiar de colocar elementos más o menos disímiles cerca, y ver cómo se comportan, ver si generan un encuentro o si generan un choque. Sin dar por hecho que generar un encuentro sea positivo y sin dar por hecho que generar un choque sea, en sí mismo, negativo. Creo que hemos buscado durante mucho tiempo una serie de interpretaciones de una crítica muy interpretativa que diera soluciones, y quizá ese camino se cerró hace mucho tiempo. Y quizá esta hermenéutica que a mí me interesa más es la que siempre se encuentra en problemas para definirse a sí misma y para definir el objeto de estudio. Hay una parte —quiero pensar, también— de carácter lúdico tanto en lo más creativo como en lo teórico. No sé si esta parte lúdica es un intento de desacralizar ambos discursos que, en muchas ocasiones, están penalizados por un lastre; es decir, ese prurito de hiperprofundidad que, en muchas ocasiones, no aporta gran cosa. No es ninguna novedad. Ha habido muchos autores y muchas autoras que han defendido toda esta cuestión. En ese espacio me siento cómodo. Que no haya ninguna puerta cerrada a ningún discurso; que lo imaginativo quepa en lo crítico; que se pueda arriesgar y no pase nada; que se pueda arriesgar en lo literario, pero también en lo crítico y académico, para evitar el anquilosamiento de todas esas formas.

GUILLERMO: Voy a explicitarlo, con tus palabras, para que nos crean un poco.

JAVIER: Vale.

GUILLERMO: En la nota preliminar a *En realidad, ficciones. Textos e imágenes en la ficción contemporánea: narrar y cómo* —que, como ya vemos en el título, lo que cuenta no es narrar—, al final, dices: «También los textos críticos aspiran a ser ficciones».

JAVIER: Estoy viendo que es verdad, sí, sí. Que lo que estás leyendo es así, porque es la nota preliminar de ese libro. Pero también es cierto que comienza diciendo: «En tiempos de penurias de la imaginación y de sobredosis de *storytelling*, conviene recordar que la ficción nos construye como individuos y como colectivo, desde siempre».

GUILLERMO: A eso quería ir, porque, el otro día, de casualidad, entré en este mundo que se está viviendo ahora, no sé si *gracias a* o *por desgracia*, a la situación que vivimos, de Twitch. Y me resultaba bastante curioso encontrarme al último premio Seix Barral, Juan Manuel Gil, que ha publicado este último mes de marzo esta novela, *Trigo limpio*, hablando precisamente de la necesidad de recuperar la narración como punto fundamental que nos constituye. Fíjate, lo que acabas de decir antes, de tiempos de penurias. Y él decía, en el Twitch de un periodista deportivo, Nico Abad, cosas como: «La literatura es como un hotel, el más confortable». Y lo decía, evidentemente, para una audiencia, que quizá no es la misma que se encuentra en la presentación de un libro o del propio premio, en Barcelona, en un palacete soñado. Pero, claro, los tiempos han cambiado, y ahora hay creadores de contenido. ¿Cómo lo ves? ¿Cómo tenemos que enfrentarnos a ello, tanto a nivel literario como teórico-crítico o analítico? ¿Cómo lo definiríamos? ¿Cuáles son los retos a los que nos enfrentaríamos?

JAVIER: Pues, no sé. Ojalá supiera yo cuál es la solución. No conocía esto que me dices de la intervención de Juan Manuel Gil en el Twitch de un periodista al que recuerdo, imagino, de Canal+, de hace mucho tiempo, comenzando con cosas de deporte. Pero lo que sí me parece es que *creador de contenido* lo que viene a significar es 'periodista sin contrato que trata de encontrar un hueco, o al que tienen contratado de una manera muy precaria para que, de la manera más potente posible, genere cierto ruido en los ámbitos de la recepción crítica, pero sobre todo en internet'. No sé si es otro público. No me gusta mucho lo de *creador de contenido*. A mí me interesa mucho lo que los textos dicen. Esto sonará, quizá, muy antiguo, pero no me interesa menos la forma que tienen esos textos de decir las cosas. Creo que hay muchísimos contenidos que, abordados por la ficción, pero también abordados por la no ficción, se pretenden contenidos muy potentes, muy comprometidos, muy profundos, pero que al estar tratados a través de una forma que no tiene, precisamente, estas características —que no son potentes, que no son comprometidas, que no son renovadoras, que no son personales, que no son propias—, entonces estos contenidos pierden, a mi juicio, mucha de su efectividad. Esto sucede porque están llegando a nosotros a través de unas formas literarias o de unas formas textuales que son las mismas que hace diez, veinte, ciento cincuenta o doscientos años. No creo que lo más importante sea el contenido, como no creo que lo más importante sea narrar. No creo que, como dice eso, lo que cuenta no es narrar solamente. Aunque sé que somos seres que narran. Lo sabemos. Y nos convertimos en lo que somos a través de las narraciones. Nos narramos, nos narran. Las investigaciones son muy claras, nos dicen que nos pasamos el 70 %, el 80 % en intercambios comunicativos de nuestra historia que nos contamos. Yo hasta cuando voy a los centros educativos se lo cuento, y enseguida dicen: «Es verdad, todo lo que yo he hablado con mi amiga hoy han sido historias que nos vamos contando». Y creo que hace no mucho tiempo, una investigación del ámbito de la neurobiología decía que nuestros colegas científicos habían confirmado algo que para las humanidades era una obviedad solo intuida; que cuando decimos que el lector está creando, también es creador de la obra —que era una especie de cosa que le dábamos al lector para que se sintiera muy feliz—. Nuestros colegas de ciencia nos están diciendo que, efectivamente, cuando un lector está leyendo una obra de ficción o cuando alguien escucha una historia que le están contando, en su cerebro se activan exactamente los mismos espacios neuronales, las mismas sinapsis neuronales, en la misma parte del cerebro, que se le activan al que crea esa historia. Con lo cual, de alguna manera, sí que podemos decir que el lector está creando. Por otra parte, en relación con esto que decíamos de la importancia que se le vuelve a dar al narrar, a esa narración más o menos pura, que en Juan Manuel Gil estaría en *Trigo limpio,* que estaría también en *Literatura* de Remón, esa especie de adanismo de los cuentos, estoy de acuerdo en que es muy importante, pero, al mismo tiempo, tengo la intuición, después de haber leído estas obras, de que se hace cuando el camino ya se ha hecho de ida y de vuelta. No hay inocencia en esta apreciación. Y en ambos casos, por citar estas dos obras aunque podríamos estar hablando de Esther García Llovet, *Gordo de feria* —hablo de los libros que tengo encima de la mesa—; o de Ana Iris Simón, *Feria;* o el caso de Bárbara Blasco, *La memoria del alambre,* etcétera. Son escritores y escritoras que ya han ido hacia la autoconsciencia de lo que es narrar, que la han descubierto, que son capaces de crear teóricamente, de crear desde lo que la teoría ya ha hecho. Por eso no me parece que sea tan simple. Hay una gran diferencia entre la persona que escribe una obra y la cuelga en Amazon, contando su experiencia vital en su infancia o contando algunas situaciones trágicas vividas por él o por ella, de una manera natural, visceral, directa, que eso mismo contado por Manuel Vilas en *Ordesa,* donde la mirada es una mirada muy autoconsciente. Esto no quita que no sea una recuperación del contar, desde el momento en que hace que la ficción ocupe un espacio social que antes quizá no tenía, no tan importante. O que hace que tanto la ficción como la no ficción sean profundas y le den al lector —y al espectador, porque esto pasa, y es lo mismo en el ámbito audiovisual—, a esas instancias receptoras, la posibilidad de discutir qué es lo que está pasando, para que no se lo den todo hecho. A mí eso es lo que me parece fundamental de esto que planteas.

GUILLERMO: Claro. Además, ahora que mencionas otro tipo de producto, el audiovisual, que es el que viene detrás, con el cine y las series, nos encaminamos una vez más hacia una autoconciencia, de cómo se está haciendo aquello que luego presentamos en una pantalla. Sin embargo, se vuelve a ese sentido narrativo más puro. Al hilo de esto, quería que nos contaras un poco también esa idea que sobrevuela la columna que actualmente tienes en *El Periódico de Catalunya,* eso de «Periféricos y consumibles». En 2018, decías en una entrevista: «Yo digo que nos movemos un poco entre el *storytelling* más básico y la angustia de los *influencers.* Así estamos: no la angustia de las influencias de las que hablaba Harold Bloom; sino la de los *influencers.* Estás ahí metido: entre contar con un modelo de Hollywood, o pensando si no participo de esta dinámica de los *influencers* literarios, me quedo fuera. Es un juego entre consumibles y periféricos: si acepto, soy consumible; si no acepto el juego, soy periférico. En la periferia la cosa está chunga, pero hay cabañas». Me gustaría que ahondaras un poco en esa cuestión.

JAVIER: Bueno, esto de «Periféricos y consumibles», como sabe cualquiera, incluso hasta el más torpe como soy yo en el ámbito de la informática, son todos estos elementos que circundan a nuestros dispositivos. Cuando yo vi este concepto en una tienda, me pareció, aunque un poco radical, muy cercano a lo que sucede en el ámbito creativo. No trato de que sea un maximalismo absoluto, hay grados de mezcla entre ambas cosas. Pero sí que establecía, en su momento, esta idea entre el crear periférico, con lo que esto supone, estar en las afueras del sistema —esto también es un poco teoría de los polisistemas de Even-Zohar, tampoco es muy novedoso—, y el consumible, como aquella propuesta artística —e incluso crítica y teórica— que pertenece al ámbito de lo que está más dentro del sistema y, por lo tanto, se consume más fácilmente. En el doble sentido. Se consume muy bien por parte del propio sistema, es fácil de consumir, pero al mismo tiempo también se autoconsume, es menos duradero. Tengamos en cuenta que la historia, o posible historia, de la creación de la literatura solo puede existir si la pensamos en términos de una historia de las excepciones que han ido sucediendo. Es decir, cuando la vemos con un poco de perspectiva, nos damos cuenta de que de la historia de la literatura forman parte todas aquellas obras que han aportado algo desde el punto de vista formal o temático, y no tanto aquellas que eran continuistas en estos dos ámbitos. Parece bastante lógico, por lo tanto, pensar que la periferia es compleja, dura, pero es el espacio que permite una mayor posibilidad de individualizar el discurso. Siendo conscientes, al mismo tiempo, de que hay un margen de estrechamiento que es inevitable: creamos donde creamos, escribimos donde escribimos. Y, por lo tanto, hay unos límites que, en cualquier caso, se pueden ir abriendo poco a poco. Yo elegí este título para mi columna del *Periódico de Catalunya* porque precisamente de lo que quería hablar era de los periféricos y de los consumibles. En realidad, lo que quería hacer en esta columna era una especie de manual de teoría de la literatura con conceptos. No lo consigo. La idea era ir más allá de la opinión. De eso sí que llevo mucho tiempo persuadido; yo creo que en la prensa hay mucha opinión, demasiada opinión. Y yo, sinceramente, Guillermo, sobre muchas cosas no tengo una opinión hecha como para poder decir o plantear una tesis. Pero sí que quería ver todo aquello que está un poco al margen, que no forma parte del día a día. Poder demostrarme que en estos artículos breves podía haber una concentración de contenidos que lo dote de profundidad, pero que no carezca de un tono de ligereza, que tenga humor, que traiga historias, que tenga contenidos, que tenga una parte anecdótica, y que todo eso se pueda mezclar en algo que logre tener alguna permanencia en el tiempo.

GUILLERMO: Ya creo que está más que probado este pensamiento. Creo que no es doble, en tu caso, porque es único a la hora de crear un texto. Como decías al principio, un tipo de escritura que pese a que no la has inventado tú, muy pocos la han practicado. Claro, porque es una tarea muy compleja. No solo hacerlo, como creador, sino pensar en quién lo va a leer, quién está al otro lado de la pantalla o de la página. Quería ahondar también un poco en los orígenes de tu escritura, en esto que tú desglosas en cada uno de tus textos. Porque empiezas la carrera académica investigando sobre los neoaristotélicos de Chicago; anotas una revuelta aristotélica en la teoría, y de ahí te vas a influencias como David Foster Wallace, compañías que, de alguna manera, tú has elegido desde el principio, y que podemos hablar de ellas. Eso por un lado. Por otro, en sí, el papel que ocupa la universidad y ese concepto de *creative writing* que viene de la universidad americana, que tú también manejas, que explicitas y que retuerces hasta donde puedes en tus escritos, y cómo influye, a la hora de crear, esa obra híbrida si se quiere.

JAVIER: Fíjate que ahora me doy cuenta de que yo comienzo haciendo una tesis sobre unos segundones del pensamiento teórico. Nunca lo había pensado de esa manera, pero, sí, es verdad. Son unos segundones en relación a los nuevos críticos de los años 30, siempre preteridos en relación con los nuevos críticos que se quedaron con todo el pastel de carácter crítico. Al mismo tiempo, representaban una perspectiva muy tradicional, porque se adscribían a la figura de Aristóteles como creador. Pero, al mismo tiempo, pasando por otros neoaristotélicos del Siglo de Oro, que fueron una demostración de la mala lectura, del *misreading* de su maestro. Yo que soy muy poco bloomeano en muchos aspectos, sí que me parecen de mucho nivel algunas de las primeras cosas de los años 70 dichas por Harold Bloom. Y la idea de la mala lectura, del *misreading*, del desbaratar. si se quiere simplificar, la idea de matar al padre creativo para poder encontrar un camino, creo que aquí es muy clara: los neoaristotélicos del Siglo de Oro leen muy mal a Aristóteles pensando que lo están leyendo bien, es curioso, pero es porque lo están leyendo con los ojos contemporáneos, que es lo que hay que hacer. Yo hago esa tesis como las cosas se hacían antes, no como se hacen ahora, donde uno elige su tesis según sus gustos, sino que a mí me dijeron: «Usted va a hacer una tesis sobre esto», y yo le dije a mi director: «Yo de esto no sé nada», y me dijo: «Por eso va a hacer usted esta tesis, para aprender». Eso es lo que me dijo mi maestro, Tomás Albaladejo, y es verdad, lo aprendí. Esa es la compañía que uno no elige, pero que termina siendo su familia. Y luego va descubriendo cosas. Luego estuve en Estados Unidos. Ya en el año 89 descubro los programas de escritura creativa, lo que esto supone desde el punto de vista de lo que le ofrecen al creador como fórmula, como institucionalización de un pensamiento, de un trabajo creativo que hoy, poco a poco, va llegando a España. Muy poco a poco, pero sí que da un modelo de creación. Los programas de *creative writing*, que llevan cien años funcionando, han estrechado en algunos casos el ámbito creativo, pero en otros casos lo han multiplicado. Por un lado, su modelo ha permitido a mucha gente enseñar determinadas fórmulas. Si a ti te da clases Spanbauer o Carver, eso es una maravilla, pero si ese modelo se quiere plantear como algo inmóvil, inamovible, entonces es un problema. En el año 95, yo estaba en la Universidad de Valladolid. En el año 94, se pone en marcha una especialidad de segundo ciclo de Teoría de la Literatura y Literatura Comparada, que luego desaparecieron esas especialidades, y ahí ya en el año 94, por recomendación mía, en el programa de estudios oficial, hay una asignatura que se llama Composición Literaria. Además era optativa también en Filología Hispánica, con el nombre de Técnicas de Creación Literaria. Es decir, era tratar de trasladar ese modelo de creación. A mí me interesaba mucho ver cómo eso podía funcionar en el ámbito creativo y en el ámbito académico. Pero también es cierto que yo dije a mis compañeros: «Quiero poner esta asignatura en un cuatrimestre, pero al año siguiente en otro cuatrimestre. Ponernos en la otra posición y que los mismos alumnos hagan Hermenéutica Literaria». Es decir, que hicieran un año creación y al año siguiente, interpretación; que se pelearan con los procesos de crear, y luego con los procesos de interpretar. Luego, pues, fueron llegando esos nombres, como tú decías, esos y otros muchos, que me ofrecieron la posibilidad de encontrar una voz. Lo cual, en muchas ocasiones, es tartamudear unas veces, estar callado muchas otras, y hacerlo fuera de tono. Pero, para mí, es lo único asumible en este ámbito. Lo único aceptable tanto en el ámbito creativo como en el ámbito académico. O de la crítica, tanto de la crítica académica como no académica, que también se ha quedado en unas fórmulas bastante simplificadas.

GUILLERMO: Creo que si hay algo en tu obra que cifra todo este proceso de aprendizaje y también de puesta en práctica académica y creativa de todo esto que comentas es *Mutatis mutandis*. La publicación fue en 2009 —no sé si me atrevo a decir que es un relato—, pero que luego publicas de nuevo. Esto es lo que me interesa. Aparte de hablar del relato o del texto en sí, luego lo publicas en 2017 *Literatura con paradiña,* que es una recopilación de ensayos verdaderamente más académicos. ¿Cómo es ese cambio? ¿Cómo concibes la literatura casi diez años después? ¿Cómo decides, con total libertad, publicar este texto así?

JAVIER: Pues, posiblemente, por pura inconsciencia mía y de los editores, Guillermo. Yo escribí *Mutatis mutandis,* que se publicó, es del año 2009. Siempre le agradeceré a Nacho Escuín, que dirigía entonces Eclipsados, una colección que se llama Colección Prosas y, por lo tanto, textos, en principio, de ficción, que aceptara una propuesta de este tipo. Nació como un intento de explicar de manera crítica lo que estaba sucediendo en la narrativa española de ese momento, con la irrupción de aquello que se llamó —por suerte durante no mucho tiempo— «generación mutante», que duró lo que los autores que se adscribían allí tardaron en decir que ninguno de ellos lo era. Yo lo comencé como un trabajo de carácter teórico-crítico, y en la recopilación de datos y de materiales, fórmulas y métodos, descubrí que lo que yo tenía a mano como fórmulas teórico-críticas no me servían para explicar eso que estaba sucediendo. Y el propio texto adquirió una especie de metástasis terrible en la que, tanto por mi propia incapacidad como crítico como por lo que el propio objeto de estudio pedía, terminó generando un tipo de relato que se asemeja a un relato de ficción que explica, en una especie de bucle, lo que estaba sucediendo. Digamos que es un texto mutante, de crítica mutante, para explicar esa literatura mutante. No sé si cumplió su función, porque absolutamente nadie se dio por aludido a las posibles críticas, sino que todos los que la leyeron vieron que la crítica iba dirigida a otros que no eran ellos mismos. Lo cual estuvo bien porque hizo que no me ganara muchos enemigos. Pero sí que entiendo que era una manera de hacer crítica buscando algo diferente a lo que era previsible. Luego se publicó *Literatura con paradiña* y yo creo que no disuena en un libro de textos críticos como hay ahí, porque son unos textos críticos, digamos, con ciertas peculiaridades.

GUILLERMO: Ahí el subtítulo es *Hacia una hermenéutica transficcional de las narrativas mutantes: de Propp al afterpop (o «nocilla, qué merendilla»)*. Además del juego, de la ironía, está claro que esa tensión entre uno y otro discurso hace que no disuene ni a un lado ni al otro, y yo creo que es precisamente eso lo que lo hace flexible. Sin ironía, sin parodia, sin humor, el juego lúdico que mencionabas también al comienzo, parece que no hay literatura. Es una cosa complejísima, porque creo que nadie está de acuerdo en qué es una cosa y qué es otra, y dónde está la línea para separarlo, pero tú acudes a ello constantemente. No sé si es por una forma determinada de entender la literatura o si tiene que ver con un tema o juego en sí mismo, y retorcerlo todo de una manera, hasta exprimirlo.

JAVIER: No sé muy bien. Incluso hasta estoy seguro de que no es una cuestión de carácter. En contra de lo que pueda parecer, casi te diría que algunas de las cosas, si yo las viera en otro, no me gustarían. Es decir, no es algo premeditado. Soy consciente. Yo llevo treinta años enseñando teoría de la literatura, y hemos visto pasar unas cuantas cosas. Se han sacralizado muchísimas cuestiones. Creo que en muchas ocasiones la teoría, lo teórico, el pensamiento más o menos profundo, ha servido para separar, para marcar diferencias. Como yo decía en *Mutatis mutandis*, hay una especie de *bullying* artístico hacia todo aquello que no está en la onda. Y yo creo que desacralizar de alguna manera esto es importante. No sé si es la ironía, que es probablemente la figura retórica más compleja. Exige estar en una sintonía que muy pocas veces se consigue (a veces, ni siquiera con uno mismo). Uno pretende que alguien comprenda ese discurso irónico, que jamás en mi caso se ha pretendido como algo dañino, ni siquiera en el sarcasmo, sino quedarse en un nivel de descolocamiento, de dejar descolocado a aquel que está leyendo, ante algo que a mí mismo me ha dejado descolocado. Muchas veces en la ironía no hay humor, sino en el hecho irónico de que hay cosas tremendamente crueles que terminan moviendo a la risa, y que hay cosas tremendamente humorísticas que terminan moviendo a… Entonces, en esa ironía que es mucho más que la propia figura de crear una broma, ahí es donde a mí me parece que uno se descoloca, se desautomatiza a sí mismo. Un poco de manera formalista, lo que hace es caer en ese extrañamiento que hace que el mundo nos diga algo. Es decir, cuando yo leo a Lorrie Moore y veo que es capaz de estar hablando de la planta de oncología de un hospital, de oncología infantil, y al mismo tiempo eso lo está tratando con la relación que establece una pareja, esos niveles de mezcla entre tragedia y comedia sin que haya un atisbo de melodramatismo de película de sobremesa. Mira, te voy a poner un problema como lector, pero lo vas a disfrutar. Creo que ahí es donde uno está bien, o al menos es donde yo no me encuentro mal del todo.

GUILLERMO: Precisamente, esa mezcla que comentas, de tragedia pero que viene de lo cotidiano, no sé si quizá del *nonsense*, como tú lo has calificado, está presente en muchos de tus relatos, especialmente en *La mano izquierda es la que mata*, estoy pensando en «Yo tuve un hermano». Claro, esa tensión entre la tragedia y la comedia está vertebrada también por la tensión que siente el escritor ante todo lo que ocurre y que puede ser utilizado para contar. Ahí está el pozo de David Foster Wallace. Quería saber cómo te ha influido ese escritor casi tótem o de culto de la narrativa norteamericana contemporánea.

JAVIER: Pues, imagino, me gustaría creer que en algo. David Foster Wallace es uno de esos escritores como Quevedo, como Borges, que en sí mismos son una escritura, al que yo llego por cuestiones académicas y no por cuestiones literarias, curiosamente. Yo lo conozco leyendo su reseña del libro sobre la muerte de autor, de Hix, una reseña que está recogida en «Algo supuestamente divertido». Fue un descubrimiento ver cómo alguien reseñaba un libro de filosofía sobre la muerte del autor y el posestructuralismo, desde esa posición que algunos han dado en llamar «de superioridad». A mí me parece que era, en el caso de Foster Wallace, desde la humildad del que quiere saber. Y que no tiene problema de decir, ante un trabajo académico, que no entiende o que entiende de más, o hacer unos párrafos literarios que ningún reseñador se atrevería a hacer. En aquella época, yo estaba leyendo, y creo que eso está en el inicio de *Barra americana*, a Foster Wallace y a Vila-Matas. El protagonista de *Barra americana* quería ser esos dos escritores al mismo tiempo, y no solo escribir como ellos, sino ser como ellos. Bueno, también como Bill Bryson, que es un tipo al que nadie conoce. Sí, me ha resultado de muchísimo interés Foster Wallace, desde siempre. Lo leí muy pronto, lo reseñé muy pronto. Creo que algunas de las cosas llegué a entenderlas bastante bien. Ese relato de «Yo tuve un hermano» es en realidad una manera de posicionarme en esa cuestión, sin renunciar al hecho de encontrar aquellas costuras en las que a mí me parece que el autor no termina de hacer. Las cuestiones vitales que han ido apareciendo posteriormente le interesan mucho más a los fans que a los críticos. Yo no quisiera entrar en ese ámbito de ser fan y en esa *kurtcobainización* de su figura. Creo que hay un antes y un después en la escritura de algunos autores, y a mí, particularmente, me gusta decir que son dos: David Foster Wallace, sobre todo en los relatos, y Lorrie Moore, sobre todo en los relatos. Sus novelas, en el caso de Foster Wallace, a mí la que más me gusta es *La escoba del sistema*, que tampoco es la voz más potente. En este sentido, quería recalcar, porque me parece que se hace poco y que debemos hacerlo, la extraordinaria labor de los traductores, de aquellos traductores que nos han venido regalando la voz de estos autores y de otros muchos con una naturalidad que es sorprendente. Yo creo que hay que aplaudirles a todos ellos y a todas ellas.

GUILLERMO: Desde luego. Se me estaba ocurriendo esa idea de repulsividad que tiene Wallace. Hay una acepción en el *Diccionario de la lengua española* que dice que *repulsar* es 'negar lo que se pide o pretende'. No hay mejor definición, quizá, de esa literatura de negación profesional, casi. Eres escritor y «tienes que escribir sobre esto», «tienes que elevarlo, sublimarlo». Y no, Wallace y tú, no. Esto se puede negar, precisamente porque se pide o se pretende. Y esa escritura también es repulsiva, en ese sentido.

JAVIER: Yo creo que hay una emoción en lo intelectual que a veces se olvida. Hay planteamientos que se han dado en llamar muy «intelectualizados», o cuando se habla de un «excesivo formalismo», etcétera, y creo que eso es porque no se ha llegado a entrar en la emoción que genera, también, esa parte intelectual. Es una emoción genuina, que no es solo intelectual, sino que también es física. Es decir, yo leo algunas cosas que son aparentemente muy intelectualizadas, pero que, en cambio, me producen una grandísima emoción, incluso física. Y creo que eso se puede reivindicar sin mucho problema, y es una de las reivindicaciones que a mí me gusta hacer. La hay también, una emoción, en la teoría y en la crítica. Cuando se ve que no es algo solo hecho por encargo, cuando no tiene una plantilla, cuando deja un mordisco o un pellizco, cuando deja algo, cuando el lector se enfada o se mosquea, cuando hay un algo. A mí me parece que eso es fundamental, porque hemos visto muchas cosas que han nacido con esa idea de permanencia absoluta y, probablemente, al nacer con esa idea de permanencia absoluta, ya nacen con ese absolutismo y terminan por desaparecer.

GUILLERMO: Y eso es posiblemente lo que quieres transmitir también en los últimos libros de poemas, dedicados a la literatura juvenil e infantil. Es verdad que ya en *Un pingüino en Gulpiyuri* dabas algunos gestos en la propia narrativa, retorciéndola y hablando del narrador en la propia novela. Y se trata de literatura juvenil e infantil. Pero especialmente en *Mi vida es un poema* y *Miedo a los perros que me han dicho que no muerden*, esa es de alguna manera la idea que sirve de hilo para acercar estos poemas a los jóvenes, sin renunciar por ello a la condición estética e incluso ética de la literatura de que sea abierta, libre, y que todo el mundo pueda acceder a ella. En concreto, me gustaría preguntarte por uno de los poemas en *Mi vida es un poema*, que no puedo leer, pero puedo enseñarlo a cámara: «I like Ike».

JAVIER: «I like Ike»: el curso acelerado de poesía en las redes sociales, con el hermano gemelo de Roman Jakobson.

GUILLERMO: ¿Cómo piensas en ese momento de escritura en montar esto y convencerte, o convencer a los jóvenes lectores de poesía, de que esto es un poema y también que funcionan como literatura, como poema?

JAVIER: No sé si funciona muy bien, pero sí que es verdad que, viviendo como vivimos en el mundo del *like*, me extrañaba que a nadie se le hubiera ocurrido poner en relación el *like* con el famoso eslogan de Jakobson y la función poética de «I like Ike», con sus velares y su diptongo, y todas estas cosas. Cuando yo pienso en lo que habría hecho Jakobson con esto, no puedo pensar en él, entonces lo que hago es pensar en un hermano gemelo que no era el más listo. Es decir, yo pienso que Roman era el más listo y tenía otro hermano que no era el más listo, pero sí era capaz de entender cómo eso funcionaba ahora. Entonces, llenar una página con un: «Me gusta me gusta me gusta me gusta», y colocar en el centro, otra vez, ese «me gusta» separado para que la mirada vaya exactamente ahí, para que todos los sentidos se pongan en marcha, creo que tiene su sentido para explicar la función poética en la emoción del descubrimiento. Cuando a mí me preguntan algunas veces por la escritura, pienso que tanto en la escritura literaria como en la escritura crítica, uno tiene que llegar, al final, a un descubrimiento que no estaba hecho antes. Por eso creo poco en las hipótesis previas, también, en los trabajos críticos. Es decir, nuestro objetivo será demostrar, porque es muy evidente que hay que demostrarlo, pero que ese texto crítico literario vaya forzándote a no poder saber por dónde salir, que te obligue a generar un tipo de discurso que no es el habitual, incluso a cambiarlo... Por eso mis libros son distintos. Citabas *Un pingüino en Gulpiyuri*, que es una novelita muy breve que publicó Oxford University Press en el año 2015. La propia editorial decidió poner en la cubierta, además del título, un subtítulo que es para pillarse los dedos: *Una novela juvenil posmoderna*. Yo no sé si desde el punto de vista del *marketing* esto fue una buena idea. Yo luego lo he llegado a entender como si formara parte del título. Entonces, jugar con el tiempo, jugar con los espacios, jugar con los personajes, jugar con las voces, decirse, desdecirse, dar datos… no es algo que sea una novedad de ahora mismo. Además de decirlo, lo sabemos. En el descubrimiento de nuevas formas y técnicas narrativas llevamos unas cuantas décadas, unos cuantos siglos. Creo que lo que hay que dejar es que las cosas sigan su curso sin problema. Quizá es que las vanguardias no se desarrollaron todo lo que se tendrían que haber desarrollado. Tal vez es que los formalismos no se desarrollaron todo lo que podrían haber dado de sí. Quizá es que, en ocasiones, estamos a la espera de un tipo de discurso que corrobore lo que ya creemos o pensamos o vivimos, y no que nos ofrezca nuevas posibilidades, tanto en la creación como en la música, como en las series, la crítica y la teoría. Yo creo que eso es quitarle mérito a los receptores, que son muy capaces de enfrentarse a muchas más cosas. Y también darse el gustazo de equivocarse, de no acertar como espectador, de no acertar como lector. Eso también nos pasa en la vida, yo lo he visto muchísimas veces, que no acertamos con nosotros mismos, ni con las personas. De una manera un poco excesiva quizá, yo digo que el hecho de que alguien a los cincuenta años se separe de su mujer o de su marido para buscar a alguien exactamente igual, de la misma edad, con el mismo aspecto y con los mismos tics, no tiene mucho sentido haber dejado a la otra persona. Entiendo que si una mujer de cincuenta años abandona, deja o se separa de su marido calvo, aburrido y que le gusta el fútbol y el vermú de los domingos, lo cambia por uno de veinticinco con quien pueda irse al monte y hacer conciertos de música *indie,* ir al Sónar, no ir de nuevo al parque a hacer un pícnic. Creo que eso hay que intentarlo también en todos los ámbitos de la escritura. Y más en un momento como este en el que hemos tomado conciencia todos, a nivel planetario, de que, en cualquier momento, hay algo que nos supera de una manera terrible, que no podemos controlar. Por lo tanto, nunca nos hemos visto en una situación más precaria vitalmente, donde las soluciones no pueden venir de lo más sencillo ni de lo más balsámico. Por ende, igual que arriesgamos con las vacunas, hay que arriesgar con algún tipo de trabajo creativo.

GUILLERMO: Hay una cuestión, que también podemos tratar antes de finalizar, y que yo creo que es muy interesante porque está en los libros de poesía juvenil e infantil en *Miedo a los perros que me han dicho que no muerden*, por ejemplo, que sigue una estructura de un horario habitual de una persona, que hace y que deshace. Ahí está ese *punctum* que vamos a buscar a la realidad para trasladarlo a la ficción o a la literatura y convertirlo, pero siempre tensando la cuerda entre un mundo y otro. Está en «Lyrica», un texto interesantísimo, que es un prospecto de un medicamento…

JAVIER: Estaba mirando a ver si lo tenía por aquí… Sí, sí.

GUILLERMO: Así es. Y de Pfizer, por cierto.

JAVIER: Mira, no me había dado cuenta, pero es de Pfizer.

GUILLERMO: Podríamos hablar de ello, de «Lyrica», que tan solo le pones una nota al prospecto y dices que ello se podría utilizar para hablar de los géneros literarios. Y ya está, tampoco haces muchos más retoques. Está en «Hechos probados», en *La mano izquierda es la que mata*, un relato basado en una sentencia, y una sentencia en la cual encontramos palabras como *verosimilitud*, que nos ha tenido tantos años con quebraderos de cabeza. O «Hace dos meses que nadie habla conmigo», que es un relato de ese libro pero que luego se retoma para *Mi vida es un poema*. En fin, ¿qué es lo que hay ahí? Y, sobre todo, ¿cómo se relaciona con los conceptos que recientemente has trabajado, que es el de la *paradiña* y el de *la mano izquierda es la que mata,* con esa referencia al toreo?

JAVIER: Pues, seguramente tenga que ver con la ironía, con la mirada oblicua, aquella que no busca ir de frente, sino que trata de encontrar un pequeño resquicio. Si yo leo el prospecto de «Lyrica», que es una medicina contra el dolor, y lo que veo es que puede ser una traslación directa a lo que es el género lírico en su conjunto. Cuando dice que «Lírica» no debe utilizarse en la adolescencia y cosas así, a mí me obligan a ponerme a prueba, a demostrar si esto vale. Y la demostración, creo que tú lo sabes bien, es que ese «Lyrica» se ha explicado en clase, se ha utilizado. No tanto para decir una verdad como para gestionar ese pequeño *agon,* esa lucha, ese conflicto. Cuando yo leo una sentencia, siento que no conozco prácticamente nada del ámbito judicial excepto la retórica clásica, y leo una exposición de hechos probados que hace un juez en una sentencia, con un lenguaje que se pretende absolutamente neutro y que termina siendo terrible en lo que cuenta, en esos detalles que da… A mí me provoca una necesidad de que eso encuentre un acomodo en un lugar distinto, donde no es previsible. Determinados discursos ya han encontrado su acomodo. No hemos hablado de los clásicos, pero a mí los clásicos me interesan muchísimo. Me he dedicado a la tradición clásica, he trabajado en poesía española y tradición clásica, en *Ulises,* he trabajado en Siglo de Oro. Sé que necesitamos nuevos espacios para nuevas realidades. Y hay también ahí una postura ética en decir algunas cosas que yo creo que son muy terribles y que se puedan decir de otra manera no previsible.

GUILLERMO: Sí, hay una conjunción ahí entre ética y estética, pero con una conciencia muy grande entre ambas. Antes hablabas lo de las vacunas, y creo que es uno de los retos que tenemos hoy también desde el punto de vista de la literatura, aunque, obviamente, en otros jardines. Una última pregunta, un poco maliciosa: ¿cómo le afecta a un escritor, que a la vez es crítico, la crítica? Es una pregunta que se suele hacer a los escritores, pero en tu caso es particular porque ostentas ambos títulos.

JAVIER: Como tampoco soy muy consciente de la necesidad de conocer las cosas que se van diciendo, no me afecta demasiado. Pero como llevo muchos años en el negociado de este tipo, sé y he aprendido a relativizar las cosas. El otro día le decía a alguien: «No te preocupes por la reseña que te hagan porque si es mala no te va a quitar de vender ningún libro, y si es buena, no te va a dar de vender ningún libro». Por este motivo, creo que la circulación social de la literatura exige que haya esta exposición, y que uno debe mantenerse dentro del respeto. Si es respetuoso, si está argumentado, uno no es responsable de ese otro discurso. Y, en cualquier caso, lo único que puede hacer es aprender, si cree que hay algo de lo que aprender. Yo nunca he intentado hacer mucho daño, y tampoco siento que me haya visto muy dañado en esta cuestión. De hecho, y quizá sea una buena forma de terminar, he visto hacer más daño en la academia que en la vida literaria. Eso sí que es posible que sea así.

GUILLERMO: Muy bien, Javier. Queda demostrado entonces que la literatura y la teoría pueden ser ambas una galería de galerías o un pasaje de pasajes. Gracias por la conversación. Y gracias a todos, también por escucharnos. En fin, ahora que hemos visto de verdad París, es la hora del lector.

JAVIER: Efectivamente, así debe ser. París es una ciudad para ser leída e, incluso, para ser malinterpretada en la lectura y seguir por los pasadizos una y otra vez. Muchas gracias a ti y a la organización de este festival. Muchísimas gracias y hasta otra ocasión.

Escritura cabaret: literatura, cine y teatro

WENDY GUERRA • ANA ISTARÚ

Conducido por **Marta Álvarez**
(Universidad de Franche-Comté, Francia)

Dos de las más reconocidas autoras de la literatura cubana y costarricense les han sido infieles a las letras con el cine y el teatro, respectivamente. Sus constantes flirteos con el guion cinematográfico y la interpretación han acabado por ser también fecundos en sus escrituras. La profesora de la Universidad de Franche-Comté, Marta Álvarez, debate sobre relaciones interdisciplinares entre páginas, fotogramas y escenas con la narradora Wendy Guerra y la poeta Ana Istarú. Hemos llamado a su sesión: «Escritura cabaret: literatura, cine y teatro», así que ¡ábrase el telón!

MARTA ÁLVAREZ: Buenos días, buenas tardes, a todo el mundo. Me voy a encargar yo de moderar esta charla que, para mí, es un verdadero lujo. Con lo cual, querría comenzar agradeciendo a los organizadores y a las organizadoras de «Paris ne finit jamais» por darme hoy la oportunidad de conversar con Ana Istarú y con Wendy Guerra, a las que seguro ya conocen y no voy a presentar en absoluto de manera exhaustiva, para darles tiempo y que puedan tener más lugar sus palabras. Simplemente, me gustaría recordarles que Ana Istarú es dramaturga, poeta, actriz y columnista de opinión. Esta costarricense tiene en su haber más de treinta estrenos profesionales en veinte países, en teatro clásico y contemporáneo. Ha sido traducida a siete lenguas. Es también autora de seis poemarios que han sido editados y reeditados. Fue becada por la Fundación Guggenheim y ha recibido importantes premios dentro y fuera de su país. Wendy Guerra, por su parte, es más conocida como novelista, pero es también poeta y cineasta cubana. Su primera novela fue traducida a múltiples lenguas, llevada al cine y nunca editada en su país, aunque fue muy bien acogida fuera. Le siguieron otras cuatro novelas. Es, asimismo, autora de tres poemarios y de una película hasta el momento. Y en Francia fue nombrada caballero de la Orden de las Artes y las Letras y, lo que más me llama la atención es que más tarde fue ascendida a oficial, lo cual, tal vez, nos podrá comentar. Así, lo que nos interesaba mucho de vosotras era precisamente lo polifacéticas que sois. Por eso me gustaría que orientáramos esta charla hacia llevar aún más lejos ese aspecto polifacético, además de la poesía, aunque es imposible vincularos a un solo ámbito. Querría comenzar por el principio, aun así. Confieso que algo que me llamó mucho la atención fue lo muy jóvenes que habéis comenzado las dos como poetas: Ana, a los quince años, publica su primer poemario, *Palabra nueva;* Wendy no lo hace mucho más tarde porque lo hace con diecisiete años, *Platea a oscuras.* Entonces, me gustaría que comentaseis un poco estos comienzos tan tempranos. Lo digo también porque os lo pregunta alguien que tiene una relación, tal vez no tan natural, con cierto tipo de cultura. Quiero decir que, apropiársela a una edad tan temprana, es cierto que me parece muy llamativo. Muchas gracias también a vosotras dos por vuestra presencia.

ANA ISTARÚ: Gracias a vos, Marta. Yo, respondiendo a la pregunta, lo que te puedo contar es que mi padre era un enamorado de la poesía a pesar de que su pasión era la matemática y, finalmente, tuvo que estudiar ingeniería, ya que no había otra opción en Costa Rica. Pero desde muy pequeña me inculcó el amor por la poesía. Él la leía en voz alta incluso antes de que supiera yo escribir. Y el libro no es más que un accidente, no era inicialmente la idea. Tenemos la costumbre bastante *kitsch* en América Latina, o la teníamos cuando yo era niña, hace mucho tiempo, de hacer una fiesta de quince años, que era como una presentación de la señorita en sociedad. Y se estilaba a dar un recuerdito cursi. Así que a mamá se le ocurrió que, como la niña escribía versos, sería muy lindo ofrecer un papelito pergamino, enrollado, con un lacito dorado y letras doradas, donde viniera escrito algún poema de los que yo había comenzado a escribir porque era mi manera de seducir a mi papá. Él estaba muy encantado con mi afición, que era honesta y, además, para una niña chiquita, tener a su padre comiendo de su mano era un poder muy grande. Entre sus pasiones estaba yo. Él realmente era hiperbólico conmigo. Entonces, como todos mis poemas, se publicó un primer libro en papel de lino, con un enorme lazo dorado, terrible, pero que costó casi más que la celebración. Esa fue mi tarjeta de presentación. Los poemas son espantosos, aunque hay algunas cositas que se salvaban. Tengo el lujo de que Manlio Argueta hizo una crítica muy bondadosa, muy paternal, y dije: «Bueno, en algún momento, quizá llegue a escribir». Tiene una sensualidad muy latente. Y esa es la historia de mi primer libro.

MARTA: Gracias. ¿Wendy?

WENDY GUERRA: Muchísimas gracias por la invitación a ustedes, a los organizadores, a mi colega Ana. Yo vivo, y viví toda mi vida, en La Habana. Ahora estoy trabajando fuera de Cuba, pero esa es mi casa, en La Habana. Y allí todo el mundo canta, baila, hace poesía: no hay más nada que hacer. En los 80 no se veía más nada que hacer que estudiar, escribir o hacer música, deporte o ciencia, en una sociedad encaminada entonces a la utopía de la cultura como parte de la conquista social. Todo eso se ha ido debilitando, desmoronando, desbaratando. Ya a los catorce años, siendo yo hija de una mujer muy mitológica de la poesía cubana que, por temas políticos nunca pudo publicar, pero era como el eje de la nueva trova, la nueva canción. Ahí iba todo el mundo a mi casa a cantar y descargar. Yo me fui a trabajar a Teatro Estudio, que era el grupo de teatro más importante que dirigían Raquel Revuelta y Vicente Revuelta, dos grandes baluartes de la actuación y de la dramaturgia, y de la dirección de teatro. Hice un papel de Galileo Galilei, de Bertolt Bretch. Hice de Andrea Sarti, la contrapartida de Galileo, la conciencia, un poco, e hice, todavía, de un caballo. Cuando terminé el ciclo, todo con adultos, yo era la única adolescente allí, tenía catorce años, escribí un poemario que se llamó *Platea a oscuras* y hacia los quince años lo mandé al Premio 13 de Marzo, que era de la Universidad de La Habana, pero que podían mandar estudiantes de todo tipo. Y lo compartí al premio, un año después, con Alex Fleites, que era un gran poeta cubano de la generación de mi mamá. Y publiqué, como son las cosas en Cuba, a los dieciséis o diecisiete años. Pero sí, era un poemario muy temprano, a los catorce, muy serio, para mí. Me dio el Premio Eliseo Alberto Diego, que después fue alguien entrañable y muy importante en mi vida. A partir de ahí no paré de escribir. Hacía televisión, hacía radio —con mi mamá que trabajaba en la radio—, hice cine, hice teatro, pero la literatura estaba ahí como un sedimento esencial. Y así empecé, así fue mi inicio.

MARTA: Y en el caso de Ana… Lo que acabas de decir, sí que ha despertado aún más mi curiosidad porque lo acabas de presentar como algo anecdótico. ¿No sentías que tenías una verdadera expresión poética? No te habías apropiado de tu voz todavía, de alguna manera, lo cual es comprensible. ¿Cuándo sucede eso? ¿Cuándo dices: «Bueno, esto ya no es un capricho de mis padres y de mí quinceañera, sino que escribo poesía»?

ANA: Tal vez con el segundo libro. Este primer libro recoge lo que escribí a los catorce, que era, precisamente, para el día que cumplía quince años. Era una niña. Después, no es que pensara que iba a ser escritora necesariamente, pero la poesía se transformó en un medio de expresión muy importante. Y escribí esa poesía como de autobúsqueda de los adolescentes, relacionada con el tema amoroso. Recibí un premio a los diecisiete años en Costa Rica, y ahí se publica mi segundo libro. Entonces, sí, para mí ya era una cuestión más de oficio, más de decisión. Nada no es volitivo.

MARTA: Y os decía que me gustaría que abordáramos algo que, a lo mejor, no vinculan directamente con vosotras. O sí. Porque, como decías, Wendy, tú has estudiado cine. Y entonces es cierto que se te conoce más como novelista, pero has estudiado cine. ¿Cuál es tu relación hoy con lo audiovisual? Porque has hecho una película. ¿Piensas todavía en rodar? ¿Eres espectadora ya? ¿Cómo ha sido eso de pasar de estudiante de cine a novelista consagrada?

WENDY: No, yo voy a seguir haciendo mi literatura. Ahora he estado en Hollywood estos dos años con González Iñárritu trabajando como creativa y escritora de una serie. Pero esto es algo que me interesa mucho por Iñárritu, específicamente, por trabajar de su mano. Me interesa como trabajo conceptual, más bien. Paga muy bien, por supuesto. Pero a mí me interesa la literatura. Cuando conocí, en la escuela de cine, a García Márquez, a mí me cambió la vida. Gabo fue mi padre, mi abuelo; me adoptaron él y Mercedes. Fueron mi familia. Tú sabes que yo perdí a mi madre temprano. Entendí que, quizá, yo estaba en esa escuela de cine para conocerlo a él, porque yo no soy una cineasta. Quizá soy una guionista, en el mejor de los casos, o una creativa de ideas, puedo crear ideas, pero yo no soy una persona de un trabajo colectivo. Trabajo conmigo misma. Ahora tengo un equipo enorme a mi mando. Hago esfuerzos, pero mi trabajo con Alejandro es por Alejandro, y si ocurre un trabajo con otro director, pues, ¡qué bueno!, pero son ciclos con artistas, de intercambio. Yo aprendí con Gabo que no hay nada más delicioso que este estudio, que la soledad del estudio. Tal vez tenemos asistentes, pero es estar solo, solo, y con tu editor. Yo he tenido la suerte de tener a Ana María Moix, a Jorge Herralde, a Pilar [...] Ávila Reyes. Yo creo que mi trabajo es un gran discurso personal donde el único espectador yo creo que es mi país y mi madre —mi madre, que es mi país—. La verdad, me interesa muchísimo trabajar sola. Después he adaptado novelas mías. Se adaptó para el cine, Sergio Cabrera compró los derechos. Se ha adaptado para televisión y, en Buenos Aires, se ha adaptado también para teatro. Pero yo no me siento así como de pasarme la vida en un set. Yo leo mucho. Trabajo conmigo misma. Tengo una conversación muy larga con los libros, soy muy buena lectora. Soy más lector que escritor. Y no me interesa mucho meter a todo el mundo en la cazuela. Ahora es una situación equis que la vida me ha regalado. He trabajado también con Gabo, por ejemplo, en investigaciones de textos suyos, de su época, de textos periodísticos. Y hemos colaborado, yo buscando información. Pero no soy una persona que pueda dirigir. El título ni siquiera lo he colgado, está ahí tirado de una veta, en Cuba. Ahora estoy en Estados Unidos, y me doy cuenta de que en Cuba vivimos una vida muy colectiva, muy coral. Pero en el mundo capitalista, la gente vive de otra manera, nadie sabe quién vive al lado. Ahora que he vivido en Los Ángeles, y aquí en Miami, nadie sabe aquí quién es quién. Superinteresante para mí. Y me gustaría mucho seguir mi carrera de autor, muy silenciosa, y morirme solita en mi estudio. Sin mucha interferencia. Con mis editores, con mis grandes editores. Tengo también editores en otras lenguas como el francés, y ya son más de veinte lenguas a las que se ha traducido. Con todos tengo una relación, pero ese es el número de personas que aguanta mi cabeza.

MARTA: Lo más llamativo es: ¿qué te llevó a estudiar cine en su momento?

WENDY: Yo soy una mujer de mi tiempo. En mi tiempo, por ejemplo, el videoclip marcó muchísimo la literatura de los mexicanos, argentinos. Y yo era una niña de televisión. Desde niña trabajé en televisión, en cine. Creí que en vez de estudiar filología, filosofía o ciencias políticas, que era en Cuba muy común, me interesaba mucho más trabajar con la imagen y la plástica. Me gustaba e inspiraba mucho, a nivel estructural, Ana Mendieta, que mi madre había conocido en los 80. Y tenía una generación muy visual; soy una mujer muy visual. Pero yo creo que lo visual lo inyecto en mi obra pura. Por eso han comprado tanto, tantos directores han comprado un cuento o una trama. Se han comprado y, ahora, con Alejandro… Alejandro vio en mí toda esa plasticidad. Pero yo no puedo dirigir. Ahora, con escritores, es más fácil, un cuarto de escritores. Pero no quisiera estar en la calle con autos pasando, aviones, sonidos… No soy así, yo soy un poco más… conmigo. Y este cuarto de escritores, con unos colegas maravillosos venezolanos que tengo, con antropólogos y todo, es muy literario. Y Alejandro es buen artista visual, cineasta y autor literario. Pero no sabría trabajar con técnicos. Correría el riesgo de ser torpe con la atención. Soy complicada porque he vivido como una niña de apartamento, una niña única, y tengo mi yo muy para adentro. Pero sí me parece que la literatura y el cine, que me llegó de mis maestros en Cuba, me vino muy fusionado, porque recibimos en la escuela de cine a Copol, a Gabo, todos estaban muy metidos como en un agua con atole, estaba todo muy trenzado. Y Cuba es un lugar muy fotogénico, donde la plástica influencia la vida y la vida influencia la plástica. Donde incluso aquello de lo que nos quejamos, hasta la violencia militar, tiene una fotogenia terrible, que tú lo ves en los golpes que le están propinando a los jóvenes, y todo eso —gracias a Dios está siendo grabado y transmitido en directo—, y tú lo sientes como una película. Cuba es un país donde hasta lo terrible sucede con encanto. Y eso creo que no ha sido bueno para nosotros. […]

MARTA: Ana también está muy vinculada con el cine. Hablas de guion, Wendy. Ana, has coescrito un guion, no sé si otros. Eres actriz, con lo cual, también has trabajado en cine, en televisión. Ahora, además, eres madre de cineasta. Entonces, ¿cómo llevas esas facetas? Como nos comentaba Wendy las suyas. En tu caso, siendo ya actriz y dramaturga, imagino que ese lado colectivo está siempre más presente. O no, porque también has escrito obras de monólogos que tú misma has representado. Quiero decir que, en ese caso, tampoco el colectivo es un gran equipo. ¿Cómo llevas esas facetas?

ANA: Lo primero que debo decir es que en Cuba a veces se quejan de los apagones de luz eléctrica y yo aquí he sufrido apagones de la señal de internet. Así que, de repente, me he quedado sin escuchar parte de lo que dijo Wendy, y espero que no se repita. Mis escarceos con el cine son una cosa sumamente modesta. Este país es muy joven, en el sentido de que actividad cinematográfica no había hasta hace muy poco. Así, cuando empiezan los primeros directores jóvenes —relevo de una pequeñísima generación de pioneros que hicieron simplemente cortometrajes— y quieren comenzar a hacer películas, no hay guionistas, por eso, claro, echan mano de los dramaturgos. No es para nada lo mismo. Pero entonces tuve la experiencia de coescribir un guion, al mismo tiempo que tenía que aprender, un poco a patadas, el oficio, a punta de libros y recetas. Fue una experiencia un poco salvaje en ese sentido, pero no importa. ¡Fue terrible! Wendy mencionaba que ella ama su espacio, su soledad, que ella es su propia espectadora. De alguna manera, creo que le importará mucho la fidelidad a sí misma, que su texto no se toque, no se modifique. A mí me costó mucho la idea del guion, en el sentido de que no es más que una guía, que no es una obra literaria en sí misma. Lo que menos importa es, en realidad, la palabra. Pero sí hay una voluntad de construir una historia visual. Quizá en Costa Rica éramos muy bisoños

—todavía lo somos—. Entonces, yo tenía una concepción de un guion, con el que estaba de acuerdo con el director, sobre *Caribe*, pero los personajes tenían mucha más preponderancia de la que finalmente tuvieron en la película. En realidad, el editor es dios, porque es eventualmente quien va decidiendo. Se cercenaron aspectos muy importantes de personajes que me eran entrañables y me frustré. Me imagino que hoy día se podrá establecer un contrato en el cual se diga que se respeta el guion del guionista o que los cambios los efectúa él o ella nada más. La cosa es que, como todo estaba inventándose, fue una experiencia enriquecedora. Pero yo no la repetiría, porque realmente no es mi formación. Y en mi contacto, ahora, con el cine, me limito a ser simplemente una de los múltiples lectores de los guiones de mi hija que egresó como directora en Bélgica. Y cuento con orgullo de madre que en 2017 ganó el festival de Cannes en el rubro Cine Fundación, que es donde los egresados de todas las escuelas compiten por ser uno de los dieciséis finalistas y obtener un galardón. Esperamos —y si la pandemia le permite hacer su película— que pueda estrenarla en Cannes, su ópera prima. Así que no llega a más que eso. Como dramaturga tampoco tengo formación, porque tampoco existe en Costa Rica. Hay escuelas de teatro, pero no hay un énfasis particular en la formación. Y, de hecho, es difícil impartir la enseñanza de la dramaturgia. Pero me siento muchísimo más cómoda, obviamente, escribiendo teatro. Así que no creo que vuelva a travesear el género, a ser guionista.

MARTA: Es cierto. Estás hablando de que en Costa Rica casi no había cine o estaba todo por construir, y casi lo sigue estando.

Quiero decir, hay ya algunos autores. De hecho, es uno de los pocos países en los que tengo en mente, más bien, algunas autoras, pero es un cine todavía muy pequeño. Lo digo porque, claro, en Cuba… Nos hablabas de Hollywood, Wendy. Son ya otras cosas. Pero Cuba es una gran referencia. Yo trabajo sobre cine español y, precisamente, los españoles se van a Cuba a aprender. Y dicen que es una gran referencia. O sea, que al poner en el currículum que has estudiado cine en Cuba, prácticamente no necesitas nada más para que confíen en ti. Pero pensaba, además, en la imagen de vuestros dos países para los que estamos fuera, que son casi opuestos. Tú decías, Wendy, que en Cuba todo es fotogénico. Yo te diría, también, que de Cuba «todo el mundo lo sabe todo» —y lo digo entre comillas—, todo el mundo tiene una opinión, y da la impresión de que sabe cómo son las cosas. Por supuesto, no tenemos ni idea, seguramente. Y Costa Rica es todo lo contrario. Es casi el país que no existe en el imaginario. Y perdona, Ana, que te lo diga así, pero creo que me entiendes. A veces se oye algo, como que es Suiza, el cliché de que Costa Rica es la Suiza de América Latina. ¿Estáis de acuerdo con eso? Uno, como el país del que se sabe todo, del que se ha visto todo, y el otro, que nos resulta muy desconocido.

WENDY: En Cuba también hay un canon, que se hizo con la revolución. En este momento está devastado. Estamos en un tercer período especial, en que no hay nada que comer, ni en las tiendas. Y ni siquiera para los diplomáticos. La cosa está muy complicada. Solo que ahora se está pudiendo transmitir en vivo todo el desastre que hay. No hay presidente, porque el presidente que ahora está no lo puso el pueblo, lo puso el congreso del partido. ¡La utopía revolucionaria esa se acabó! O sea, de la Cuba que tú hablas como canon, ya hay un contracanon, que lo creó el canon inicial. Y está muy degradado. Los jóvenes intelectuales en la puerta del ministerio, y no los reciben, y si los reciben es con consecuencias. Pues, esa Cuba de la que tú hablas y que, en efecto, existió alguna vez, aunque sea en nuestro imaginario, ya no está ni en nuestro imaginario. O sea, que empezamos a ser un poco como Costa Rica, que no existimos. Ni en el cine ha habido un nexo muy grande, porque casi no hay películas en competición en ningún certamen. Estamos en una decadencia completa, y es un doloroso despertar después de haber querido ser o haber podido ser una revolución dentro de otra, y de haber ido variando y cambiando. Pero nos atrincheramos sin transición y pensamos que lo que se hizo iba a ser eterno, y realmente no sirvió de mucho, porque hay una degradación terrible. Hay, sobre todo, una degeneración social, cultural. Y estamos en un punto neurálgico, un punto cero, donde todos los jóvenes —como dijo Carlos Manuel Álvarez, un autor literario joven que recomiendan— trabajan desde los quince años para irse del país. Nosotros trabajamos desde los quince años para hacer, crear, fundar dentro de Cuba. Cuba no existe, es un no lugar. Es un lugar como cuando vas a casa de tus padres porque tus padres han muerto, entras a la casa, y está todo como si hubieran metido gente dentro de la casa, como si hubieran vandalizado. Ese país verde olivo se ha convertido en un país maltratador, en un padre maltratador, en un esposo maltratador, que a cambio del maltrato ni siquiera da comida, ni siquiera da el abecé, ni deja que tú tengas una empresa y que te lo busques por ti mismo. Ahora sería muy interesante que los cineastas de todas partes, o que las personas estas que tú citas, que tienen una opinión sobre Cuba, simplemente cliquearan en las redes sociales del cubano de a pie, de cualquier cubano. Ni de derecha ni de izquierda ni de centro; los cubanos no somos de nada, solo tuvimos colegios marxistas. Y lo que tú ves, supongamos, los chicos que tienen quince, trece, veintiún años, no vienen de Harvard, vienen de escuelas populares, no hay escuelas privadas en Cuba. Y estás viendo el desastre político, social, ético, moral, sexual. Yo siempre digo que era muy importante para mí la libertad sexual. Creo que era una gran conquista, porque en el cuerpo —lo había dicho yo en el periódico *El País*— es lo único donde había libertad. Y, por ejemplo, uno de los logros era poder tener la posibilidad de decidir si te intervenías un embarazo por cualquier cosa. Pero, ahora, un embarazo es un método anticonceptivo en Cuba. O sea, se han pasado los límites tres pueblos. Es una situación que… yo no sé a dónde vamos a ir. Es un país pobre de América Latina —mucho más pobre que República Dominicana en estos momentos—, con una represión para que no vayas a ninguna parte. Es una realidad crudísima. Pero es que los intelectuales no tenemos la última palabra. Creo que es en las redes sociales, el pueblo, quien está transmitiendo en vivo esta decadencia profunda.

MARTA: Y, aun así, tú no te vas…

WENDY: Llevo ahora dos años y pico yendo y viniendo, pero en algún momento tendré que comprar una casa en alguna parte, porque, realmente, no hay internet bueno como para hacer esto, todo es por los teléfonos. Es muy complicado. Ya llegó un momento en que o trabajas o vives en Cuba. Mientras sea investigar, leer y escribir, puedo, pero… lo demás… Y del mundo, hasta el banco, tú lo haces todo por internet, así que… No sé qué va a pasar conmigo. Bueno, yo soy lo de menos… Qué va a pasar con once millones de habitantes.

MARTA: Nos hemos quedado ahora con cómo pasamos a la Suiza de América Latina.

ANA: Sí. Cuando decías que te disculpara por decir que Costa Rica no existe, pensaba que yo tengo un poema que se llama *Este país no existe*. No hubo nunca, está en el sueño. Costa Rica comenzó a existir a partir de que lo declararon el país más feliz del mundo por una serie de condiciones, por la ecología. Eso tiene algún mérito de alguna voluntad política que hubo en algún momento, de preservar la cuarta parte del territorio como zona resguardada, como zona protegida. Pero también tiene mucho de suerte, porque realmente la mayoría del territorio goza de una excelente temperatura todo el año, ¡de cuento de hadas! Por eso no tienes que utilizar energía para calefacción ni aire acondicionado, y la mayor parte de la energía se obtiene de los ríos, es energía hidroeléctrica. También eso juega a nuestro favor. Hablando del cine, ha sido muy rápido el crecimiento de la actividad en el país. Lo que quiero mencionar es un hecho curioso, que hay un porcentaje elevadísimo de mujeres cineastas, más que en otros sitios, incluso de sitios con tradición. Eso espero tomarlo con optimismo, como un síntoma de que algo bueno ocurre en el país, en el sentido de que quizá no sea tan conservador, tan tradicionalista o tan machista como el resto de los países latinoamericanos. Hay un énfasis en la educación, que para mí es clave. Ha hecho que la mujer tenga posibilidad de mayor empoderamiento y que eso se refleje también en su ambición por puestos de liderazgo, por puestos de dirección y de expresión, como en el cine. Respecto a lo de «la Suiza centroamericana», es una expresión que a mí me resulta terriblemente dolorosa, y en mis columnas de opinión me quejaba amargamente de ello, porque hay una soberbia implícita hacia el resto de los países de la región. La idiosincrasia de la gente costarricense tiene cosas muy válidas como su vocación por la paz, por la democracia, por la igualdad, que también llevadas al extremo son nocivas, porque cuando hay demasiada paz, es que evadimos el conflicto, que no somos capaces de confrontar; cuando hay demasiada democracia, hay cierto caos a nivel político; cuando hay demasiada igualdad, nos molesta que alguien sobresalga. Así que tiene su contraparte negativa. Pero la identidad del costarricense, por suerte, es querer dirimir los conflictos de forma pacífica, y la educación le ha dado una situación de privilegio. Somos el país más pobre a nivel de recursos naturales del área, pero no parece, simplemente porque no tenemos militares —lo cual también fue un azar histórico, pero no voy a abundar en eso—. Lo que digo es que Costa Rica, en las pistas centroamericanas, suele decir: «Bueno, somos mejores porque tenemos un sistema democrático y pacífico, y porque la población es más europea». ¡Es ridículo, verdad! Porque, obviamente, no es así. Yo viví cuatro años en París y a mí se me acercaban los árabes a hablarme en árabe. De europeo, nada. Hay un poquito de arrogancia, y yo, en ese poema, pido perdón precisamente a mis hermanos nicaragüenses, panameños, guatemaltecos, porque en el fondo es una cosa bochornosa avergonzarse de sus orígenes y catalogar lo europeo como superior y decir: «Somos más blancos». Tengo vergüenza del racismo que implica esta expresión en el fondo. Porque por encima está lo de «un país pacífico y civilizado», pero por debajo hay soberbia y arrogancia, y racismo y xenofobia. Entonces, bueno, este es mi *mea culpa*.

MARTA: Es cierto que cambiaste tu nombre justamente para reivindicar esas raíces indígenas.

ANA: No, no. El culpable es mi papá. Mi papá quería que yo escribiera porque él era un poeta frustrado, entonces, cuando yo tenía ocho años, me dijo: «Linda, usted va a ser poetisa». Y yo: «Ah, ¿sí? ¿Y eso qué trabajo es? ¿Cómo uno se gana la vida con eso?». Me dijo: «Bueno, los escritores se ganan la vida escribiendo. No hay más que ver a García Márquez, a Neruda». El listón, me lo puso muy alto. Y después me dijo: «Y se va a llamar Ana Istarú». *Istarú* es el nombre indígena del Volcán Irazú. Significa 'tierra blanqueada por la escarcha', porque en tiempos precolombinos la temperatura era más baja y entonces se hacía una escarcha en el volcán, a 3500 metros sobre el mar, que es una de las cosas más altas que tenemos. Así, yo comencé a firmar como Ana Istarú y empecé a publicar con ese nombre. Era parte de mi cortejo a mi papá y de que mi padre me quisiera; me sentía apreciada y querida. Cuando mi hija menor tenía siete años y empezó a leer, llegó una carta que echaron debajo de la puerta, y me dice: «Ay, mamá, ¡se equivocaron! Es para una Ana Soto», que es mi nombre, mi nombre de pasaporte y todo. Entonces no tenía idea, ahora ya lo tengo incorporado a cédulas, cuentas bancarias, todo. Mi padre me bautizó y, obedientemente, quedé así. No fue un nombre decimonónico, ni afrancesado. Por dicha, fue un nombre indígena. Eso sí lo agradezco.

MARTA: Vamos con Wendy. Tú decías que en Cuba no os queda ni la libertad sexual.

WENDY: Decía el texto mío de *El País,* que la única libertad real que quedaba era el cuerpo, sucedía en el cuerpo.

MARTA: ¡Ah!, todavía sí. Creía que ya no. Porque, precisamente, quería ir con ese tema que es esencial para las dos. O del que siempre la crítica llama la atención al hablar de vuestra obra: el tema erótico. Y es cierto que, no sé si estaréis de acuerdo, si hablo de lo mucho que se puede decir de vuestra obra, muy diferente, que las dos son literaturas encarnadas. Es una literatura en la que el cuerpo está muy presente. Entonces, quería saber si eso era algo consciente para vosotras, qué reflexión hay detrás, qué planteamiento, para abordar el escribir el cuerpo de esa manera tan franca, y el erotismo.

WENDY: En Cuba, el cuerpo... La gente anda medio desnuda en la calle, por el calor. Y después de la revolución hubo una especie de apertura, desde las prostitutas que las llevaron a un plan que se llamó «las violeteras» a manejar taxis para reincorporarlas, hasta muchas de ellas que fueron modelos en las escuelas de arte donde estudiábamos nosotros. Vivíamos hacinados en becas, en internados, donde a veces había ciclones y se caían los compartimentos entre mujeres y hombres. Vivimos lejos de los padres, becados en internados obligatorios, en los entrenamientos militares también obligatorios. Por el contrario a Costa Rica, mi país es un país muy militarizado. A los trece años debes llevar un fusil para que aprendas a disparar. Y todos estos hacinamientos crean, como yo digo —en Casa Amèrica Catalunya ponen un video que se llama *Promiscuidad y memoria colectiva*—, un estado de hacinamiento crea un estado de promiscuidad mental, sexual, alimenticia también, porque todo el mundo pone sobre las literas lo que hay de comer y todo el mundo come de todo el mundo. Con lo cual, el cuerpo de mi literatura es como la huella que deja el caracol cuando pasa. No es que yo diga: «¡Ay, ahora voy a escribir una literatura erótica! ¡Ay, ahora voy a hacer una escena de sexo!». Es que el sexo es lo que comes, lo que te pones; viene junto con la actitud política de emerger dentro de un campamento. Es una orgía ideológica también el sexo. La sexualidad es parte de la ideología, y la ideología es parte de la sexualidad. Tener un grito de abandonar la política e ir hacia adentro, como dice María Loynaz, y enclaustrarse en un misterio de soliloquio, y no vivir esa vida abierta, colectiva, medio desnuda en las playas, en los internados. O sea que, de cualquier modo, que yo tire la parrafada, ahí va a haber el cuerpo, va a haber el hacinamiento, va a haber la elección grupal. Es *La República* de Platón, ahí los hijos son colectivos y la vida es colectiva completamente. No hay cómo transitar por una literatura cubana pos-Carpentier, sin hablar del cuerpo como un bien social o como un mal social, como una cartulina en blanco donde empezar a escribir y a crear. Es muy interesante, también. Yo vengo de una escuela de arte: el *ballet,* las artes visuales, todo eso está muy ceñido al cuerpo. Hay un cuerpo político también, que te va administrando tus fuerzas. Y en ese cuerpo político hay una rebeldía física también. Es que Cuba es tan política como tan sexual.

MARTA: Y lo sexual es político.

ANA: Yo quisiera hablar, por mi parte, respecto a este tema. Al contrario de lo que ocurre en Cuba que hay una gran liberalidad, en Costa Rica en los 70, en los 80, vivíamos una represión sexual bastante fuerte, bastante incómoda. Yo empecé a entender que el fundamento de toda esta represión hacia la mujer se basaba en los mitos sobre su cuerpo, su sexualidad, e intenté escribir oponiéndome al estereotipo, eso es todo. Y por eso escribí *La estación de fiebre,* que es un poemario erótico que publico a los veintidós años. Y no solo trato el tema, sino que la forma está muy inspirada en... Bebe mucho de las fuentes clásicas, precisamente del Barroco. En ese momento, en que la poesía era más exteriorista, era un poco estrafalario. Y después, en mis obras de teatro. En realidad, en casi todo lo que escribo trato de ir contra la visión mistificada, por ejemplo, de la maternidad. Escribo un poemario, *Verbo madre,* en el que hablo sobre la experiencia física de la maternidad: el parto, el amamantamiento, el embarazo, sobre el placer o la beatitud física que puede significar el amamantar. Y escribo una obra de teatro que se llama *Baby boom en el Paraíso,* que es la historia de una mujer desde el momento en que quiere quedar embarazada hasta el momento del parto. En el que, sin saberlo, estaba hablando de violencia obstétrica. De todo lo que una sociedad machista que sacraliza, supuestamente, la maternidad explota para que las mujeres lo vivamos mal: con sufrimiento, con autonegación, con sacrificio, con postergación, con dolor y con humillación incluso en el momento del parto, en que muchas veces la mujer no podía tomar decisiones sobre el mismo proceso. Entonces, creo que me volví a ver el cuerpo, me fijé en él para poder contradecir lo que se me había enseñado. Luchar contra el metro de cemento de represión que se ponía sobre la sexualidad de las jovencitas. De hecho, se habla mucho sobre el sexo y hay mucha literatura, pero muy estereotipada, sobre los cuerpos de ellos, de los jóvenes, de los adinerados, en un ambiente ideal, pero ni de los discapacitados ni de las mujeres con tres embarazos… De ese sexo no se habla, del real, del cotidiano, de aquel al que tenemos acceso, de ese no se habla. Sobre todo, se busca evadir la fusión entre la imagen de la mujer que es madre y de la mujer que es hembra deseadora. Por eso, contra eso espero haber escrito. Y en comedia, porque mi dramaturgia parte del hecho de que, si no es comedia, difícilmente se va a montar. He tenido que hacer algunas maromas formales para poder no traicionarme en cuanto a lo que quiero decir y emplear la risa, tanto para que el productor acepte mi obra como para que el espectador, muchas veces el varón, se despoje de su armadura, su defensa, y sea permeado por lo que estoy diciendo. La risa, en ese sentido, es muy eficaz.

MARTA: Estoy viendo, por lo que me estáis contando, que es cierto que partimos de muchos paralelismos entre vosotras dos, y de muchas diferencias. Seguramente, además de vuestros propios caracteres y demás, también tendrá que ver con esos tan diferentes contextos que os han formateado un poco. Porque, junto con ese sexo, otro aspecto que parece también una constante —y, por supuesto, podéis llevarme la contraria— en la obra de las dos es el yo. La presencia de una voz de una primera persona. Pero, sobre lo que estáis diciendo, estoy pensando, Wendy, que trabajas mucho tus novelas a partir de los diarios que escribías y que escribes. Es cierto que es muy llamativo ya hacer esa primera novela de un diario de infancia. Planteo que ese yo venga, precisamente, como reacción a esa promiscuidad. Y, casi al contrario, el yo de Ana es un yo que viene a ser casi un nosotras. Tal vez por todas esas mujeres que, como dices tú, han sido violentadas de una u otra manera o que no han podido expresarse. ¿Os conviene un poco esto? ¿O no? Podéis llevarme la contraria, totalmente.

WENDY: Yo no he leído, lamentablemente, la obra de Ana —me lo apunto, debo hacerlo—, pero por lo que ella está contando, la narrativa de ella me recuerda mucho a la de mi madre, que eran como conquistas que la revolución tenía, de la maternidad, de la mujer. Mi generación venía ya como de vuelta de todo este esquema, y nosotras estuvimos tratando de robarnos un pedacito de yo, de tener un diario íntimo que la seguridad, o el Estado, o los padres, o los amigos no te lo revisaran; no vivir en una litera colectiva. La liberación de la mujer, de los años 60, al final termina siendo la esclavización de una mujer, porque la mujer tenía dos jornadas laborales. Así que muchas mujeres vivieron muchos años así. Por ejemplo, bailarinas que vivían en el Palacio de Camagüey y vivían en albergues bailaban y después dormían en una litera, y se bañaban en baños colectivos. Yo misma lo viví. En mi casa había un baño colectivo y era… Por eso, todas estas conquistas de los años 60, de ser validadas y de luchas colectivas que eran muy importantes, fueron las conquistas del siglo XX para mí. Amo lo que hizo mi madre, amo toda su generación, y tengo un culto a los años 60, pero, ahora, mi generación es más: «Necesito mi espacio», «necesito mi yo», «necesito mi caracol», «necesito mi identidad», más allá de las chapas de la Revolución cubana como un cuño, de las chapas de «somos todas» y «unidas todas». De hecho, en España, donde veo «unidas podemos», me digo: «¡Dios mío! ¡Qué va a pasar aquí!», porque ya esa cosa colectiva de «nuestros hijos», «nuestras metas», a mí me parece como que cojo peligro. Obvio, también es un prejuicio, hasta el punto de que yo tengo cincuenta años, y la generación de muchachos que vienen ahora, los hijos de mis amigas, todos están con Biden, todos van a manifestaciones aquí en Estados Unidos, todos están con Sanders, todos están en las manifestaciones pro de los derechos de los afroamericanos. O sea, yo soy una generación como contra el tráfico; ni con los padres ni con los hijos. Soy medio inservible. Pero es una generación también de transición, que nos ha ayudado mucho con los derechos civiles dentro de Cuba, que está defendiendo también los derechos de los intelectuales por escribir lo que piensan. Porque ya, cuando tú abres tanto, para hacer una revolución colectiva, te dejas de ocupar del ser humano, de la comprensión, de la intimidad y de la búsqueda de la libertad de expresión. Yo soy un ser humano. Esas conquistas utópicas no van a ninguna parte. Entonces, ahí quizá hay un desbalance en mi emoción, pero el yo ha venido a salvar la idea canónica de la revolución como un todo y del individuo como una masa. Yo creo que esto es mi diario, un eterno diario. Que también fue por Anaïs Nin —sin hacer comparaciones— porque yo hice una novela sobre ella. Porque ella venía de la generación esta posguerra, donde también todo fue muy colectivo, y llegó un momento en que ella quiso trabajar con sus diarios como una lucha por la intimidad de la mujer.

ANA: Sí, yo respecto a la presencia del yo, y a la tensión con el nosotras, yo comprendo lo que dice Wendy respecto a la necesidad de intimidad, de privacidad, de identidad —y no confundirse con la masa, porque es realmente agredir los derechos del individuo—, me parece absolutamente válido. Yo, en realidad, he hecho cosas un poco autorreferenciales. Por ejemplo, esta obra del parto es un 75 % autobiográfica. Mis poemarios son lo más personal que tengo. Incluso en mis columnas del periódico a veces hablo en primera persona; siento que no es ególatra, en la medida en que alguien se pueda identificar. Eso es todo. Por eso, si una mujer se reconoce en lo que escribo, eso me alegra mucho, me gratifica. No es algo que yo me imponga como una dirección férrea que deba tomar, es algo que me ocurre. Creo que si fuera un varón, probablemente escribiría sobre otra cosa, o si fuera afrodescendiente. Para respetar un poco la autenticidad, escribo sobre lo que me duele, y lo que me ha dolido ha tenido que ver con mi cuerpo. Creo que es por eso. Wendy habla sobre su madre y otra generación. La mía fue diferente. Mi madre fue diputada al Congreso dos veces, fue alcalde de la ciudad capital, fue una feminista naíf, de alguna forma, porque no tenía ningún fundamento teórico, pero fue traicionada en un mundo de varones. Y, finalmente, se enfermó y murió. Wendy perdió a su madre cuando tenía treinta y seis, treinta y siete años, me parece. Yo, a los veintiséis. Y también siento que se las tragó el contexto y su lucha, que de alguna manera se quebraron, porque sus ideales se quebraron enteramente. Creo que la madre de Wendy se alojó en el olvido para no tener que confrontar eso. La mía se alojó en la muerte, decidió morir con un cáncer fulminante de dos meses. Pagaron precios. Y yo creo que este énfasis que pongo en la sexualidad, en el cuerpo, en la maternidad, en todo lo que escribo, es quizá una manera de reparación de lo que a ella no se le permitió vivir. Tenía que ser como un hombre y negar su parte femenina para poder ser pionera, abrir trincheras para las otras mujeres. Por eso creo que quizá en mí se aplica la psicología de péndulo: mi madre estuvo todo el tiempo en política, en la calle, batiéndose hombro a hombro con los varones, y yo he tratado de retornar la mirada sobre mi especificidad, sobre mi útero, sobre la diferencia. Y por eso hablo tanto de eso, pienso yo. Tratando de inventar, de plantear un tipo de maternidad diferente, que no sea centrado en la Virgen María, ni edulcorado, sino más animado, más animal, más fiero, más sexual. Una visión de la maternidad más física y reivindicarla. Creo que quizá por ahí va la cosa. Marta, yo quiero hacer una mala crianza. Quisiera leer un poema de un minuto y medio, si se me permite. Yo sé que es trampa, pero yo siempre meto la poesía de forma clandestina.

MARTA: Yo estoy encantada. Sí. Vamos a terminar dentro de un rato, pero aún nos quedan unos minutos. Antes de que os lance mi última pregunta, yo estoy encantada, no creo que Wendy…

WENDY: ¡No hay problema! ¡No hay problema!

ANA: Gracias. Es de mi libro de poemas a la maternidad. No pude hablar de mi proceso personal hasta que no hablé sobre la muerte de mi madre. Entonces, este es el poema que les quiero leer, y se llama:

Una hija conduce a su madre hasta el sueño

Yo hablé con el pedazo de mi madre que no quería morir.
Se resistió.
Fue el potro que pierde la cordura y es nervio cercenado ante la muerte.
Por la esgrima de fuego que sostuvo
tuvimos que enterrarla maniatada.
Yo pude hablar con esa jarra fría de sangre que se muere.
Yo vi un Dios reventado,
vi una estaca de pólvora en su pecho.
Y a ese trozo de oído que latía como una seda sacra,
como el último barco,
como el pulso final de flama de una astilla,
a ese tercio de madre que me resta y pesa más que el mundo,
ese diamante hirviente que entierro entre mis ojos,
a ese frasco de fe que me cedieron clementes cirujanos desolados,
le pude hablar,
decirle:
Adiós, pequeña.
Duerme.
No habrá bestias feroces entre la oscuridad.

Gracias por escuchar.

MARTA: Muchas gracias a ti, Ana. Es verdad que es algo muy fuerte ante la muerte de tu madre.

ANA: Bueno, Wendy lo sabrá. Hay un momento en que hay que ayudar a tu madre a morir, porque ya no está aquí, está en otro sitio. Hasta que no escribí eso no pude escribir sobre mi propia maternidad, por eso lo leo.

MARTA: Pues, os decía que nos quedan ya solo unos minutos, y para terminar, porque confieso que a mí me habéis seducido muchísimo, me habéis dado ganas de leer, no solo con vuestras obras, sino aconsejando obras como lectoras, querría, antes de irnos, si puedo pediros ese favor, que cada una de vosotras nos digáis algo que estáis leyendo ahora o algo que os apasione y nos deis nuevas ideas de lectura. Empezaba queriendo llevaros hacia aquello con lo que, tal vez, no era más evidente relacionaros y ahora, pues, vamos de frente con la literatura, puesto que las dos sois grandes lectoras.

ANA: Yo contesto brevemente. A mí me gusta mucho la poesía de Margarita Laso. Es una poetisa ecuatoriana que escribe también poesía erótica. Márgara Russotto, venezolana. También Ana María Rodas, de Guatemala. Y amo mucho a Gonzalo Rojas, chileno. Sé que no estoy diciendo ninguna novedad, pero, ya que preguntas, eso me gusta. Y leo poesía solo en español. Quiero decir, no me gusta leer traducciones. Estudié idiomas para leer la poesía en su idioma original, y finalmente acabé oyendo la musicalidad del español. Amo a los traductores, pero es lo que más me golpea, porque para mí la poesía es ritmo y, esencialmente, musicalidad, cadencia. Estoy leyendo el libro —ya tarde— de Irene Vallejo, *El infinito en un junco,* y estoy apasionada. Pero siempre voy tarde, así que a mí no hay que seguirme, hay que arrastrarme.

MARTA: ¡Tenemos que leerlo! Todavía no he llegado a él. Así que, a mí, dime, convénceme. Sí, tengo que leerlo.

ANA: Es que hay que leerlo. Es una maravilla. Es entretenido, es seductor, es irónico. Tiene una visión femenina, apasiona y reconcilia. Es una lectura histórica y al mismo tiempo nos hace entender la importancia del libro, del libro como objeto que, para ella, no va a fenecer, y eso lo comparto. No es para hacer una beligerancia contra la tecnología, pero yo sé una cosa: cuando terminemos esta etapa de pandemia todos vamos a estar deseosos no de lo tecnológico, de lo digital, sino que vamos a tirarnos a lo esencial, al teatro, al espectáculo. Y el libro, como tal, va a quedar como objeto de placer. Consultaremos a través de la tecnología, estudiaremos e investigaremos, pero, el placer, el amante que es el libro, eso no va a morir.

MARTA: Muchas gracias. Wendy, recomiéndame un libro.

WENDY: Estoy haciendo dos novelas, una de ellas sobre Ana Mendieta, y estoy leyendo mucho los apuntes de ella. Tengo muchos amigos coleccionistas que tienen apuntes de ella. Y es muy interesante, los apuntes de un artista visual. Me gustan mucho mucho mucho los apuntes de los artistas visuales, porque ves color y ves toda la morfología de lo que luego va a ser esto, arte. Y estoy trabajando con esos apuntes sobre una niña que la sacaron de su país, de la operación Peter Pan, y se fue a vivir a otro lugar, sin sus padres, junto con otros catorce mil niños, que fueron todos sacados de Cuba [...] mismo el socialismo y fueron a la deriva. Así que, estos apuntes, para un nuevo libro; estoy muy emocionada con ellos. Y a mí me gusta mucho la poesía, me gusta mucho también la narrativa, el ensayo. Soy una lectora de ensayos, me gustan mucho. Y recomendaría literatura cubana, Legna Rodríguez, que es una muchacha muy joven cubana. Recomiendo toda la obra de Carlos Manuel Álvarez. Son autores que no pueden ser editados en mi país. Y recomendaría la obra de cuanto escritor cubano no se ha publicado en el país, porque la literatura cubana no somos solamente Padura y yo, sino que hay mucha literatura buena cubana. Ahora Carlos Manuel está haciendo el lanzamiento de su nueva novela, *Falsa guerra*, que yo le digo: «No hables mal de mí», porque yo me llamo Wendy Guerra. Pero yo recomiendo que compren el libro. Creo que lo más importante es honrar a nuestros contemporáneos, nuestros colegas que nos necesitan cuando unos tenemos más acción mediática que otros. Legna Rodríguez, la recomiendo. Recomiendo también la literatura de la vida. Recomiendo escribir todos los días aunque no seas un escritor profesional. Creo que en la literatura uno nunca es profesional, que es casi siempre un ensayo. Y recomiendo, más que leer solamente —bueno, las librerías están llenas de obras fastuosas, desde Stendhal hasta Chéjov, pasando por Virginia Woolf... ¡qué sé yo!—, lo que más recomiendo en tiempos de pandemia es escribir un diario. Escribir todo, anotar todo, y luego refinar como una novela o sencillamente dejarlo como asentamiento. Gracias a los asentamientos sabemos cómo llegamos aquí, cómo el hombre ha evolucionado. Estamos viendo que las cámaras están pisando Marte. Entonces, ¿qué estabas haciendo tú mientras una cámara pisaba Marte? Yo creo que asentar y leer, leer y asentar, es un ejercicio humano, no literario. Es extraliterario, es como fisiológico. Y yo a mis alumnos escribir les recomiendo un montón, porque sirve. Sirve para tus hijos, para verte en perspectiva delante de un psiquiatra o delante de ti mismo. Y yo creo que la mejor literatura es la que drena de tu cuerpo como agua, que sale todos los días, y eso es lo que tú puedes exprimir y sacar lo mejor de ti. Así que quiero agradecerles a las dos. Agradecer, por supuesto, hasta a Camille que hizo todo con nuestros asistentes, todos los amagos. Y, bueno, a la energía de un festival que tiene que empezar en pandemia. Y, gracias a la electricidad de este festival, un día nos abrazaremos y nos podremos pellizcar y estar juntos. Gracias.

MARTA: Muchísimas gracias a las dos. Y muchas gracias a Camille.

ANA: Yo también quiero agradecer a Camille, a Yolanda, a Gonzalo, que no tengo el placer de conocer, por la generosidad, por esta invitación, por esta iniciativa, por esta quijotada. A Wendy, por conocerla, finalmente. No conocía tu obra, pero compré *Domingo de Revolución*, y la devoré. Te agradezco que la escribieras. Realmente estoy muy contenta de poder compartir con vos.

WENDY: Gracias, gracias.

Mercado de los libros: alimentarse de historias venidas de otras lenguas

STÉPHANE CHAUMET • RENÉ SOLIS

Conducido por **Louis Jolicœur**
(Universidad Laval, Canadá)

Les Halles, el Mercado de las Pulgas, el Mercado de las Flores, el de los Enfants Rouges, el Marché Raspail… Los mercados de París hacen que bulla el flujo de pequeños y grandes tesoros. También es importante que funcione el canal de intercambio entre el patrimonio literario de ámbito hispánico y el público lector francés. Por eso, hoy analizamos las importaciones a la cultura francesa que implican toda esa traducción y proyección cultural latinoamericana. Lo hacemos de la mano del quebequés Louis Jolicœur, de la Universidad de Laval. Él entrevistará, en francés con subtítulos en español, a dos especialistas en traducción de libros latinoamericanos al francés: Stéphane Chaumet, desde Colombia, y René Solis, hoy, desde Francia. Tened buen provecho, porque a esto venimos al mercado de los libros, a alimentarnos de historias venidas de otras lenguas.

LOUIS JOLICŒUR: Buen día a todos y todas. Con un gran placer he aceptado animar esta pequeña mesa redonda. Me presento: soy Louis Jolicœur. Vivo en Quebec, Canadá. Soy profesor de traducción y traductor literario desde el español, sobre todo, y del inglés también, al francés. Tengo el placer de coordinar esta mesa redonda en el marco del festival «Paris ne finit jamais». Suena un poco raro para mí en francés, «París no se acaba nunca» suena mucho más familiar, al recordar esa bella novela. Me siento afortunado de estar en esta mesa redonda junto a René Solis, profesor de francés en México y que lleva más de treinta años trabajando como periodista en la sección cultural del periódico *Libération* en París.

RENÉ SOLIS: Perdón, cabe subrayar que esa parte de mi existencia ha terminado.

LOUIS: Se terminó, claro… No hay que hablar del pasado. Ahora, es esencialmente traductor de novelistas latinoamericanos. Ha trabajado en los textos de Leonardo Padura, el gran autor cubano; el venezolano Juan Carlos Méndez Guédez; y, sobre todo —lo cual me impresiona y me dará ganas de hacerle preguntas—, Paco Ignacio Taibo II, este autor mexicano nacido en España, si mal no recuerdo, pero que es más conocido como autor mexicano. Buenos días, René. Estaré encantado de hacerle varias preguntas. Y buen día, Stéphane. Stéphane Chaumet nació en Dunkerque y también es poeta y traductor del español al francés. Ha vivido —por lo que estoy bastante impresionado— en Estados Unidos, México, Siria y

China. Me pregunto si habla todos esos idiomas, eso lo veremos más tarde. Es autor de colecciones de poesía, novelas y cuentos. Obviamente, es traductor y por eso nos complace tenerlo en esta mesa. Ha traducido poesía contemporánea latinoamericana y española. Luego ha traducido notablemente a Leopoldo María Panero, Olvido García Valdés y otros. También tengo algunas preguntas para usted. Ha traducido a Hilde Domin que, si no me equivoco, escribía en alemán, ¿cierto? Y, lo que es aún más sorprendente, a Forugh Farrojzad, quien tiene —corríjame si no es así— escritos ¡en persa!

STÉPHANE CHAUMET: Así es.

LOUIS: También nos contará acerca de eso. No le basta con haber vivido en China y Siria, sino que además ha traducido del alemán y del persa. Nada mal. Gracias por aceptar esta invitación. Para satisfacer mi curiosidad, quizá comience por Stéphane, y le preguntaré cuántos idiomas habla y si traduce directamente del persa y el alemán y estos otros idiomas, o si es que va por otro camino. Lo escucho.

STÉPHANE: Traduzco principalmente del español. Viví en Alemania y hablo alemán, pero tengo una relación un tanto complicada con esta lengua, aunque cuando descubrí a esta poeta, Hilde Domin, fue una poesía que me conmovió mucho y que no se había traducido al francés. Y eso es lo que me hizo querer volver al alemán y traducir este libro. Fue un paréntesis, una excepción. En cuanto a Farrojzad, no, no hablo persa, pero es una experiencia que tuve con un poeta persa. Es una traducción que está en colaboración. Y, luego, lo que me llevó a hacerlo, pienso que es el hecho de que si bien la escritura es un acto de soledad, con la traducción ya no estamos solos, porque hay un texto, y también me gusta la idea de poder traducir juntos. Así nació esta idea, a raíz de una experiencia de un festival en Malta donde fuimos invitados entre poetas de diferentes idiomas, y comenzamos a traducir entre nosotros, desde idiomas que no conocíamos, a través de otros textos o a través del diálogo. Y me di cuenta de que era una experiencia interesante y posible. Así que el caso de Farrojzad se hizo en colaboración con alguien de esa lengua materna, y que además es poeta.

LOUIS: Es una gran experiencia tener a alguien que trabaje contigo. Eso lo hacemos mucho en los centros. Hemos creado, en el oeste de Canadá, un centro de traducción literaria, como los hay en Europa, en Arlés, Bélgica, Inglaterra o Tarazona en España, donde invitamos a escritores, traductores de diferentes idiomas, incluyendo a veces traductores que trabajan juntos a través del idioma del otro para llegar mejor al idioma del autor y hacer esta colaboración de la que habla usted. Siempre es realmente fascinante. Eso explica esta diversidad, pero también es notable que hable chino, que habla árabe, porque ha vivido en todos los lugares.

STÉPHANE: Debo decir que me las arreglé para manejarlo cuando estuve allí, en el día a día, pero no puedo traducir estos idiomas.

LOUIS: De acuerdo. ¿Y ahora vive en Colombia?

STÉPHANE: Ahora estoy en Colombia.

LOUIS: Así que esperemos que el internet nos acompañe durante nuestra entrevista y que, a pesar de la tormenta que parece estar cayendo a su lado, pueda quedarse con nosotros en todo momento. Gracias por estas palabras iniciales, Stéphane. René, cuéntenos un poco qué lo llevó a la traducción. Me corrigió enseguida que ya no está vinculado al periodismo. Ahora es un hombre libre que puede dedicarse por completo a la traducción, si es que entiendo bien, y a la escritura.

RENÉ: Así es. Es cierto que llevo mucho tiempo traduciendo, finalmente. Comencé hace unos treinta años, así que llevo bastante tiempo realizando mis dos actividades de forma simultánea. Y es cierto que en los últimos años la traducción se ha convertido en mi ocupación fundamental. Tengo una relación un tanto particular con el idioma español porque lo aprendí relativamente tarde, a los veinte años, así que no es un idioma que haya estudiado en la escuela, donde hice ruso, latín e inglés. Fue un poco por casualidad que me encontré un día en Latinoamérica, precisamente en México, a los veinte años, y fue amor a primera vista, tanto por el país como por el idioma, fue una revelación. En ese momento, fue casi un renacimiento el español, y un renacimiento sobre todo como lector. Es decir, cuando comencé a aprender español, enseguida intenté leer. Yo era un gran lector cuando era niño, también de adolescente, y volví a encontrar ese entusiasmo por el descubrimiento, por la lectura en español. En ese momento, empecé a leer casi todos los clásicos de la época —si se me permite decirlo—, como a García Márquez, Alejo Carpentier, Borges, Onetti. Estaba muy admirado y casi celoso de ver que traducíamos libros absolutamente magníficos. *Para esta noche*, para mí, es una obra cumbre.

LOUIS: Es el tercero de Onetti que traduje. ¡Qué aventura! Me alegro de que lo haya disfrutado.

RENÉ: Es anecdótico. Ahora vivo en Madrid, y vivo a doscientos metros de la avenida de las Américas, al lado de Onetti. Y así me puse a leer, y entre los libros que leo, las novelas, también hay un clásico de Ernesto Sábato, *Sobre héroes y tumbas.* Es un libro que me conmovió mucho en su momento. Es una novela muy muy hermosa, y estaba absolutamente entusiasmado con leerla. Entonces estaba viviendo en México y regresé a París por un tiempo. Solo tenía un deseo y fui en busca de él. Finalmente, me dije a mí mismo que seguramente había sido traducida al francés. Así, estaba en una librería y pregunté: «¿Tienen «Sur des héros et des tombes», de Ernesto Sábato?», así, en francés, y me dijeron que no. No había internet y todo eso. Así que destiné —bueno, en mis recuerdos lo embellezco un poco— varias horas a dos o tres librerías, antes de descubrir que *Sobre héroes y tumbas* había sido traducido y en francés se llamaba *Alejandra.* Ese descubrimiento fue algo terrible para mí… ¿Cómo decirlo?… Estaba furioso. Me dije que no era posible, ¡cómo se puede estropear algo desde el principio haciendo una traducción como esa! Por supuesto, entonces no sabía que en ese momento eran los editores quienes elegían los títulos y no los traductores, y me dije que no era posible traducir *Sobre héroes y tumbas* como *Alejandra. Sobre héroes y tumbas* yo lo traduciría al francés literalmente. «Sur des héros et des tombes» es un título totalmente enigmático, tanto como lo es en español. Para mí, inmediatamente evocaba un capítulo de *Los miserables,* me remitía a eso, a ese universo. Pero me preguntaba qué sentido tendría no traducirlo literalmente, ¿por qué *Alejandra?* Estaba tan furioso que empecé a traducir, desde cero y por mi cuenta, el primer capítulo de *Sobre héroes y tumbas* al francés. Me dije a mí mismo que era obvio que si el título era así, la traducción sería necesariamente lamentable. Sin embargo, no encontré el rastro en ese primer intento, y creo que no fui muy lejos, así que lo perdí. Creo que me di cuenta bastante rápido de que lo que estaba en juego era mucho más difícil. Pero podemos decir, en cierto modo, que esta rabia, este arrebato de rabia, esta incomprensión, fue casi el detonante de mi vocación de traductor que, varios años después, finalmente se materializó.

LOUIS: La ira es un motor excelente. Está en lo cierto. Y, luego, si hay algo de malo ahí con Sábato, es *Alejandra* como título. Me parece que es un poco contradictorio con el personaje de Sábato que no es tan feliz.

RENÉ: Sí, así que no hace mucho se volvió a traducir al francés, y lo llamaron *Héros et tombes* ['Héroes y tumbas' (N. del E.)]. Se acerca bastante, pero, bueno, yo seguiré defendiendo «Sur des héros et des tombes», y diciendo que una de las motivaciones para traducir, como a menudo los traductores se dicen a sí mismos, es ser mejor traductor que el traductor. Lo cual, obviamente, es en gran parte una ilusión, pero, después de todo, puede ser un gran punto de partida.

LOUIS: Sí, sí. Es divertido e interesante como forma de iniciarse en el campo, con ese vigor y esa rabia. Lo entiendo. Dígame, Stéphane, usted escribe y traduce. ¿Cómo combina los dos? ¿Empieza con uno en lugar del otro, uno alimenta al otro, uno ocupa más espacio que el otro? ¿Cómo combina estas dos actividades?

STÉPHANE: La traducción vino después. De hecho, es muy similar a lo que acaba de contar René Solis. Yo tampoco aprendí el español en la escuela, lo aprendí después en América Latina. El español que aprendí, un español afectivo, sobre todo de Latinoamérica, de México y Colombia, que son los lugares en donde más viví. Y es como dijo René: cada época tiene la necesidad de volver a traducir. Y para seguir con las anécdotas, cuando no hablaba bastante español, yo también había leído la traducción *Alejandra*, tengo ese libro, el que tiene unos marcos verdes, es una copia vieja. No lo supe cuando lo leí, sino después, cuando me interesé un poco, y tampoco había entendido la traducción. Para mí es un poco lo mismo en cuanto al trabajo sobre el lenguaje, al que me acerco mucho cuando comienzo a traducir, cuando me acerco a la forma en que voy a escribir, en cuanto al trabajo en sí. Sin embargo, no proviene en absoluto de las mismas necesidades ni de los mismos placeres. Cuando se trata de las novelas que escribo, o de la poesía, el género se impone a uno mismo. Con la poesía es diferente, no hay reglas, se da cuando sucede, cuando llega. Y para la novela, una vez que tenemos una idea, un proyecto, se puede trabajar en ello, aunque habrá días en los que quizá estemos menos presentes. La traducción, creo que para mí está vinculada a los hallazgos; como traduzco a muchos poetas contemporáneos, tiene mucho que ver con ciertos encuentros. Nació del deseo de dar a conocer a los poetas actuales en mi idioma. En realidad tiene que ver con lo que es la traducción en sí. Para mí, la traducción es realmente enfrentar la alteridad, la diferencia, y es una forma de agrandar la casa, pero también de complejizar la imaginación, nuestra forma de ver el mundo, nuestro propio idioma. Por eso creo que es ir a otros mundos. También ensayar eso, ya que es un desafío ver cómo en tu propio idioma puedes recrear, reverberar la sensación que tuviste al leerlo en español.

LOUIS: Lo que también me interesa mucho es el vínculo entre creación y traducción, que también es una forma de creación. Yo empecé a traducir antes de escribir y, de hecho, creo que empecé a escribir como una reacción, con cierta frustración también, porque si bien es un placer traducir, aun así, estamos limitados por los márgenes que nos deja el autor que está siendo traducido. Así que, después de un tiempo, para levantarte y correrte un poco de esos márgenes, puedes comenzar a escribir tú mismo. Mis alumnos a veces quieren alterar demasiado la esencia del autor que están traduciendo, entonces les digo que vayan a escribir por su cuenta y dejen en paz al pobre autor, que si tienen algo que decir, salgan de la traducción y escriban. Así que eso es lo que me pasó a mí. Pasé de la traducción hacia la escritura. Mis primeros libros fueron más «Onettianos». Por supuesto, estaba traduciendo principalmente a Onetti en ese momento y, cuando el maestro te toma, es difícil liberarte de él. Afortunadamente, eso se calmó un poco y traduje a otros autores. Pero tuve la suerte y la mala suerte de comenzar con una figura para mí, un autor al que admiraba mucho. Ya que es este enlace el que quizá me gustaría explorar un poco con ustedes, continuaré con Stéphane un momento y luego lanzaré a René sobre esta cuestión. Como los tres somos polifacéticos, escribimos y traducimos; no todo el mundo lo hace, hay escritores que no traducen y traductores que no escriben. Pero como hacemos ambas cosas, eso es lo que me gustaría ver con ustedes. ¿La traducción da ganas de escribir; la escritura le da ganas de traducir? Porque también hay mucho de eso, a veces nos cansamos de escribir, luego de inventar, de crear siempre algo nuevo. Así que nos dirigimos hacia la traducción como un prado tranquilo, y luego tenemos que jugar con la belleza y el placer de escribir, sin cansarnos de inventar una historia. Va por ambos lados, ¿verdad? Eso es lo que querría conversar con usted, Stéphane.

STÉPHANE: Digamos que la traducción también es, a veces, una forma de olvidarse de uno mismo, de no aferrarse a su yo en un espacio creativo. Pero es cierto que para mí la prioridad es la escritura. Diría que la traducción vino como complemento. Pero un complemento necesario. Necesario para salir un poco de uno mismo, para conocer a la gente. Está realmente ligado al encuentro, a salir de la soledad cuando uno escribe. Este es realmente el aspecto principal para mí. Después, en el trabajo creativo, también es bastante fascinante. Estás en tu escritura, solo con eso, no hay nadie que te diga qué debés hacer o no, cuáles son los límites o cuál es el marco, ni la forma en que vas a trabajar. El desafío es que hay que ser respetuoso. Finalmente, esa es siempre la cuestión, hay un texto base. Aunque yo creo que aún hay un espacio de creación para el traductor, sobre todo en la poesía, porque a veces estamos obligados a ser traidores, o a simularlo, para restaurar en el idioma propio la fuerza, la musicalidad o el ritmo específico del otro idioma. Cuando eres demasiado fiel y haces una imitación del idioma, eso no funciona en absoluto. Así pues, ese es el lugar para hacerlo, donde uno se acerca más al trabajo en sí, digamos, al trabajo más creativo. También creo que, en la traducción, la diferencia está sobre todo en el hecho de aceptar que hay una pérdida, que siempre hay una pérdida. Pero esta pérdida también te obliga a asumirla, es como un desafío. Intentar buscar en el propio idioma cuáles son los recursos que servirán para reducir esa pérdida. Así que siempre existe ese aspecto. Me recuerda a esa famosa frase de Beckett que todo el mundo conoce, que decía: «Lo intentaste, fracasaste. No importa.

Inténtalo de nuevo. Fracasa mejor». Y se ha convertido casi en un cliché; parece que hay personas que se hacen tatuajes de esta frase de Beckett. Pero creo que la traducción es una forma de perder lo mejor posible, siempre me he dicho esto a mí mismo, desde que adquirí conciencia acerca de esta pérdida.

LOUIS: La pérdida, la ausencia como motor del deseo de buscar lo que ya no está. Tiene algo fuerte. Pero volveré a esta idea del reunirnos más adelante, porque hay un aspecto práctico en esto que me gustaría explorar con usted: la necesidad o no del encuentro con el escritor. Pero cedamos la palabra a René, preguntándole también cómo combina estas dos actividades.

RENÉ: Bien. En mi actividad de escritura, que es mi otra actividad, no soy novelista ni poeta, no he publicado un libro como tal. Escribí y firmé mucho en el diario, como dicen, ya que he estado y, bueno, sigo estando, sigo escribiendo, pero en el diario francés *Libération*, desde hace más de treinta años. Y también estuve involucrado en la crítica de teatro durante mucho tiempo. Fueron dos ejercicios totalmente al mismo tiempo, paralelos, y a la vez sin aparente conexión. Así que, por un tiempo, entre el periodismo y la traducción, las mismas condiciones para el desarrollo de dos actividades que no tenían nada que ver. Cuando traducía, siempre decía que significaba cerrar la puerta. Es decir, exactamente lo contrario del diario, era un diario con toda la presión de la vida cotidiana, donde se escribe en medio de un bullicio, los teléfonos, las interrupciones permanentes, aunque es cierto que puede ser emocionante. Para mí, la traducción es lo opuesto, y hubo una faceta prácticamente monástica de retirada del periódico. Entraba, cerraba la puerta, me encerraba y, de pronto, tenía una relación que era obviamente completamente diferente a la escritura. Y diría que, de hecho, mi primera relación con la traducción fue esa, que antes de ser un traductor yo era un lector. Soy un lector privilegiado, porque ahí, ese primer vínculo, no está en las ganas de escribir, está en el deseo de leer. Hay algo ahí que me impulsa. Tal vez, como decía, mi deseo de escribir, de alguna manera, el periodismo lo ha satisfecho, y soy un escritor feliz y frustrado, por así decirlo. No tengo remordimientos en mis cajones ni cartas de rechazo de los editores. No considero que me haya perdido algo por no escribir o, si me lo perdí, creo que lo estoy llevando muy bien. Después de eso, obviamente encontré vínculos entre el teatro y la traducción. Por ejemplo, me di cuenta de que creo que estaba traduciendo cada vez mejor los diálogos —o eso me dijeron—. Y el hecho de ir a menudo al teatro obviamente me ayudó mucho, así que hubo una circulación ahí. En última instancia, las dos prácticas se nutren mutuamente más de lo que se cree.

LOUIS: Sí, entiendo. Gracias. De hecho, ya que hablaba de cierta liberación, ahora que estamos todos encerrados, estamos un poco celosos, y podemos imaginar esa fiebre que hace soñar un poco ahora que estamos todos encerrados en casa. Bien, le había lanzado a René la idea del encuentro, donde hay algo con lo que se puede pensar la escritura. Es cierto, como dice René, que para traducir uno cierra la puerta y puede estar tranquilo, a diferencia de la sala de redacción de la cual parece necesario apartarse. ¿Para usted, esto es así, la traducción requiere hallar una suerte de cúpula o burbuja en la cual uno se aparta para trabajar? Pero luego debe, asimismo, darse el encuentro con el otro, que da una suerte de fiabilidad a ese ensayo de traducción. En cuanto a este encuentro, ¿siente que es realmente necesario que tenga lugar ese encuentro con el autor? […] Y entre otras cosas, en *Para esta noche*, había un hombre que se llamaba Bidart, y luego, cincuenta páginas después, hay otro que se llama Billar. Entonces le dije: «Señor Onetti, ¿me puede decir si es un error tipográfico?». A lo que me dijo: «¿Billar? No hay nadie que juegue al billar en mis novelas». Le digo: «No, no, es un hombre llamado Billar». Finalmente se burlaba por completo. Y luego, me dijo: «No tengo idea de lo que estás hablando, y de todos modos eso no me interesa». Así que no fue una colaboración muy exitosa. Hablé con su hijo Jorge, quien me dijo que debía de ser un error. Así que le escribí a Bourgoin en París —no había internet en ese momento—. Le dije: «Escuche, señor, quite eso, por favor, creo que es Billar, por todas partes». Me dice: «Muy bien». Luego, unos meses después, fue publicado el libro y Onetti escribió una carta al editor. Yo recojo mi cheque, antes de regresar a casa a Quebec, me lo entrega, y me dice: «Por cierto, aquí hay una carta en español, del autor. No entiendo nada, ¿me la puedes traducir?». Estoy traduciendo la carta, una carta muy onettiana de ocho páginas, en la que Onetti anuncia que quiere que este joven traductor canadiense con extraño nombre pase el resto de su vida perseguido por el personaje que asesinó con arrogancia. Y ahí sale la cuestión, en un delirio de ocho páginas, que además sería una maravillosa novela. Deberíamos pedir a los beneficiarios de Bourgoin que nos den la carta, que lamentablemente ya no tengo. Y eso me enfrió un poco para futuras colaboraciones. Tuve la sensación de que Onetti básicamente me estaba diciendo: «Escucha, hombre, haz lo tuyo. No hace falta consultar». Onetti es un maestro de la trampa, juega con su lector. No quiere que alguien venga y le pregunte: «¿A qué te refieres aquí?». Nos toca a nosotros volver a jugar el juego, embarcarnos en su historia y evitar las trampas tanto como nos sea posible, pero para recrear esa ambigüedad, no para dilucidarla. Eso es lo que aprendí como joven traductor, en ese momento, y de esa experiencia, que fue un poco difícil. Pero, desde entonces, sé que mantengo mi pensamiento, aunque vaya un poco a contracorriente. Y, luego, creando centros como el del oeste de Canadá, a la imagen de lo que podemos hacer en Europa, donde la idea es promover la colaboración con los autores, obviamente, voy un poco en contra de mi idea, pero sé muy bien que a veces es muy interesante. De hecho, en estos encuentros, a menudo prefiero hablar con los traductores, los otros traductores de los que hablábamos antes, un poco como el tipo de colaboración que pudo hacer con nuestra autora Farrojzad. Pero me sigue costando consultar a los autores por miedo a pedirles que aclaren algo que no conviene dilucidar, que simplemente conviene reproducir en toda su ambigüedad. Y como soy un traductor de español, que todo el mundo lo sabe, también me hacen preguntas y lo odio tanto que no me gusta consultar a mis autores. Tampoco me gusta que me consulten. Les digo: «¡Piérdanse! Encuentren ustedes la solución». Si no está claro en mi libro… A veces no está claro por alguno de mis errores, y eso duele, pero otras veces no está claro porque no tiene que estar claro. Ahora, la cuestión es la siguiente, y tal vez estoy yendo por el camino equivocado y puede que no estén de acuerdo conmigo en absoluto, así que no es muy elegante por mi parte, pero que cada uno lo haga a su manera. ¿Cómo siente eso? Este encuentro, como lo llamó antes. ¿Es un encuentro en el espíritu? Eso es otra cosa muy distinta. Un encuentro donde hay que leer toda la obra de un autor para comprender, para realmente penetrar en lo que quiere decir, no solo en una novela, sino en toda su obra. ¿O realmente piensa que conocer físicamente a un autor, ver cómo se ve, cómo toma su copa de vino, cómo actúa en la vida, qué tipo de ser parece ser, le ayuda a traducirlo?

STÉPHANE: Estoy de acuerdo con lo que decía René. En primer lugar, para mí, la traducción es ante todo una lectura. No es una interpretación, es ante todo una lectura, es un diálogo. Así, en este encuentro, cuando yo hablo de encuentro, es ante todo un encuentro con el texto, un diálogo, no necesitamos realmente al autor. El primer encuentro es el del texto y podría ser suficiente. Después, pienso que no es necesario conocer al autor físicamente, aunque me pasó traducir poetas colombianos y el encuentro fue sobre todo el pretexto para beber en bares, más que para cuestiones de traducción. Cuando traduje a una poeta mexicana que se llama Pura López Colomé, había traducido un libro de ella llamado *Intemperie*. Fui yo quien eligió este libro para traducirlo, pero cuando comencé a traducirlo pensé que había cometido un error porque sentí que no lo entendía. No las palabras en sí mismas, sino que yo no lograba entrar al universo de este libro. Había algo por lo que simplemente no lograba entrar por completo. Así que decidí llamar a la poeta, pero no quería hacerle preguntas, quería charlar con ella. Y en un momento le pedí que me contara sobre su infancia, porque sentí que había algo relacionado. Ella comenzó a contarme cosas de su niñez y desbloqueó mi imaginación, me permitió entrar en su trabajo. Así fue este caso, el encuentro en la discusión, que no se refería a puntos concretos de palabras o aplicaciones, pero me permitió entrar en el texto. Un acercamiento como el que se dio con esta poeta puede ser un poco difícil en el caso de Onetti, pero a veces nacen después bellos encuentros de amistades. A veces también es el encuentro lo que te da ganas de traducir, sucede que conoces tanto a una persona como a un poeta, y eso te hace querer traducirlo. Pero también es una oportunidad para tener un contemporáneo al que puedas hacerle preguntas que son más prácticas. No sé en cuanto a novelas, pero cuando se trata de poesía, no hace falta leer la obra completa. Para mí, cada poema es un mundo en sí mismo. Puedes traducir un poema, concentrarte en ese poema, y luego pasar a otro, y luego ver el conjunto. En el caso de la poeta mexicana, el libro estaba muy construido. Pero cuando hay una pregunta o una duda, no es para dilucidar una ambigüedad o para dar una explicación en francés, sino que es precisamente para ser lo más sutil posible en esa ambigüedad. Porque siempre hay algo tras esa cuestión que puede llegar a pasar como un error de traducción o como algo un poco oscuro, sin serlo. Así que hay que mantener esa ambigüedad, por supuesto, cuando está en el texto. Aunque sucede muy a menudo que le hago preguntas al poeta que traduzco. En general, me siguen aportando, es un diálogo bastante agradable, nunca tuve ningún problema en particular. En el caso de Leopoldo María Panero, a veces me hubiera gustado hacerle algunas preguntas, pero fue un poco complicado. Tuve una conversación. Como saben, él estaba en un hospital psiquiátrico. Hablábamos por teléfono, y durante tres cuartos de hora hablamos de Baudelaire, Mallarmé, etc., pero no logré hacer una sola pregunta. De todos modos seguía siendo una entrevista muy fascinante.

LOUIS: De todas formas, debió de haber respondido algunas preguntas que usted le había hecho, con solo escucharlo, ver un poco de lo que está hablando, sin duda.

STÉPHANE: Creo que, en todo caso, es el diálogo lo que cuenta.

LOUIS: Sí, comprendo muy bien. René, ¿qué piensa usted?

RENÉ: Estoy totalmente de acuerdo con Stéphane acerca de la idea del encuentro. Ante todo, es el encuentro con un texto y, luego, yo diría que ese texto, tanto si es novela como poesía, es un mundo en sí mismo, por lo que no necesitamos saber todo el resto para confrontarnos, para sumergirnos en ese texto y en ese universo. Al comienzo, yo era un traductor joven con determinados principios, y por eso consideré que había dos cosas, dos puntos de honor, que eran no poner nunca el pie de página, porque siempre he considerado que el pie de página era un enemigo del traductor, sigue siendo la antítesis de lo que es el trabajo del traductor, por lo que era considerado una derrota para mí, algo inaceptable. Aunque, bueno, lo he usado algunas veces. La otra cosa era, sobre todo, hacerle una pregunta al autor. Yo también me decía que eso me tocaba a mí, y pensaba: «¿Qué le voy a preguntar?», etc. Y así, durante mucho tiempo, no intenté especialmente reunirme con los autores. Así que hay un escenario que a veces surge. Onetti creo que analizó muy bien el problema después del hecho. Obviamente, no debería haberle hecho ninguna pregunta, eso es todo. Pero existe el caso en el que el autor desea absolutamente conocer al traductor. Y lo que es peor, cuando el autor habla bien francés y por una u otra razón pide, exige o le gustaría que el editor le entregue la traducción antes de la publicación. Generalmente tengo la suerte de trabajar para editores serios; se interponen en el camino, como tienen experiencias, saben bien que es mejor que no. Pero he tenido una o dos experiencias de autores queriendo conocerme o al menos conocer mi traducción antes de que se publique. Y estas han sido experiencias en las que agradezco al editor por haber obstaculizado esa cuestión, para defender mi trabajo, y no enviarlo al autor para su aprobación. Claro que, a fuerza de traducir autores, también hay luego una convivencia con la escritura y con el hecho de traducir mucho. He traducido a muchos autores, pero hay algunos a los que he traducido más. Estos últimos años traduje mucho a Castellanos Moya, y se sale de la convivencia, obviamente acabamos encontrándonos con ellos en un festival, en la feria del libro, etcétera. Y, sí, claro que me alegro de conocerlos, y hay autores con los que tengo afinidades y no es casualidad que siga traduciéndolos, me agrada hacerlo. Pero eso es algo que también mencionó Stéphane, el ir a tomar una copa con ellos. Esto no es necesariamente lo que cambia la relación que tenemos con el texto, excepto en casos específicos y excepcionales. Pero en general no, la relación es el texto, es una relación excepcional la que tenemos la suerte de tener con el texto cuando somos traductores, de ser lectores privilegiados.

LOUIS: De hecho, sí. Todo eso nos devuelve a esta palabra que Stéphane lanzó antes, el *encuentro*. Yo, con mi experiencia un tanto penosa con Onetti, me di cuenta de que, en el fondo, estaba equivocado. No era en Madrid donde tenía que ir a encontrarme con Onetti, donde estaba en el exilio, sino ir donde suceden las historias. Así que, después de eso, me fui para el Río de la Plata, donde nunca había estado en realidad. Y allí me fui a instalar en Buenos Aires, avenida de Mayo, y luego me fui a instalar en Montevideo, y allí comencé a entender. Para mí, que conocía mejor España, una *caña* era un vaso de cerveza en el bar. Lo primero que hago cuando llego a un bar de Buenos Aires es pedir una caña, porque me parecía, en las novelas que traducía, que no era una cerveza como yo la tomaba en un café de España. Una *caña*, en Buenos Aires, es un vasito de caña de azúcar, licor de caña de azúcar. Por eso se emborrachaban bastante rápido en comparación con España con una caña pequeña, porque además son muy pequeñas. Ese es uno de los pequeños ejemplos, más allá de la terminología que, obviamente, sobre todo en el mundo hispánico, varía enormemente de un país a otro, como sabemos. Pero, más allá de eso, se trata de sentir cosas. Yo estaba en la época en que Sábato iba todos los días a Tribunales a encontrarse con gente; fue un poco después de *El proceso*, cuando escribió *Nunca más*.

Y yo estaba ahí, Borges andaba del brazo con Sábato, y Borges lloraba porque se dio cuenta un poco de las burradas que había podido cometer. Pero eso fue lo que tenía que ver para traducir *Para esta noche* y otras novelas de esa época. Luego hicimos una antología de la literatura argentina. Pero es eso lo que hay que entender, hay que sentir las cosas desde dentro, antes que conocer al autor, es conocer su mundo, quizá ir a tomar algo con ellos, pero no necesariamente para hablar de su libro, como bien dijo usted antes. Así, especialmente para usted, Stéphane, que ha vivido en muchos lugares y ha traducido autores de diferentes lenguas, ¿cuál es la importancia de sentir? ¿Es importante ir a esos países, sentir de qué hablan estos autores, experimentar los dramas que pueden contar en su poesía, en su literatura, de cualquier tipo que esta sea? ¿Qué le parece?

STÉPHANE: No estoy seguro de que sea absolutamente necesario. Más allá de eso, digamos que permite tomar atajos respecto al vocabulario, como ha señalado. Conocer un poco las expresiones de Argentina o de Colombia o México, te permite ir más rápido; obviamente que si conoces el país o una ciudad en particular, eso puede facilitar todo mucho más, ayudarte a ir más rápido aún. Pero, bueno, ¿es realmente necesario? Es que no estamos solos, entonces va más allá, porque si hablamos de un poeta, podría decirse que a veces es más importante saber qué es lo que lee, por ejemplo, en lugar de dónde vive. En todo caso, creo que tiene más que ver con cada poeta o cada escritor que vas a traducir. Hay para quienes el lugar tiene una importancia muy particular. Pienso en ciertos poetas para los que la presencia geográfica es muy importante. Entonces, obviamente, sí, si tienes ese conocimiento, eres más permeable y eso podría facilitar las cosas. Pero que sea una necesidad, de eso no estoy seguro.

LOUIS: Tengo la impresión de que habla como traductor de poesía. Creo que, quizá, al traducir un poema, el país del poema es el poema mismo, mientras que en una novela hay más color local y, a menudo, hay algo que está más relacionado con el lugar. Es cierto que la poesía suele ser más abstracta y estar más desligada de un lugar determinado, aunque no siempre.

STÉPHANE: Eso depende. Por ejemplo, había traducido a Pedro Juan Gutiérrez, el autor cubano, donde hay algo muy de Cuba, de los 90; es muy concreto, en un lenguaje muy familiar. Ahí se puede ver que la poesía no se limita a la abstracción, no. Como dije, está realmente ligada al poeta en sí. Y en este caso preciso del poeta cubano, antes de traducirlo no conocía La Habana ni Cuba, y no creo que eso me impidiera hacerlo. Aquí había leído sus novelas, vimos las películas, etc., por lo que usamos todo eso, y no necesariamente la ubicación geográfica.

LOUIS: René, usted que había traducido a un cubano, a un venezolano, ¿fue a estos países? Bueno, fue a México. Lo sabía, debido a que los autores cuentan cosas que sucedieron a su alrededor, pero ¿ha vivido en estos lugares, allí, o no necesariamente?

RENÉ: Desde que comencé con Taibo, que es el autor que más traduje, aunque en los últimos años ya no publica muchas novelas... Eso me ayudó, obviamente. Sí, viví en México, sí conozco los lugares, esta relación con la ciudad, me suena. El argot del D. F. lo conozco, lo he practicado un poco, así que, por supuesto, me ayudó mucho. La primera novela de Taibo que traduje así, *Ombre de l'ombre*, obviamente había algo familiar en todo ese universo, que me ayudó. Pero en cuanto a la primera novela que traduje de Leonardo Padura, al contrario, nunca había estado en Cuba y, además, cometí al menos un par de errores en la traducción porque no había estado en Cuba… Ahí lo tienes. Pero, de nuevo, estoy de acuerdo con lo que dice Stéphane, no creo que eso me impidiera la conexión, la inmersión, la convivencia, la sensibilidad a la escritura. Obviamente, va mucho más allá de la geografía, de los lugares o del ambiente. La Habana está formidablemente presente en los libros de Padura, y no hace falta estar en La Habana para comprender lo esencial de esa presencia. Pero también es cierto que después estuve en Cuba, después de traducir la primera novela de Padura, y me dije a mí mismo: «¡Ah!, si hubiera sabido cómo era tal vez habría logrado algo diferente», así que me ayudó. Pero eso es lo que creo, que uno puede ser un gran traductor de Proust sin haber dejado su distrito en China, me parece algo obvio.

LOUIS: Es cierto. Además, una de las dificultades que podemos tener hoy día al nunca haber estado en el lugar descrito por un autor, una de las dificultades que antes se podía tener, era una dificultad terminológica, pero hoy se puede encontrar casi todo. Hice un pequeño análisis, «La traducción de autores quebequenses en Italia y España» [«*Traduction littéraire et enjeux nationaux : le cas de la littérature québécoise en Italie et dans le monde hispanophone*» (N. del E.)], y lamenté mucho ver que varias expresiones de Quebec no se entienden, pero que de todos modos se traducen. Un autor quebequense dice: «Hace buen tiempo en *titi*»; *titi* significa 'mucho', pero ellos entendían como *petit*, que es 'pequeño', así que no hacía muy buen tiempo, sino que era «un poco hermoso». Hoy no es tan complicado, vamos a internet y escribimos *titi* allí para ver qué significa, lo cual es cierto para casi todas las variedades lingüísticas, español, francés o cualquier otro idioma. El español puede ser más complejo porque hay muchas variedades, pero en la red puedes encontrar lo que precises en la terminología chilena, uruguaya o peruana. Pero, incluso si encontramos el significado de *titi* o lo que sea, pensemos en la variedad que tiene el español para describir frutas y verduras en América Latina, lo cual es bastante impresionante. Una palta o una sandía se pueden llamar de diez maneras diferentes en América Latina. Esto es fácil, porque podemos encontrar el término adecuado. Entonces, ¿qué hace usted con el color de eso, en una novela, en un poema? ¿Qué hacemos con ese toque de color que se nos aparece cuando lo leemos en el original, ya sea como lectores o como traductores, y nos decimos: «¡Ah!, sí, estamos en tal o cual país, en tal o cual barrio, en tal o cual realidad?». Nos alegra encontrarnos allí, es un placer cuando reconocemos el lugar, incluso nos produce cierto cariño. Si no lo conocemos, uno puede terminar desarrollando ese afecto al leer. El traductor de Proust en China, después de las diez novelas de Proust, tal vez ya comienza a sentir realmente a Proust como si viviera en la época de Proust en Francia. En resumen, ¿qué hace con este color local al traducir cubanos, venezolanos, especialmente un poeta cubano que habla tanto de la calle? Todavía tengo esa inquietud, en qué francés reproducir eso, en qué nivel de idioma, si hacer o no algo quebequense. Sí hay una afinidad. Traduje mexicanos, y a nosotros nos llaman los «latinos del norte»; es decir, hay ese enlace entre México y Quebec, eso es cierto. Traducimos a muchos mexicanos aquí y hay muchos mexicanos que traducen principalmente poesía quebequense, hacemos mesas redondas, nos reunimos, tenemos cierta afinidad. Compartimos, entre otras cosas, el hecho de que estamos muy lejos de Dios, pero muy cerca de Estados Unidos, esa es una realidad que comparten quebequenses y mexicanos. Pero ¿cómo lograr este color local cuando se traduce? Todavía no tengo una respuesta satisfactoria para eso. Y con más razón cuando traduces a un autor que escribe en francés y entonces reconoces su español que está detrás. Uno dice *Bruno* y reconoce el español que hay detrás, pero cuando lo traducimos al italiano, al francés, ¿cómo mantenemos ese otro que hay justo allí detrás? Para mí es un drama que no logro resolver. ¿Qué piensa usted, Stéphane?

STÉPHANE: De hecho, creo que esto muestra que si bien las teorías de la traducción son muy interesantes de leer, no aportan soluciones a la traducción en sí, y que es la experiencia para cada caso en particular lo que funciona. Pienso en cómo funciona realmente en francés. Me recuerda a algo que dijeron sobre las primeras traducciones de Faulkner al francés acerca de que en los diálogos uno tenía la impresión de escuchar a campesinos de Normandía. Creo que también va de la mano con lo que decía antes acerca de la pérdida, que seguramente habrá cosas que se perderán. Si hay diálogos en argot, tendré que usar el argot…, pero depende, puede que funcione o no. Si se usa la jerga como la usamos en Francia, a veces se siente que funciona, y otras veces se siente que no. Es cuestión de dejarlo descansar un poco y hallar la familiaridad; a veces habrá que usarla más y a veces menos, para restaurar la atmósfera. También está, por ejemplo, el caso de lo que me pasó en algunos poemas donde hay muchos nombres de árboles, de pájaros, de frutas, que no tienen traducción. En ocasiones me gusta pasar por el latín, porque a veces es algo de lo que no sé nada, como de un árbol específico. Pienso en un poeta argentino que es muy cercano a la naturaleza, de quien traduje algunos libros, donde a veces hay un nombre de un insecto que no conozco en absoluto, así que uso el latín, veo cómo es en francés, cómo suena también, porque a veces en francés suena… de una manera horrible en el poema. De vez en cuando me digo a mí mismo: «¿Por qué no cambiar el pájaro, si hay algo que se acerca y ese nombre no es de vital importancia en el poema?», cosas así. Entonces, creo que nos estamos adaptando. La traducción también es una buena escuela de enseñanza y aprendizaje. Al traducir estamos aprendiendo constantemente; y, luego, el desafío es no ser rígido y tratar de adaptarse de acuerdo al poema, al texto que sea. ¿Por qué no dejar algunas palabras en español a veces? Por ejemplo, *arepa* o *empanada*, que son alimentos muy comunes en Colombia. Cuando traduje una novela de una autora colombiana, decidí mantener *arepa* y *empanada* porque, después de todo, se entiende en el contexto. Además, ¿por qué no mostrar nuevas palabras en la lengua de destino? Culturalmente, eso puede ser muy interesante. Estas palabras, así como otras, han entrado en el idioma francés. Aunque el lector tenga alguna pequeña duda respecto al significado, porque, desde luego, en el contexto se entienden, entonces, ¿por qué no dejarlas? Otra cuestión que sucede mucho con el español es cómo traducir el nombre de la calle, si *calle* o *carretera*, etcétera, y siempre nos preguntamos si eso deberíamos traducirlo, ya que a veces suena algo extraño en francés. Y siempre me digo a mí mismo que por qué no traer, en leves dosis, palabras en español que puedan caber bien en el idioma francés cuando no hay una traducción y, sobre todo, si culturalmente son palabras importantes, fuertes, para estos países, para estos idiomas.

LOUIS: Recuerdo que traduje a Bioy Casares y en uno de sus libros aludió a este típico árbol argentino llamado *quebracho*. Bueno, yo no sabía qué era, entonces lo descubrí, vi un dibujo del quebracho, y puse una nota a pie de página. René estaría horrorizado con esto, y tiene toda la razón, porque fue completamente absurdo como decisión. A veces vuelvo a ver esta nota al pie y no puedo dormir de noche por eso. El texto hablaba de alguien que tenía una «cara de quebracho». Lo único que quiso decir con eso fue que tenía una cara como nudosa; el quebracho, cuando lo ves, es así. Pero no hacía falta poner una nota a pie de página para decir 'árbol de América Latina, sobre todo del cono sur, que es nudoso'. ¡Qué ridículo! Tenía que trabajar en el texto para mostrar eso, y tal vez lo mismo se debe hacer al mostrar el color local. Dejé lo de *quebracho,* y busqué un adjetivo para decir que era algo retorcido. Luego todos entendieron, el lector no es ningún loco. Puede desarrollar un poco también, ir entendiéndolo él mismo. Tenemos cargas así que nos persiguen toda la vida. No es el personaje de Onetti que supuestamente asesiné lo que me atormenta, al contrario, eso me divirtió. Pero mi nota a pie de página por lo del quebracho, eso no me divierte en absoluto. René, ¿qué opina usted? ¿Siente que se pierde algo cuando al venezolano, al cubano, se le ocurre poner algo así y uno se queda casi sin herramientas?

RENÉ: Sí, claro. Aceptar esa frustración es fundamental. Aquí también estoy de acuerdo con Stéphane y sus historias acerca de los árboles y también con la que usted acaba de contar. Tuve exactamente esa misma experiencia también, con un cubano, Padura, creo que en el primer libro suyo que traduje. En muchas de sus páginas, aparece la descripción de un jardín, de un jardín cubano. Aparece decenas y decenas de veces. Vivir en La Habana no me hubiera servido de nada. Habré visto algunas imágenes, pero los desconocía por completo, así que seguramente habría ignorado también su nombre en francés. También pasé por el latín y fue muy divertido, porque eran como cajones que se abrían y se cerraban, por lo tanto, algunos de los nombres de árboles que puse quedaron en español, no quise traducirlo todo. Sí que lo del latín es muy entretenido, pero no es muy local…

LOUIS: Efectivamente, el latín no es muy del color local.

RENÉ: No, pero al encontrar que tal árbol de la misma familia que el de Cuba, se encuentra en las Antillas, en Guadalupe, en Martinica, entonces pensé que era lo acertado. Acerca de esta frustración, creo que hay que mantener la idea de que se puede introducir palabras en español. Ahí hay una idea de la traducción respecto de la que siempre he pensado, cuando dicen *traduttore traditore* ['traductor traidor' (N. del E.)]. Eso se puede entender como que el traductor no es completamente fiel a esos nombres, palabras, etcétera. Yo percibo esta expresión de otro modo, quizá porque la leí en alguna parte y esta percepción ya no depende de mí, pero siempre he pensado que se puede traicionar a la familia, a los amigos, al país…, pero cuando se es traductor o traductora, traiciona a su idioma, ya que la razón por la que traducimos es porque nos hemos enamorado de otro idioma. De lo contrario, no traduciríamos. Por eso hay que hacerse cargo de esa «traición». Eso significa no fingir que quedó bien en francés, sino lograr que se entienda lo que estaba en otro idioma, aunque haya algo que de esta lengua extranjera subsista. Para mí, el peor cumplido que me pueden hacer respecto de una traducción es cuando me dicen: «Está muy bien, es fluido, parece que fue escrito en francés».

LOUIS: «No parece una traducción».

RENÉ: Para que haya buena traducción, debe haber traición. Hay que aceptarlo.

LOUIS: Usted habla de un modo de practicarlo, así como Antoine Berman habla de «teorizar». De hecho, es asumir la pérdida —retomando las palabras de Stéphane—, como hablábamos recién, vivir, realizar, incluso crear algo a partir de esa pérdida. Se puede hacer algo más que sufrir y propulsarse gracias a esa pérdida. El tiempo corre y me gustaría llevarlos a un terreno distinto de la práctica real de esto, a un punto más sociológico, pero sin adentrarnos en los grandes conceptos. ¿Cuál creéis que es nuestro rol como traductores en idioma español de literatura, de novela, de ensayo, de poesía, de cuento (tan importante en América Latina)? En Quebec, gracias a América Latina, muchos de los escritores quebequenses volvieron a escribir cuentos, porque empezamos a traducir a los latinoamericanos y dijimos: «¡Oh!, nosotros también queremos hacer esto». Traducir latinoamericanos y, sobre todo, cuentistas produjo un gran impacto en nuestra sociedad y en nuestra cultura literaria. Entonces, ¿qué pensáis de nuestro papel como motos, como manera de traer una inmensa cultura latinoamericana y española al mundo francófono? ¿Creéis que esto funciona? ¿Creéis que lo hemos logrado? Una de mis estudiantes había trabajado sobre la traducción española de autores magrebíes francófonos en las grandes editoriales de Madrid y sobre todo de Barcelona. Me di cuenta en su tesis de que, en el fondo, las traducciones españolas ofrecían una imagen exótica de aquellos autores magrebíes —me refiero a los que escriben en francés, no en árabe—, poniendo portadas con camellos, cuando se trataba de temáticas sumamente modernas o Tahar Ben Jelloun presentado y traducido —lo que es aún peor— de manera muy exótica, pero no en el sentido de apertura al extranjero, sino con el fin de ofrecer una imagen folclórica. Es un ejemplo de manipulación del texto que no responde a lo que deseamos. Pero cabe subrayar que hay un papel mucho más positivo, el de llevar una cultura a otra y de dar a conocer la cultura dominada o la minoritaria, llevándola a los demás para que sepan que hay cosas que están sucediendo en otros lugares y que, por lo tanto, hay que prestar atención. Entonces, ¿es importante para vosotros esta realidad social, este papel? ¿O estáis más bien sumergidos en el cuerpo del poema o de la novela sin pensar demasiado en estos otros aspectos?

STÉPHANE: Digamos que si los traductores son traidores, pues somos traidores necesarios. Pero hay que ser modestos. Actuamos como mensajeros. Sin embargo, de todos modos, hay una responsabilidad que está vinculada primero al texto y al autor que estamos traduciendo. Y, luego, como mensajeros, en la medida en que tratamos de enriquecer los imaginarios, de demostrar la diferencia y la complejidad del mundo. Pero no viene de una voluntad de mostrarlo, sino de pensar que no somos el centro del mundo, que existen varios centros y eso se hace posible al abrirnos a otras zonas del mundo. Hay que concebir este oficio de manera bastante modesta. Hay que verlo como si fuera un simple papel de mensajero. Y en ese papel de mensajero, hay que intentar hacerlo lo más honestamente posible. Pero al pensarlo bien, y si nos fijamos en lo que decía Barbara Cassin, traducir es algo político. Lo percibía como un elogio. Traducir era, para ella, una forma de comprometerse políticamente. Efectivamente, se puede notar esta dimensión, pero la primera responsabilidad sigue siendo para con el texto. Después también están todas las implicaciones, que creo que son esas.

LOUIS: En su opinión, sucede en segunda posición, y lo entiendo muy bien.

STÉPHANE: Es algo que está presente. Es parte de la traducción. Hay esa responsabilidad, esa conciencia de poner el texto en otro idioma. Si hay honestidad acerca de esto con todas las infidelidades de las que estábamos hablando, para recrear un texto que funcione en tu idioma, darle dinamismo en tu idioma, etcétera. A través de esto, hay otras implicaciones. Pero no es eso lo que estamos pensando en el momento en que tenemos las manos puestas en esto, en el texto.

LOUIS: Tal vez incluso sería arriesgado traducir pensando en primer lugar en el rol social que nos incumbe en esta operación, en vez de sumergirse verdaderamente en la actividad de traducción. Se pueden ver traducciones que se han hecho en un contexto más político y social, y da la sensación de que no es el aspecto literario el que domina, sino el aspecto político, el de dar a conocer, por ejemplo. Aquí tenemos acuerdos entre Quebec y catalanes; están firmados por el Gobierno. Es muy político, hay nacionalismo de ambos lados y, a veces, echo una ojeada a sus traducciones, que parecen haber sido escritas por funcionarios. Lo siento, pero… es subvencionado. Está bien, los traductores necesitan libros para vivir, pero a medida que se envuelva todo en política, nos alejamos de lo que se está hablando; es decir, del verdadero trabajo de traductor, o sea, de romperse la cabeza. ¿Qué le parece, René?

RENÉ: Lo que pienso es que estamos hablando de idiomas que son idiomas del mundo, no de un país; es decir, el mundo francófono y el mundo hispánico. Esta historia de traducción es muy interesante porque, de cierta forma, somos mensajeros y podemos desempeñar un papel político. Lo que me sorprende es que —no tengo las cifras exactas— siento que hay muchos más autores latinoamericanos publicados en Francia que en España. La mayor parte de los autores que he traducido, y cuyos libros, absolutamente importantes, maravillosos y esenciales, no se conocen en España, nunca han sido distribuidos. ¿Por qué? Porque se da este fenómeno que sucede también con el francés y la relación entre Francia y otros países francófonos. Esta es la cuestión: como traductores, somos privilegiados porque acercamos a los demás, y usted podría decir cosas similares acerca de la relación entre Francia y Quebec, Bélgica, Suiza y todos los países del Magreb. Por lo tanto, desde este punto de vista, podemos decir que la traducción tiene un papel político que a mí me parece esencial. También creo que usted, Louis Jolicœur, aparece como una excepción porque no hubo tantos traductores quebequenses publicados por editores franceses. Estoy convencido de que hay grandísimos traductores en Quebec, y además hay traducciones que ya existen que se podrían publicar de nuevo en editoriales francesas y que no se vuelven a publicar por razones que, a mi parecer, son pésimas. Aquí se puede hablar de una relación en la que se mezclan política, geopolítica y muchas otras cosas. Por suerte, es verdad que nosotros, como traductores, no trabajamos para el Instituto Cultural Catalán. No somos militantes independentistas. Estamos en una situación relativamente cómoda desde este punto de vista.

LOUIS: Es verdad que tuve la suerte de convencer al señor Bourgois, pero no resultó muy difícil. Fue una rara oportunidad. Estaba feliz de robar los derechos de Gallimard para darlos a Onetti. Carmen Balcells es la que me puso en esta pista y llegué a tiempo; punto. De lo contrario, habría sido difícil para un joven traductor quebequense como yo proponer ideas al señor Bourgois. Llegué con el imprimátur de Carmen Balcells. Eso me ayudó cuando las editoriales francesas estaban en guerra. Es poco usual, pero, para volver al caso de autores latinoamericanos desconocidos en España, debemos recordar que la gran mayoría ha estado bajo el amparo de Carmen Balcells y han sido publicados en Barcelona.

RENÉ: ¿Gran mayoría? No…

LOUIS: No, estoy hablando de los grandes del *boom,* o sea, cuando había dinero para hacer. He visto autores que me decían: «He sido publicado en España, pero ni siquiera en mi país», es el mundo al revés.

RENÉ: Hoy en día, es más común en el sentido contrario. Son publicados por editoriales españolas que pertenecen a grupos multinacionales, no distribuyen los libros de las filiales latinoamericanas. No se encuentran. He traducido decenas de libros que no se encuentran en Madrid.

STÉPHANE: Sí, Planeta Colombia publica a un autor colombiano y ni siquiera se distribuye en México o Perú.

RENÉ: Sí, y además, hay problemas intralatinoamericanos, claro.

LOUIS: Lo mismo sucede con las traducciones en América Latina. Todas las traducciones de las que les hablaba antes de autores quebequenses hechas en México no salen allá. Son distribuidas principalmente por Conaculta. Estos últimos tienen zonas de distribución maravillosas en México, pero es una entidad estatal mexicana. Es trágico pensar que en un continente como América Latina no se puede leer a autores colombianos en Argentina o autores peruanos en Ecuador.

RENÉ: Es un gran problema de la misma casa matriz, ya que si se pueden leer es porque han sido publicados en España. Los que han sido publicados en España y que han tenido el imprimátur en Barcelona y en Madrid pueden volver a América Latina. Prácticamente no hay distribución directa salvo en casos muy especiales, pequeñas redes, con suerte. Obviamente, hay pequeñas editoriales en los países que intentan colaborar entre sí. Todo está por construir.

LOUIS: Miren, para acabar, quería decirles que estoy leyendo un libro escrito por Michi Strausfeld, la Carmen Balcells alemana. No leo alemán, pero leo la traducción en español. Acaba de ser publicado, se llama *Mariposas amarillas y los señores dictadores: América Latina narra su historia.* Es bastante pesado. Me vi obligado a pedirlo en una librería en España porque trato de evitar en la medida de lo posible Amazon y otros. Es fascinante... Se reunió con todos los autores latinoamericanos en sus cincuenta años. Relata cómo estos autores cuentan la historia de América Latina. No me gusta mucho el concepto de *boom*, pero es el resultado de aquel *boom* creado en Barcelona por Carmen Balcells y sus amigos, pero no es menos cierto que nacieron autores que encarnan el continente. No hay, en la mayoría de los países, autores como García Márquez, Paz, Fuentes, Vargas Llosa que casi se vuelve presidente de su país, que se convierten en portavoces. A nosotros, quebequenses, nos encantaría tener escritores asociados al alma del país. Esto es lo que dice el libro. Es fantástico leerlo. No sé qué piensan de esto, cuando se traducen grandes autores no tan conocidos, pero que representan algo en su país, que son reconocidos por la población... Eso me fascina. Me siento un poco celoso. ¿Cómo hicieron? ¿Cómo llegaron a esto? Además, sabemos que hay mucha gente que no lee en América Latina. La tasa de lectura no es muy alta y, a pesar de todo, estas personas han logrado convertirse en una especie de monstruos sagrados, como se ve mucho en otros países, incluso en la vieja Europa donde la cultura está mucho más desarrollada que en Quebec. ¿Qué pensáis del rol del escritor en la sociedad?

STÉPHANE: Podríamos pedirle a Michel Houellebecq que se presente a las elecciones presidenciales, quizá…

LOUIS: ¿No os preguntáis, en el momento de traducir, que tal vez tengáis un papel diferente? Cuando yo traduzco a un autor como Bioy Casares u Onetti —pero Onetti es un caso particular—, Bioy era para mí como la encarnación de Argentina. Estaba impresionado. Nosotros no tenemos equivalencia. Si hubiera tenido la oportunidad de traducir a Borges… quizá se hubiera sentido como algo casi sagrado. ¿Es esto interesante para el traductor? Puede que incluso lo bloquee.

RENÉ: La relación con los escritores no es la misma, las historias no son las mismas, pero, de todos modos, encontraríamos a Umberto Eco…

LOUIS: Claro, en Francia, sí.

RENÉ: Existen, hay algunos que tienen una proyección y que relatan el continente europeo, incluso Houellebecq, de alguna manera.

LOUIS: Sí, pero a su manera.

RENÉ: Se podría decir lo mismo de Mankell y de toda aquella literatura tan importante. De la misma manera, Simenon es un autor europeo y universal. Increíble es su popularidad ante los escritores latinoamericanos que traduzco, es el nombre que prácticamente llega primero. Así que, existen figuras continentales. Es verdad que la relación con los autores e intelectuales es sin duda diferente, pero…

LOUIS: Así es. Bien, vamos a dejarlo ahí porque pronto nos van a regañar. René se va a la cama pronto, según su hora madrileña. Ha sido muy interesante dialogar con vosotros. Podríamos seguir hablando de esto durante mucho tiempo. El traductor es a menudo el hablante pobre de las tablas culturales en los salones del libro. Pero cuando voy a estos salones —cuando podíamos ir físicamente a estos lugares— siempre encuentro esas mesas muy interesantes porque los/as traductores/as son modestos/as, lo cual está muy bien, y son a la vez siempre escritores ya que traducir es escribir, y son lectores de excelencia ya que traducir es leer. De hecho, combinan todas estas actividades, por lo que pienso que los traductores son siempre más interesantes. ¡Velo por mis intereses! Creo que es bueno en un festival como este el haber dado un lugar de honor a la traducción. Me alegró haber podido coordinar esta mesa con vosotros, René Solis y Stéphane Chaumet. Ha sido fascinante escucharles. Gracias, fue un placer.

STÉPHANE: Gracias a ti.

RENÉ: Gracias. Chau.

Los caminos del deseo: abriendo nuevas sendas en la narrativa latinoamericana

MÓNICA OJEDA • JUAN CARLOS MÉNDEZ GUÉDEZ

Conducido por **Blanca Riestra**

En el mapa de París no todo son bulevares y avenidas que llevan siglos surcándolo. Su topografía también permanece viva y abierta al cambio. Esos pequeños senderos, más espontáneos, pueden verse en los jardines y zonas verdes creados por el capricho de esos pasos humanos que no siempre se repliegan. A las vías dispuestas suelen conocerse como «caminos del deseo». En las literaturas hispánicas sabemos bien que se hacen los caminos al andar. También abren nuevas sendas en la narrativa en español la ecuatoriana Mónica Ojeda y el venezolano Juan Carlos Méndez Guédez. Una conversación a tres, con la destacada escritora española Blanca Riestra va a acercarnos un poco más a sus fascinantes universos creativos. Comenzamos…

BLANCA RIESTRA: Es para mí un placer estar presentando esta mesa redonda sobre narrativa latinoamericana con un título realmente sugerente, se llama: «Los caminos del deseo: abriendo nuevas sendas en la narrativa latinoamericana». Quería, primeramente, agradecer a la dirección del festival «Paris ne finit jamais», a Gonzalo Vázquez y a Yolanda Castaño, por habernos invitado a los autores presentes y a mí misma, y también por propiciar este lugar de encuentro algo virtual, pero también muy concreto. También por hacernos hablar sobre cosas tan apetecibles como el lugar que tiene París en el imaginario de la literatura latinoamericana, que es enorme, casi fundacional. Hoy tenemos dos invitados excepcionales. Los dos son, para mí, autores muy importantes que han marcado y están marcando ese camino del deseo narrativo en la literatura en español. Los dos, a mi parecer, tienen bastante relación con Francia. Voy a comenzar con Juan Carlos porque es el mayor. Es que yo creo que aquí hay una fractura generacional, aunque pequeñita. Está Juan Carlos, que es de mi quinta, y después está Mónica, que es bastante más joven. Juan Carlos es del 67 y Mónica es del 88. Los voy a presentar muy brevemente, aunque seguro que ya los conocéis. Juan Carlos Méndez Guédez es doctor en Literatura Hispanoamericana, profesor de Escritura Creativa y gestor cultural. Es un autor muy celebrado en la narrativa venezolana actual y en la literatura en español. Y, sobre todo, de un tiempo a esta parte, ha tenido mucho éxito en el país vecino, en Francia. Tiene exactamente cinco novelas publicadas: *Idéogrammes, Les sept fontaines, Mambo canaille, La pluie peut-être* y *La Ville de sable*. Y ahora, este año, me parece, aparece *La ola detenida* en Métailié, que ya es su editorial de cabecera, me da la impresión. Y ha tenido una recepción crítica y de público muy buena en Francia. Por otro lado tenemos a Mónica Ojeda, que es un poquito más joven, pero que ha tenido una recepción crítica y también de público muy importante, con sus tres novelas, dos poemarios y dos libros de cuentos. Estuvo incluida en la lista Bogotá 39 como parte de los 39 escritores latinoamericanos de ficción menores de cuarenta años. Ha sido galardonada con el Premio Príncipe Claus Next Generation, el Premio ALBA Narrativa, ha sido finalista del Premio Bienal de Novela Mario Vargas Llosa y del Premio Ribera del Duero de Cuentos. Los dos tienen cosas en común: los dos son novelistas y son cuentistas. Mónica también escribe poesía —o por lo menos tiene un libro de poemas—. Yo creo que son, los dos, autores muy exigentes y para mí muy interesantes, porque representan la continuidad de un tipo de literatura que, curiosamente, frente a lo que ocurría en los 80 o en los 90, reivindican el valor de la forma, de la palabra, la idea de que el lenguaje es construcción lingüística. Yo creo que los dos son autores que están muy preocupados por el poder *encantatorio* de la narrativa, del lenguaje, que tienen un concepto de la escritura muy formal, formalista —yo lo llamaría *formalista*, aunque esa palabra no esté muy de moda—. Entonces, voy a empezar un poco preguntando sobre vuestra relación con Francia. Juan Carlos, ¿a qué se debe que un autor venezolano como tú de repente encuentre tanto eco en Francia y sea tan bien leído y tan bien entendido? Resulta particular. Es verdad que la literatura latinoamericana siempre ha tenido mucho éxito en el país vecino, pero parece que lo tuyo es especial.

JUAN CARLOS MÉNDEZ GUÉDEZ: Primero que todo, muchísimas gracias por la invitación. Es un placer estar aquí con todos ustedes. No lo sé. Fíjate, el único momento de lucidez, creo yo, que tiene un escritor es el momento en que escribe, en que está allí solo con sus palabras. Creo que es el momento más placentero, además. Esa es una cosa que le remarco a la gente cuando está comenzando, y le digo: «Disfruta sobre todo este momento porque lo otro también es agradable, pero no lo controlas en absoluto, está fuera de ti, y nada es equivalente a ese momento de silencio con la página». Entonces, me cuesta mucho entender las reacciones que tienen los lectores; por qué determinados libros generan cierto entusiasmo y otros de los que esperabas tal vez algo mayor, no despiertan tanto. En el caso de Francia, es un país que conozco por visitarlo. Digamos que no es un país que conozca, es un país que está en el imaginario de todos, pero hay gente que ha tenido una relación más estrecha con ese país. Si mal no recuerdo, por ejemplo, tú misma estudiaste allí. Quiérase o no, es un país vecino. Para nosotros, Francia, en Venezuela, en los años en que yo comencé a escribir, es la referencia literaria, la referencia mítica. Pero para mí es, ante todo, un asunto personal, es la mayor felicidad de mi madre, que tiene 86 años, saber que me han publicado libros en Francia. Le produce una emoción especial porque era el idioma que le gustaba en el bachillerato. Y, entonces, me dice —ya sabes, con sus cataratas y sus dificultades—: «Oye, si yo pudiera recordar lo que leí alguna vez, para poder leerte en francés», cosa que es un poco absurda, pero le hace ilusión. Así que digamos que mis motivaciones, como casi en todo, son muy íntimas, muy personales, y las satisfacciones van un poco en ese sentido. Y, luego, sucede algo que puede acrecentar el misterio de lo que ocurre en Francia, y es que nadie le ha puesto tanto cariño a los idiomas como yo que he estudiado cinco y no he podido aprender ninguno. Por eso, claro, cuando estoy allí se me acerca la gente, me dice cosas que intuyo cariñosas por el brillo de sus ojos, me piden que me haga una fotografía con ellos, pero no me he enterado de nada. Bueno, digamos que está allí ese muro de misterio, de encanto. Recuerdo una época en que estuve en St. Provence y alguien me preguntó: «¿No te parece que es una sociedad de esta manera y de esta otra?». Y le digo: «Es que no lo sé». No puedo saberlo. Me divierte, me encanta tomarme un café en una terraza, pero no lo puedo saber. Es un enigma por resolver, un enigma maravilloso que espero que genere escritura. Francia siempre ha sido muy abierta a la literatura en español. A la literatura latinoamericana, en un principio, y ahora también es una curiosidad que se va incorporando al universo de los escritores. Frente a universos literarios que entiendo más cerrados, como el universo angloparlante, donde se traduce poquísimo, pues en Francia se traduce bastante. Y se traduce en español, pero también en japonés, en italiano, en inglés. Creo que hay una curiosidad de ellos por conocer esos mundos que no se les parecen. Así pues, imagino que el interés que pueden sentir por lo que escribe un autor latinoamericano que vive en España hace muchos años es esa curiosidad que tiene ese tipo de lector, que me parece tan interesante. Creo que el lector en español también tiene esa característica: se traduce mucho en nuestro idioma y nos encanta leer traducciones de lenguas de todo tipo, porque nos gusta esa literatura. La literatura es una ventana a los mundos que uno no conoce. Recuerdo ahora una novela búlgara… *Física de la tristeza,* creo que se llama. Es una novela maravillosa. Yo no conozco nada del mundo búlgaro, sin embargo, siento que es un placer asomarme a ese universo, a ese cuerpo llamado novela. Que es una novela que aprovecho para recomendar mucho a los que no la conozcan. Y tiene mucho de forma, Blanca, tiene mucho de juego con los narradores, creo que te va a interesar mucho. Por eso pienso que el mérito es de esos lectores que tienen curiosidad por saber lo que tú puedas contarles.

BLANCA: Mónica, a ti no te han traducido aún, pero estoy segura de que llegará dentro de muy poquito tiempo. La verdad es que cuando te leí, inmediatamente pensé: «Bueno, para la gente que está escuchándonos o viéndonos, Mónica Ojeda reivindica un género bastante curioso», que es el gótico andino, que encarna una corriente bastante importante, muy interesante en estos momentos. Estoy pensando en Mariana Enríquez, no sé si podríamos decir que hace algo semejante. Es un poco la exploración del mal, de determinados abismos, la atracción y la belleza también de las partes oscuras, de las zonas. Por eso, yo enseguida pensé en la literatura francesa, que son los grandes exploradores de los abismos, del subconsciente; pensé en Bataille, en Sade. ¿Eres lectora de literatura francesa? ¿Te interesa todo esto?

MÓNICA OJEDA: Muchísimas gracias por la invitación, estoy encantada de estar aquí con ustedes. Bueno, este año iba a salir la traducción de mi novela *Mandíbula* con Gallimard, en Francia, pero como se atravesó el coronavirus de por medio, se retrasó, y saldrá ya el próximo año. Así que sí, por primera vez una traducción de una novela mía al francés. Yo no tengo ninguna relación con Francia, en realidad; o sea, muy poquita. He ido de turista a París. Y mis lecturas en francés —yo no leo francés, digo la traducción al francés— son muy pocas, pero un autor que me fascina y me vuelve loca —además de Bataille, evidentemente es uno de mis autores de cabecera también— es Pascal Quignard. Me deslumbra, soy absoluta devota de la obra de Pascal Quignard. Y eso diría que es mi relación con Francia. No es un país al que conozca profundamente. Aunque por supuesto que su literatura me parece tan interesante como descubrir cualquier otro tipo de literatura. Cada literatura —como decía recién hace un rato mi compañero— guarda misterios. Por eso es siempre superinteresante poder descubrir esas partes. Eso diría.

BLANCA: Es curioso, también. Yo pienso mucho en la relación que tiene París con la literatura latinoamericana porque pienso, por supuesto, en [...] y en Oliveira. Pero vosotros, que os vinisteis a vivir a Europa, no fuisteis a vivir a París, vinisteis a Madrid. ¿Ha cambiado esto? ¿Ya no tiene París esa atracción que tenía para nuestros predecesores en los 70, en los 60?

JUAN CARLOS: Mira, Blanca, yo creo que el fenómeno empezó a cambiar mucho antes. En 1914, a toda prisa, Rufino Blanco Fombona, que vivía en París, toma a toda prisa un tren porque va a comenzar la Primera Guerra Mundial, huye y llega a Madrid. Y en ese momento que está sucediendo la edad de plata, los escritores latinoamericanos —quizá primero por la guerra, pero luego por una afinidad de lenguaje y porque se están produciendo reencuentros— comienzan a vivir en España de una manera masiva, en un proceso muy bonito, muy interesante, que interrumpe a la terrible guerra, por supuesto. Ahí se estaba comenzando a cocinar algo interesante alrededor de Madrid, de gente que tenía una formación, en principio, francesa. Rufino Blanco Fombona llegó a ser uno de los cinco periodistas mejor pagados de España, fue gobernador de dos provincias de España —y dicen que fue un horrible gobernador, por cierto—. Y si tú lees este libro, que ahorita se me va a ir el título, pero tiene como unas crónicas de lo que es la vida literaria en la España de ese tiempo, y de gente de todas partes, de todo el mundo, allí transitando. Y, luego, algunos autores del *boom* —que también fue un punto de paso— residieron en Barcelona un tiempo, como Vargas Llosa o Cortázar. También estaba esa conexión, obviamente. Cortázar no, quiero decir, Vargas Llosa y García Márquez; Cortázar siempre en París. Había ese polo doble. Pero fíjate que, si bien por un lado ha cambiado esta situación, es posible que haya cambiado y de hecho así ha sucedido, París ya no está en el imaginario de todos los artistas del mundo como lo estuvo en una época, queda como una especie de reflejo, de eco. Pero tú piensas en París y piensas en la literatura del mundo. Hablabas ahorita de sus relaciones con Francia, con París, y puedo pensar en Patrick Modiano, que es un autor que me encanta, pero puedo pensar también en Fred Vargas, que es una autora que me fascina y que leo con frecuencia, pero también, París en cierta forma es Hemingway, es Vila-Matas. Es como que todo sigue ocurriendo allí. Quizá no como en el pasado, pero todo pasa por allí. Quizá, más bien, ya es el sueño de París, más que la París real y cotidiana, porque el mundo se ha diversificado y hay otros focos de atracción en este momento, pero es como si todo estuviera allí. El cine es como si siguiera ocurriendo allí. Cuando ves París en una película sientes que estás en un lugar familiar, aunque la conozcas muy poco. Así, estás caminando por París y estás en una novela de Simenon, que ubicó sus novelas en distintos sitios. La novela que más me gusta de Simenon, *La mirada inocente*, ocurre en una calle de París y es como si estuvieras allí. Por eso siento que Francia y París siguen conservando eso de que todo ha estado sucediendo de una manera, a lo mejor, simultánea. Puedes imaginarte a Woody Allen, como te puedes imaginar a Fred Vargas, a Hemingway y a Simenon y a los surrealistas, todos allí. Es como si en ese lugar del mundo todo estuviese pasando de forma simultánea y, de alguna forma, conectamos con eso. Y desde la literatura es imposible no sentir ese foco de atracción.

BLANCA: Completamente. Se ha convertido casi en un lugar imaginario, un lugar que está dentro de nuestro imaginario. Mónica, cuéntanos un poco tu llegada a Madrid. Tú te viniste a vivir a Barcelona o a Madrid, a estudiar, me parece.

MÓNICA: Sí, primero me vine a estudiar. Primero fui a Barcelona a estudiar, luego fui a estudiar a Madrid. Después me regresé a Ecuador otros tres años y, finalmente, regresé a Madrid, y ahora estoy viviendo acá, sí.

BLANCA: Es curioso, porque sois ya muchos los autores latinoamericanos que estáis afincados en España y que sois de las voces más interesantes de lo que se está haciendo en nuestro país. Supongo que os habrán hecho esta pregunta en muchas ocasiones, pero ¿cómo conciliar el hecho de ser, tú, por ejemplo, ecuatoriana y de vivir en España? Y que, además, tu lengua probablemente estará cambiando. Otros autores hablan de que su español se transforma, no es exactamente español peninsular, pero tampoco es ya el español de sus países de origen. Sois como una especie de híbrido.

MÓNICA: Sí, sin duda uno se va transformando. Tengo que decir que yo no creo que el centro desde donde se deba mirar la literatura latinoamericana sea, para nada, ni Madrid ni París, en general. No creo que sean centros en donde esté ocurriendo todo. Creo que la mayoría de las cosas que ocurren en la literatura latinoamericana ocurren al otro lado del charco, ocurren en Latinoamérica. Creo que estamos muchos escritores que somos de Latinoamérica y que vivimos aquí o en París o en distintas partes de Europa, y que estamos haciendo un trabajo interesante, por supuesto, como cualquier otro, pero que no somos representativos de todo lo que se está haciendo en Latinoamérica. En Latinoamérica se están haciendo muchísimas cosas, porque estamos hablando de un continente. Es un continente tan grande que no se puede comparar con nada: es enorme. La producción que se está generando allá en editoriales independientes, en editoriales que no llegan ni de broma a España y que no llegan ciertamente a Francia tampoco, es una producción enorme y buenísima, de una calidad estratosférica. Creo que ahora vivimos en una época donde más bien se está poniendo en cuestión que haya centros. Yo no creo tanto ya en los centros, sino tal vez en estructuras más diversificadas, más en red. Tal vez, la dicotomía entre centro y periferia es algo que ya está agotado y habría que hacer una revisión más en torno a esto. Sin duda mi habla se ve transformada por muchas cosas: yo vivo ahora en España y mi pareja es española; muchos de mis amigos son de distintas partes de España, no de Madrid, sino de Asturias, de Galicia, de Catalunya, tengo amigos andaluces. Así, todas esas son hablas distintas. Luego, mis mejores amigos aquí en España, algunos son mexicanos, no solo españoles. Colombianos, también. Algunos de mis mejores amigos son colombianos. Además, mi familia es ecuatoriana. Entonces, lo que tengo aquí es un pastiche, una mezcla muy viva en mi habla. Pero en mi escritura no. En mi escritura, yo regreso a mis palabras y a mi forma de pensar el lenguaje, de cómo era para mí el lenguaje en Ecuador. Y de cómo era para mí, no estoy diciendo la jerga de ningún lugar específico, sino cómo era mi relación de lenguaje con el lenguaje y con la palabra allá. Escribir no es lo mismo que hablar porque escribir es otro ejercicio. Así que cuando yo estoy sentada escribiendo, me puede pasar que estoy un rato y voy a poner *coche* porque acá se usa *coche* y ya lo tengo asimilado y ya lo uso y, de repente, me corrijo. Es algo que hago de forma consciente: borro *coche* y escribo *carro*. O sea, que mi escritura, en realidad, no está cambiando. Mi habla sí, porque es otra cosa. Creo que la escritura y el habla son ejercicios dinámicos distintos, que pasan por procesos, por tiempos, por *situacionismos* distintos, por un situarse de una forma diferente. Entonces, no, yo no lo siento en mi escritura; sí lo siento en mi habla… ¡mucho!

BLANCA: Muy interesante.

JUAN CARLOS: En efecto. Yo creo que la decisión de muchos de los que estamos aquí es una decisión tomada desde un punto de vista práctico. Cada quién tendrá sus razones, pero desde un punto de vista práctico —y afectivo también— hemos decidido que este es nuestro lugar de vida. Pero, sí, es posible que esa concepción de *centro* esté realmente modificada, en cuestionamiento. Justamente, Giménez Caballero, también en la edad de plata, en algún momento, intentó decir que Madrid era el meridiano de la literatura en español y tuvo una gran discusión con Rufino Blanco Fombona. Los dos viviendo aquí, pero concibiendo la literatura en español de una forma diferente. Desde el punto de vista estrictamente literario, por ejemplo, la edición en Latinoamérica yo creo que es mucho más audaz —desde el punto de vista literario— de lo que lo es en España, que puede que sea quizá más profesional, más poderosa, más potente, con más músculo, más una industria —lo cual tiene cosas muy buenas, no reniego de ello—, pero al mismo tiempo tú puedes ver ciertos editores tomando ciertos riesgos en alguno de estos países, con un tipo de literatura que aquí difícilmente tendría cabida en el universo editorial que conocemos. Y eso es algo que a mí me parece interesantísimo. Es como una respiración del autor, el decir: «Este libro tan extraño, quizá no lo voy a mover en España, pero, a lo mejor, va a salir en Colombia o en Venezuela, o a lo mejor consigo un editor en

Ecuador que se interese por este libro que probablemente ninguna editorial española quiera ni siquiera mirar». Entonces, se produce como una suerte de equilibrio. Fíjate, es exacto: no hay un centro, se están moviendo las cosas de un lugar a otro. Cierta audacia y cierta innovación que puedas ver en la literatura que viene de Latinoamérica viene respaldada, creo yo, por un sistema editorial que es más audaz. Quizá porque no hay industrias, entonces ese pequeño editor de Ecuador dice: «Me da lo mismo, porque la novela tradicional de exposición histórica la voy a vender igual que el libro de miscelánea, lo mismo que un libro del Barroco». Entonces, en ese sentido, sí, yo creo que las cosas están muy repartidas en este momento, además, de globalización. Porque a veces te preguntas: «¿Dónde estoy?» —digo, a través de las redes—. Sí, yo sé dónde estoy porque sé dónde desayuno. Pero a lo mejor tiene más interés lo que he pensado esta mañana y he colocado en una red social en Colombia que en la propia España donde me encuentro. Eso produce una situación de aturdimiento, pero también es muy interesante ese desdoblamiento que se va produciendo con la situación actual.

BLANCA: Las cosas han cambiado mucho con la globalización y con internet. No tiene nada que ver con cómo era el panorama en los 60 o en los 70, cuando no había prácticamente ninguna comunicación entre este lado del Atlántico y el otro; no sabíamos lo que ocurría allí y viceversa. Yo creo que ahora, incluso si las comunicaciones son difíciles, y muchas cosas no viajan, algunas sí. Pienso que quizá sabemos un poco más lo que ocurre —aparte de los cuatro grandes nombres—, nos vamos enterando de cosas interesantes y arriesgadas que revolucionan el panorama. Yo, desde luego, creo y soy una firme defensora de la importancia del viaje y de la importancia de las voces latinoamericanas en España. Como decía Bolaño, yo también creo que una de las grandes desgracias de la literatura peninsular es el realismo, cómo el realismo lo asoló todo y lo sigue asolando. Y creo que las voces transatlánticas traen otro aliento y también otra visión. Y pienso que si se están haciendo cosas interesantes en este momento en España es gracias a la mezcla de voces y de procedencias que hay, en ese sentido. Así que ahí voy a tiraros de la lengua y preguntaros sobre el tema de predilección, cómo es vuestro amor por el lenguaje y cómo creéis que la literatura es construcción lingüística, no solo contar historias. Historias las contáis los dos, pero lo hacéis de otra manera o, al menos, de una manera muy trabajada, y me interesa mucho. Mónica, cuéntanos tú, que te he oído hablar ya en otra ocasión y me gustó muchísimo cómo lo explicabas.

MÓNICA: Pues sí, yo siento que tengo una… Ya que el título de la mesa… *Mesa*, lo sigo diciendo como se decía antes, tiene que ver con el deseo… yo creo que tengo una escritura que está totalmente cimentada en el deseo. El deseo, en su amplio espectro, de entender que el deseo es una pulsión muy instintiva pero también muy poderosa, muy violenta. Y creo que mi trabajo formal con el lenguaje, cuando escribo, es un trabajo muy sensorial y muy violento además —en la etimología de *violento,* que significa 'con abundancia de fuerza'—. Y yo siento que, incluso cuando escribo narrativa, tengo una búsqueda sensorial con el lenguaje que me lleva siempre a trabajar desde una búsqueda de experiencia poética. Entendiendo la experiencia poética como algo que excede al poema, no es que nada más está en el poema. Tiene que ver con la sensorialidad, con el ritmo, con la cadencia, con la idea de que las palabras suenan y que no da igual la construcción de una oración de una determinada manera, aunque sea el mismo contenido, no da lo mismo la forma. Está esta forma que me va impulsando a la siguiente forma y a la siguiente forma, y que da como resultado el sonido, esa parte de composición casi musical si se quiere, muy sonora, que tiene un libro. Y eso, en el fondo, tiene que ver con una relación muy física con el lenguaje. Entender que la palabra es también tangible en tanto que viene por varios sentidos y uno de esos sentidos es el sonoro, el rítmico, el musical. Yo suelo emparentar mucho también la escritura con la música, con la danza; es decir, con cosas que tienen que ver con el cuerpo y el ritmo y las pulsaciones y los latidos. No sé. Encuentro algo muy ritual en la escritura. Cuando escribo, encuentro esa conexión con lo ritual. En mi último libro de relatos tengo un cuento donde hago una alegoría de la escritura como si fuese una especie de conjuro. Y creo que sí que lo es en el fondo: escribir implica conjurar, implica ordenar las palabras de determinada manera para que eso transforme la materia, atraviese la materia y la transforme. Creo que la literatura tiene ese poder, ese poder de canto, de realmente hacer que los vellos del brazo se te levanten. Eso tiene que ver con el contenido, por supuesto, pero ya que estamos hablando de la parte formal, lo que hace que se te levanten los vellos del brazo no es el contenido, porque te lo pueden decir de otra manera, lo mismo, y no se te levantan los vellos del brazo. Entonces, hay algo en la forma que es lo que hace que el cuerpo reaccione. Y que un escritor o una escritora no trabaje con eso es una pena, es un desaprovechamiento de un potencial que tiene la palabra y que es riquísimo trabajarlo en literatura.

BLANCA: Carlos, ¿qué cuentas tú? Te he oído, en alguna ocasión, hablar de la página, de cómo conseguir que la página sea perfecta, que es como una serie de patología también.

JUAN CARLOS: Sí, sobre todo en el cuento, ahí yo lo diferencio. La página perfecta es la aspiración del cuento. En la novela, el error es parte de la belleza, porque la novela incluye el cansancio, el momento en que te extiendes, la pausa. La novela es maravillosa, pero allí, tanto el lector como tú, pueden desfallecer un poco. Entonces, me imagino que, en el cuento, el ojo ve toda la forma de inmediato y, entonces, cualquier pequeño error es mortal. En la novela, que tiene que tener un cuidado formal también estupendo, pero, yo, como lector, cuando hay una coma, cuando hay un par de líneas que no son excelentes, igual siento que son parte de la respiración propia de una novela. A mí me interesa mucho lo que ha dicho Mónica, en el sentido de que sí creo que tiene que ver con el deseo, la escritura. El deseo es eso que está allí, fuera de ti, y que quieres alcanzar y no alcanzas. Cada libro es ese deseo de alcanzar algo que nunca llega. Por lo tanto, escribes el siguiente. Porque como no llegaste en este, entonces lo intentas en el otro donde de nuevo fracasarás y lo intentarás con otro. Pero tiene algo de deseo porque, para mí, la escritura literaria está relacionada con la idea del susurro. A mí me gusta pensar que estoy susurrándole la historia a alguien en el oído. Eso ya implica una proximidad, eso implica el uso de un determinado lenguaje, porque no todo es susurrable, y puedes susurrar cosas terribles y cosas tiernísimas. Pero hay allí un cierto tono de intimidad que estás tratando de propiciar. Y esa idea de la forma y de la importancia del lenguaje nace, comienza, en la oración, quieres que la oración sea lo más perfecta posible. Y, como lo dice Mónica, sí, está amaneciendo, pero por cómo lo cuentes va a amanecer mejor o peor. El orden en que colocas esa frase. Yo a veces me descubro acomodando una pequeña frase, sabiendo que de la otra manera era más informativa, pero digo: «No importa, así canta mucho mejor». En efecto, a mí también me parece que la gran narrativa, la que a mí me interesa, es esa que tiene una forma particular de cantar y contar el mundo. El cuento también está allí, yo creo que tiene una anécdota muy importante, me parece que hay historias mejores que otras. Pero las historias y los sentimientos son de todos. Como me dijo una vez la poeta Yolanda Pantin: «Sentimientos todos tenemos, lo importante es cómo va una palabra detrás de la otra», y este trabajo es fundamental, es lo que hace que un cuento y una novela sean especiales. Es el trabajo que comienza en la oración, luego va al párrafo —que también quieres que sea lo más perfecto posible— y luego va al capítulo. Después, intentas que el capítulo encaje musical y estructuralmente dentro de la novela, y por eso ese capítulo es más largo o más corto. Eso es lo que creo que ha hecho la gran literatura del siglo pasado, y que construirá la gran literatura del presente, frente a una tendencia que puede haber ahora de la literatura como elemento informativo, como elemento formativo. Esas son dos cosas que a mí no me interesan. Es decir, yo no me formo ni me informo a través de los libros, desde un punto de vista conceptual. Los libros me producen sensaciones, me conmueven. Por ejemplo, recuerdo que cuando estaba leyendo la novela de Elena Fortún, *Celia en la revolución,* en la noche soñaba que bombardeaban mi casa. Es decir, el libro se había metido en mis sueños. Por supuesto que teniendo información allí sobre lo que fue la Guerra Civil, pero hay algo más allá, hay un juego de la pesadilla que está entrando dentro de mí. Y es logrado por una cierta forma, por una cierta voz. Ahí no hay ingenuidad, creo yo. Lo dijo Sabato hace muchos años, pero dos pintores frente a un mismo paisaje trabajaban de manera distinta, había un paisaje que te conmovía más que el otro. Entonces, sí, yo sí creo que hay que recuperar esa idea de que la literatura es construcción, de que eso no se debe notar. Es decir, yo lo intento, mis historias son, muchas veces, historias muy sencillas. Y tú dices: «¡Ah!, mira, son historias normales y corrientes de un niño o un adolescente», pero yo he llegado allí a través de cortar, poner, colocar, agregar, pesar qué adjetivos utilizo y qué adjetivos elimino. No sé si eso les pasa. Por cierto, con el adjetivo tengo una relación tan complicada, porque cuando escribo las primeras versiones hay millones de adjetivos, y después te pasas años cortándolos. Y, después, dices: «Oye, ¿no sería mejor que ya tuvieses la conciencia de no ponerlo? ¿Para qué vas a gastar luego seis meses eliminando eso?». Pero, como te digo, hay un juego allí de lo formal que comienza en la oración y va creciendo hasta ser la novela total. Es decir, esta novela quiero que cuente esta historia, pero que la cuente de cierta forma, ya que así puede lograr en el lector la impresión de que lo que yo le estoy contando es la primera vez que sucede en el mundo. Porque una historia de amor ha ocurrido millones de veces, pero si yo la cuento de la forma adecuada, el lector va a sentir que es la primera vez que dos personas se enamoran. O la primera vez que un hijo odia a su padre. O la primera vez que una madre decide abandonar a sus hijos. Esas historias han ocurrido siempre, pero si hay un trabajo adecuado con la forma, es decir, has tenido la suerte de que tu sagacidad ha acertado, pues, en efecto, estás contando la historia de la humanidad por primera vez.

BLANCA: Dos cositas. Primero, leí en algún sitio a alguien que decía que los adjetivos son como las malas hierbas, que se reproducen, que hay que arrancarlos todos porque, si no, cuando te descuidas, se han multiplicado y han llenado toda la página. Alguien lo decía, y es verdad que los adjetivos son muy complicados. Y en cuanto al tema del deseo, no puedo evitar citar a Goytisolo —esto creo que se lo conté en alguna ocasión a Juan Carlos—. Goytisolo, en los últimos años, comentó en alguna entrevista que no podía escribir porque ya no tenía libido. Lo cual me pareció increíble. Definía clarísimamente en qué consiste escribir. Claro, si no deseas ya —desear, en general, ni siquiera desear escribir—, si no tienes deseo, ese impulso vital que lo guía todo, no puedes escribir ni hacer nada. Bueno, me pareció completamente definitorio de en qué consiste la escritura. Tengo que preguntarle también a Mónica que nos cuente sobre el gótico andino. ¿Por qué de repente aparece esta escritura del mal, sobre todo entre autoras latinoamericanas y peninsulares? También hay algún autor. Pero, bueno, la escritura ahora se ha llenado de perversidad, de negrura, de temáticas góticas. ¿A qué lo achacas? ¿Por qué ha ocurrido? Porque se ve, está en el aire, en *l'air du temps*.

MÓNICA: Sí, sí. Yo, es verdad que no me atrevo a generar un análisis así, grandilocuente, ahora, porque creo que me equivocaría seguramente. Pero es cierto que hay un aire de tiempo, como tú cuentas. Lo que a mí me genera dudas es si es algo de las escritoras, porque se está hablando ahora de que son —como tú mencionabas— sobre todo mujeres las que están trabajando con temas que tienen que ver con violencia, horror, gótico, mezcladas cada una de una manera distinta, pero, en todo caso, está ahí. Y lo que yo me llego a plantear, porque todavía no lo tengo muy seguro, es algo que de verdad está pasando recién ahora o es algo que lleva pasando ya desde hace mucho tiempo, en la literatura latinoamericana, pero quiero hablar en general. Lo que pasa es que sí creo que hay un cambio de recepción muy grande. Yo siento que podemos revisar ahora mismo un montón de escritoras latinoamericanas que en otro tiempo estaban escribiendo, cosas como *La condesa sangrienta*, de Pizarnik; o *La mujer desnuda*, de Armonía Somers; o *La amortajada*, de Bombal; *Cambio de armas*, de Valenzuela, y así podríamos mencionar muchísimas. Elena Garro tiene cuentos también góticos. Así que, en realidad, siento que no es algo de ahora, es algo que lleva mucho tiempo de arrastre. Pero ahora ha habido un cambio de recepción. Ahora se está leyendo a escritoras como no se leían, sin duda alguna, hace cincuenta años. La gente se acerca al trabajo de escritoras de una manera distinta, creo que eso tiene que ver con el feminismo y los cambios que eso ha producido en los lectores de hoy en día. No en la calidad de las obras; ya había mujeres escribiendo fantásticamente estos temas, pero no accedían a determinados espacios y los lectores no estaban apelando a ese tipo de lecturas. A mí me parece interesante por qué ahora se está leyendo con tanta fuerza, no mujeres, sino estos temas. Hay como una especie de «pedir más» estos temas. Yo trabajo, por ejemplo, con el tema de la violencia. En toda mi escritura he trabajado el tema de la violencia, desde el principio. No ha sido una forma consciente. Yo ahora mismo sé más de mi escritura de lo que sabía hace cuatro años, porque ahora tengo ya más libros publicados y puedo dar una mirada atrás y decir: «Esto soy como escritora» —entre comillas—. No sé qué será mañana, pero hasta ahora ha sido esto. Y he visto los *leitmotivs*, y he visto mis recurrencias: «Esto no lo había planeado, pero… ¡está aquí!». Sí que trabajo mucho la violencia, y la violencia está conectada con el horror siempre, siempre. Es que la violencia produce horror, la violencia está ligada al miedo, la violencia está ligada al deseo también. O sea, hay un montón de cosas allí que pivotan que tienen que ver con esto. Sin embargo, no me considero una autora de género. Porque si hago una revisión, una echada hacia atrás en mis libros, mis novelas, algunas tienen más o menos horror, otras aunque tienen un poco más de temas de miedo no terminan de ser novelas de terror. Mi último libro de cuentos, que es del gótico andino justamente, en realidad, es un gótico andino pensado más bien como el gótico sureño estadounidense, que es el miedo pero a través de la violencia y a través de una historiografía y de una geografía muy específica, pero que no produce necesariamente literatura de horror. No empezamos el gótico sureño en Faulkner o en Carson McCullers, realmente sus novelas no son de terror, pero sí que abordan el miedo y la violencia, y algo que tiene que ver con el paisaje, con ese aspecto de lo gótico que tiene que ver con el paisaje y lo que genera. También está Mariana Enríquez, que ella sí que trabaja con el horror plenamente de terror. Y luego está Liliana Colanzi, que trabaja también con ciencia ficción, terror y tal. O sea, veo que es diverso; pese a que hay estos temas, la cosa es diversa, muy diversa. Y pienso que, a lo mejor, estamos en una época en la que el género ha subido de categoría, porque la literatura de terror, o que roza el terror, durante mucho tiempo ha estado ninguneada o vista como una categoría inferior, pese a que tenemos estos clásicos de la literatura de terror, pero son muy poquitos, ha sido como más esquinada. Y ahora mismo, pues, ha habido un cambio. Sociológicamente, no sabría por qué. A lo mejor es porque estamos viviendo una época también especial con el tema del terror, no lo sé. Y ya con esto cierro —se me acaba de ocurrir y creo que es importante—, yo creo que los movimientos feministas han destapado muchísimo de horrores cotidianos que no es que no estaban antes, siempre han estado, pero estábamos conviviendo con esos temas de forma inconsciente. Me refiero a, por ejemplo, la reformulación del tema de la familia, que es algo que también yo trabajo literariamente: la familia como un lugar de inseguridad, de violencia, de crueldad. Esto no responde a los relatos de la familia como núcleo de la sociedad y tal, pero los feminismos nos han enseñado que la mayoría de las mujeres mueren asesinadas dentro de su familia. Entonces, de repente, ahora comenzamos a ver la familia como un lugar peligroso, la casa como un lugar peligroso. Ahora estamos con el coronavirus y de repente había muchísimas asociaciones preocupadísimas por las mujeres, que no iban a poder salir de sus casas y estaban conviviendo con sus maltratadores. O sea, ha habido también una reformulación del tema de la intimidad y de la intimidad como un lugar de horror, que es algo que se trabaja en el género profundamente desde hace mucho tiempo. Pero creo que también tiene que ver con el cambio de cómo estamos viendo la familia, los círculos de intimidad, etc., y que también viene —no solo, pero viene también— por el tema de los feminismos.

BLANCA: Y yo estoy convencida. Estoy segura de que tiene que ver con un cambio de perspectiva, porque si piensan un poco en la literatura de mujeres del *posboom,* era una literatura que hablaba del cuerpo de la mujer de una manera hedonista, y las autoras se autoobjetualizaban; no sé, era algo como de la sensualidad siempre, y así. O también muy del ámbito familiar idealizado, la gastronomía, pero todo de una manera muy tamizada, muy positivizada. Y ahora, realmente, es como que se ha dado la vuelta, y todo lo que era intimidad, familia, relaciones —de pareja o lo que sea— se ha convertido en el lugar del horror. Lo cual, yo creo que sin duda tiene un contenido que podríamos analizar ideológicamente o sociológicamente. Muy interesante. Y, después, es muy interesante también cómo los géneros están empezando a… Bueno, no están empezando, sino que estamos repescando los géneros que quedaban. Juan Carlos, tú juegas con los géneros y los hibridas desde hace ya muchísimo tiempo, juegas con el tema del humor, de la novela negra. Cuéntanos un poco tú. Creo que también tiene que ver con la mirada solemne que había sobre la cultura y que el posmodernismo va acabando con ella, y va aumentando el ámbito de trabajo de los autores.

JUAN CARLOS: Sí. Cortázar dijo muchas cosas maravillosas a lo largo de su vida, no siempre, pero sí en general. Tenía reflexiones que a mí me siguen sirviendo, y una era que la literatura tenía un elemento de juego que no debíamos olvidar. Él hablaba del juego como lo hacen los niños, como algo muy serio, con reglas, con un principio y con un final. Y yo siempre cuento que la felicidad de mi vida es tener ya la edad que tengo y, sin embargo, seguir jugando, ser una persona que juega todos los días, que es una pérdida de la vida adulta. Y, pese a esto, a los escritores se nos permite jugar a ser otras cosas, jugar a asomarnos al horror, jugar a asomarnos a la sensualidad. Pero es el juego en un sentido muy importante, muy central. Lo lúdico como un espacio de sentido, de verdad y enriquecedor de la existencia. Y los géneros, en efecto, permiten también esa idea del juego. Es cierto que hay una cierta solemnidad, por ejemplo, en la literatura latinoamericana del *boom*, maravillosa, admirable, pero con cierto aire de solemnidad que luego se ha ido adelgazando. Estos libros, como los que mencionaba Mónica, y otros libros además, que han surgido, qué se yo, en lo que llamaron el *posboom*, las novelas de Etchenique, de Manuel Puig, de Osvaldo Soriano o de Francisco Massiani no eran posibles en aquel momento tan solemne. Creo recordar que un autor que yo admiro muchísimo, Vargas Llosa, él no se sintió nunca cómodo con la narrativa de Manuel Puig. Decía: «Ya…, pero es que… eso…». Luego ha reformulado y matizado, pero sus reacciones iniciales, incluso por escrito, eran: «Pero eso… ¿qué es?». O sea, historias pequeñas de mujeres en pequeños pueblos, obsesionadas con las fotonovelas, las cartas cursis. Entonces, la literatura se ha expandido ya, en efecto, ya se asoma a lo que llaman su género. Hoy en día finalmente son espacios donde la literatura se despliega siempre, creo yo, además, con esa gran herramienta que nos dio nuestro libro fundador que es *El Quijote*, que es la ironía. No te acercas con ingenuidad a una novela de detectives, no te acercas con ingenuidad al gótico, no te acercas con ingenuidad al policial o a la novela erótica. Siempre hay ese desdoblamiento cervantino de decir: «Sí, yo sé que esto no es totalmente serio y eso es lo que me encanta. No considero que esté fundando el mundo; el mundo ya estaba fundado cuando yo llegué, pero lo voy a alterar un poco». Así, la novela que va a aparecer ahora en Francia en octubre es una novela de detectives, pero la detective es una mujer que es bruja. Y creo recordar que uno de los códigos de este tipo de novelas era que las artes adivinatorias estaban excluidas, y yo dije: «No, pero es que yo quiero que sea una bruja». Luego, cómo ella resuelva los casos… En fin. Pero es que quiero que sea una bruja, justamente, que se acerque a este mundo que, en principio, estaba como vedado. A veces leo —y te confieso, las leo y me cuesta mucho porque son novelas de otra época— las novelas pastoriles, y me digo: «Oye, habría que hacer una novela pastoril». Porque yo creo que el salto hacia el futuro viene de los saltos hacia atrás. Entonces, ¿por qué no inventar una novela pastoril?

BLANCA: Claro. Bueno, finalmente fue lo que hizo Cervantes, que hizo una novela de caballería y le dio la vuelta. Realmente fue el primero que jugó con los géneros —y con la novela pastoril—.

JUAN CARLOS: Claro. Y nos pareció bien la novela picaresca, nos pareció bien la novela pastoril, pero había unos subgéneros —que así se les llamaba, como el gótico, la novela negra— que estaban excluidos. Cuando, en realidad, exactamente, *El Quijote*, ese libro, irradió tantas cosas que es un libro de géneros de géneros. Es un libro donde él juega con los géneros que él conoció, como la novela bizantina. El maestro dio las claves para que podamos jugar con muchísimo gusto con todo lo que se ha incorporado luego, como las historias del oeste —que no es que a mí me encanten, pero que entiendo es un género que nace del cine—, la ciencia ficción... Tenemos tanta información allí y son tantas las posibilidades combinatorias, que creo que es un momento delicioso para jugar con todo.

BLANCA: Hablando del juego, efectivamente... Escribir, como jugar, pero como juego ritual y religioso incluso. Michel Leiris, que es un autor francés, amigo de Bataille, hablaba de esto. Y Bataille también. Y no sé si nuestro José Bergamín tiene algo también sobre el juego, sobre la escritura como juego, el arte como juego. Yo creo que eso tiene algo muy interesante, porque el juego de los niños tiene algo profundamente perturbador, también. No es ninguna tontería. Jugar es una actividad bastante profunda, que tiene bastantes implicaciones; olvidarse, meterse dentro de algo y tomar roles. Es bastante curioso. Mónica, algo nos ha contado Juan Carlos de su próxima novela que va a aparecer ahora, y yo querría que nos cuentes también algo sobre *Mandíbula*, para los espectadores franceses que van a comprar tu novela ahora, este otoño.

MÓNICA: Pues sí. Es una novela que justamente va sobre el deseo, pero va sobre el deseo conflictivo, ese deseo que te arroja a conocerte en los aspectos más oscuros; un deseo peligroso, ese deseo que te hace bailar al filo del abismo, que son los deseos intensos, todos esos deseos intensos que parece que nos están llevando a perdernos o a perder el control. Es una novela que juega con géneros —justamente, como ha estado hablando aquí Juan Carlos—, juega con el género del *thriller*, juega también con el género de la novela negra sin ser ni un *thriller* ni una novela negra, juega también con el género de terror sin ser una novela de terror, pero tiene rasgos de estas tres. *Mandíbula* sería una especie de novela de formación, pero, en realidad, de «deformación». Es una novela de adolescentes —las protagonistas son adolescentes, el tema no es nada adolescente—. Comienza con un secuestro: una profesora de instituto secuestra a una de sus alumnas de Lengua y Literatura. Y, luego, toda la novela es un regresar hacia atrás para ver por qué en el presente narrativo una profesora de Lengua y Literatura podría secuestrar a una de sus estudiantes, con qué objetivo. Muy pronto en la novela, sabemos que el objetivo no es económico, lo cual resulta todavía más perturbador, como cuáles son los objetivos de la profesora para secuestrar a su alumna, pero vamos conociendo a esta alumna en el pasado, con sus amigas, cómo se da esta tensión, esta situación. Y es una novela que va de las relaciones profundamente conflictivas y pasionales: entre mejores amigas que se tratan como si fueran hermanas y son relaciones muy pasionales; relaciones pasionales entre madres e hijas; entre profesoras y alumnas. Todo esto tiene lugar en un colegio del Opus Dei muy represivo en cuanto a la educación también, de un deber ser de la feminidad muy rancio —un colegio de élite del Opus Dei—. Entonces, cómo se van dando estas relaciones de deseo entre mujeres, de deseo pero también de aniquilación. Es, pues, una novela que va sobre el deseo, cómo el deseo también puede ser destrucción y tener ganas de destruir lo que más deseas o lo que más «amas» —entre comillas—.

BLANCA: Pues es muy interesante. A ver cómo se da en la traducción. A los dos me imagino que os resultará complicado… ¿No os leéis en francés, no? Nos fiamos con que los traductores serán geniales.

JUAN CARLOS: Toda mi fe en los traductores.

MÓNICA: Toda mi confianza, sí. Yo lamento no saber leer en francés, es una pena, pero bueno.

BLANCA: Cuando los textos son tan lingüísticos como los vuestros, donde la lengua es tan importante, la traducción es difícil, pero seguramente lo harán genial.

JUAN CARLOS: Esperemos que sí. De todas maneras, digo yo que debe de ser superincómodo, Blanca, que te estés leyendo tu traducción en una lengua que controlas. Debe de haber ahí una tensión terrible con el traductor. Por lo menos, es una angustia menos que tengo. Recuerdo que William Navarrete, escritor estupendo, cubano, que vive en Francia —bueno, esta es una historia vieja, pero espero que no afecte lo que voy a contar—, un día me contó, me dijo: «Es que estaba peleando con un traductor. No ha entendido la música. ¡No ha entendido la música!». Claro, él maneja las dos lenguas y estaba teniendo un problema con la manera en la que se leía en francés.

BLANCA: Yo creo que más vale no releerse, en ninguna lengua; más vale no volver a abrir el libro nunca más. Estamos casi al filo de cumplir la hora. Quería preguntaros un poco, no sé si recordáis, que Jorge Volpi dijo en alguna ocasión, de manera muy escandalosa, que el primer verdadero autor latinoamericano había sido Gabriel García Márquez y el último Roberto Bolaño. Y que, a partir de ahí, el llamado *intelectual latinoamericano* ya no existía. No sé cómo os sentís en ese sentido. ¿Sentís que formáis parte de una continuidad? Aparte, pertenecéis a dos generaciones que se siguen la una a la otra. ¿Sentís que formáis parte de una continuidad o que todo se ha convertido ya más bien en una acumulación de individualidades? Porque, quizá, ahora somos más individualistas y la procedencia del autor no es tan importante dentro de este mundo global en el que estamos y el autor latinoamericano como tal, ese señor con bigotes, está en vías de extinción.

MÓNICA: Ojalá que esté en vías de extinción si no se ha extinguido ya. Pero yo creo que sí, que ese es un dinosaurio del Pleistoceno que ya no está. A ver, lo que me pregunto es, justamente, qué es ser el intelectual o el escritor latinoamericano. Para empezar, es una invención que tiene muchos problemas allí: que es masculina; mestiza pero blanqueada en realidad, venden el autor latinoamericano que es mestizo, pero en realidad tirando a blanco; con toda la idea de la mixtura rara, pero que en realidad es europeísta y europeizante. Entonces, yo no sé si eso es ser latinoamericano. Esa es una visión de Latinoamérica, exportable a un mundo otro. También me genera un conflicto tremendo la latinoamericanidad… O sea, ¿qué sabemos qué es eso? Es muy complicado, podríamos entrar en un debate filosófico muy tenso. Yo me atrevería a decir —pero para simplificarlo todo en pos de la conversación y de los minutos que nos quedan— que qué bueno que se haya caído ya ese dinosaurio y que estemos pensándolo desde otros lugares, que estemos pensando la escritura, el pensamiento, la creación, el arte, en un continente que tiene tanta historia de conflicto como Latinoamérica, que tiene muchas deudas pendientes, que está sin duda por hacer sus deberes. No solo en cuanto a literatura escrita por mujeres, sino indígena, afro, de otras vertientes, de tumbar la idea del mestizo. Yo cada vez me identifico menos como mestiza y me llamo más negra e india. O sea, quitar la idea del mestizaje porque es, eminentemente, una idea de blanqueamiento. No sé, siento que es conflictivo. Y siento muy conflictiva la latinoamericanidad. Mientras menos sea esta figura exótica que se vende o está pensada para un determinado lugar, y más sea para trabajar desde adentro en comunidad, cada vez menos individualista... Quisiera incluso romper la idea de individualidad: volvamos a la comuna. Volvamos a la comunidad porque somos comunidad y no funcionamos por fuera de la comunidad. A mí me gusta pensar la literatura como algo cada vez más comunal, incluso.

BLANCA: Juan Carlos, ¿qué nos cuentas tú?

JUAN CARLOS: Claro, no soy un intelectual, soy escritor. Son cosas distintas —creo yo—, eso es lo primero. Por este motivo, concebir ciertas cosas en términos de ideas y de conceptos, podría intentarlo pero no me va a salir. Cada quien alcanza hasta donde alcanza. No es algo que me interese, además, especialmente. Digamos que reflexiono sobre las urgencias del día a día. Pero no me imagino creando un cuerpo de ideas para entender América Latina. Primero, creo que los nexos son, más bien, por la lengua española. Es decir, creo que hay unos nexos: hay una religión común, hay una historia común. Así, puedo pensar que un canario español tiene más relación con la gente del Caribe que con la gente del norte. Creo que se dan ese tipo de relaciones. O, al menos yo, como caribeño, puedo sentirme más cercano a un canario de lo que pueda sentirse un uruguayo. Por decir algo, porque ha habido historias singulares, y allí hay elementos comunes. Pero, al mismo tiempo, decir que ha desaparecido esa idea que yo no sé exactamente... No te sabría definir conceptualmente y culturalmente Latinoamérica. No te lo sabría definir bien. Pero decir que ha desaparecido, ¿no es apostar a una globalización que quizá no es del todo cierta? Porque sí habrá algo que nos configura de una manera singular. No a Latinoamérica, eso es lo que no sé. Pero cuando yo estoy en el Caribe y llueve, hay un olor que es mi infancia. La lluvia en ningún otro sitio huele así. Hablando de literatura, eso a mí me despierta una determinada forma de escribir, una determinada prosa, porque quiero ser esa lluvia y ese olor de la tierra húmeda. La manera del humor, la manera en cómo sueño, la manera en cómo me expreso. No solo en las palabras, también es el hecho de que me gusta la gente que habla como con una cierta manera de cantar, una cierta ausencia de sobriedad. Por eso, claro, ahí el mapa de Latinoamérica se me empieza a desordenar porque probablemente un bogotano se incomode por mi tono de voz y por mis malas palabras, pero, en cambio, a un costeño panameño eso le parece absolutamente natural. Entonces, no creo que seamos personas del mundo, no. Somos personas con algunos elementos particulares, con una historia terrible y dolorosa. Pero sí, yo creo que, en todo caso, es una especie de liberación sentir que no tienes que encarnar el papel del perfecto latinoamericano. Yo no cumplo muchos de esos requisitos. El perfecto latinoamericano tenía que tener determinadas ideas políticas, tenía que saber bailar —y me encanta bailar, pero no sé bailar— y yo qué sé. Entonces, como no cumplo muchas de esas cosas, estoy muy cómodo con eso. Sí diré —para que esta conversación tan grata y tan amable tenga un punto de divergencia entre Mónica y yo— que a mí sí me sigue interesando la idea del mestizaje, me interesa muchísimo, porque no soy negro (mi abuelo lo era), no soy blanco (mi abuela lo era), no soy indio. Entonces, soy una mezcla de distintas cosas. Y me gusta, en la literatura, toda esa combinación posible que se formula. No me siento cómodo diciendo: «Bueno, voy a trabajar desde la voz del indio» porque no lo soy, sería como apropiarme de una voz que no me pertenece y que, sin embargo, forma parte también de mí.

Así pues, me gusta pensar que todas esas voces están allí. Mi apellido es un apellido gallego, entiendo que de un lugar que se llama la Raya, 'la línea', la zona de Galicia de donde es mi apellido.

BLANCA: Es la frontera con Portugal.

JUAN CARLOS: Exactamente, de ahí viene el Guédez. Entonces, ahí también está ese elemento que puede hacer que yo me emocione con lo gallego. Y siento entonces que cuando están todos esos orígenes allí mezclados, juntándose y mezclándose y golpeándose unos a otros y bailando entre ellos, cuesta muchísimo sentir una suerte como de orgullo étnico, que es el que ha producido algunas de las grandes tragedias de este siglo. A mí me costaría mucho odiar a alguien porque es que, probablemente, algo tengo de eso. Y fue mi entorno. Mi entorno fue un entorno —en el caso de la sociedad venezolana—, una sociedad, donde esas combinaciones se daban constantemente. Los elementos de diferenciación venezolanos quizá eran más de tipo económico y clasista, pero no era un tema. Y, de hecho, tú reconoces a los venezolanos. Llegas a un sitio y los ves, la variedad es infinita y los reconoces solo por el acento. Así que digamos que fue una sociedad en concreto —la venezolana, que fue así— en la que yo crecí. Eso debe de estar cambiando mucho. No veo que sea necesariamente malo, veo que puede tener rasgos positivos también. Aunque comprendo perfectamente lo que menciona Mónica, como que eso oculta también una trampa en el fondo. Y me parece muy pertinente que ella lo comente y lo ponga como una advertencia porque ningún discurso tiene una sola cosa positiva.

BLANCA: Está claro que de dónde venimos nos hace diferentes. Pero el panorama ha cambiado mucho, ya todo es como un continuo y nuestras relaciones son mucho más fluidas, no todo es tan estanco como entonces —ya lo hemos dicho—. Yo voy a acabar diciendo algo políticamente incorrecto, y es que cuando pienso en el *boom* siempre pienso en las mujeres de todos aquellos autores maravillosos que les permitieron escribir. A mí me hubiese gustado tener una mujer sacrificada, como Gabo, o Carlos Fuentes, pero por desgracia no la tengo, que me tenga a los hijos y me limpie la casa.

JUAN CARLOS: Que te lleve el sándwich después de doce horas de escritura. Claro, es verdad.

BLANCA: Claro, es maravilloso. Yo creo que es el estatus ideal para un autor que se precie, tener una organización familiar bien hecha, con alguien que le organice, que le gestione la cotidianidad. Pero, bueno, las cosas han cambiado, efectivamente. Ahora ya todo está mucho más complicado para todos. Os agradezco muchísimo este momento de discusión sobre cosas tan importantes como los libros, y recordarnos que hay que leer y que se están haciendo cosas muy interesantes en España y al otro lado del charco. A los que nos están viendo, escuchando, pues, comprad los libros en español o en francés de Mónica Ojeda y de Juan Carlos Méndez Guédez. Me gustaría agradecer, de nuevo, a Gonzalo Vázquez y a Yolanda Castaño de la dirección del festival «Paris ne finit jamais» habernos invitado y hacernos pasar un momento tan divertido. Y quería volver a recordaros que esto va a estar colgado en la web y en la página del festival y también en las redes sociales. Muchas gracias a todos y hasta pronto. Ya sabéis que *Paris ne finit jamais*. Hasta luego, chau.

Florecer más allá del jardín: poéticas de la tierra en lenguas vernáculas

OLGA NOVO · NATALIA TOLEDO

Conducido por **Manuela Palacios**
(Universidade de Santiago de Compostela, España)

París es conocido por sus ordenados o sofisticados jardines, pero hay flores salvajes que brotan más allá de su orden. Su savia se alimenta directamente de la tierra incluso si crecen en los márgenes, expulsadas de todo centro de poder. La poesía de Olga Novo y de Natalia Toledo se desarrolla en lenguas vernáculas, minorizadas, sin Estado, y mana con toda la fuerza telúrica, erótica, vital, en gallego y en zapoteco, respectivamente. Hoy nos leerán poemas y conversarán sobre escritura e identidad, ante la conducción de la investigadora y profesora de la Universidade de Santiago de Compostela, Manuela Palacios: «Florecer más allá del jardín: poéticas de la tierra en lenguas vernáculas»

MANUELA PALACIOS: Bienvenidas, bienvenidos, a esta nueva edición del festival literario «Paris ne finit jamais». Debemos congratularnos de que, a pesar de las adversas circunstancias derivadas de la pandemia, por segundo año consecutivo, los esfuerzos de nuestros tan queridos y admirados Gonzalo Vázquez, Yolanda Castaño y su magnífico equipo han conseguido, una vez más, convocar a los mejores escritores y escritoras del ámbito literario hispanohablante. Nuestra sesión de hoy lleva por título: *«Fleurir au-delà du jardin: poétiques de la terre en langues autochtones»*. Me siento especialmente afortunada de intervenir en la amigable conversación de hoy entre dos grandes e influyentes escritoras que tienen mucho que decir tanto sobre las poéticas de la tierra como de la literatura escrita en lenguas autóctonas. Si me lo permiten, comenzaré presentando a Natalia Toledo que nos habla desde su país, México. Un saludo, querida Natalia. ¿Cómo estás?

NATALIA TOLEDO: Muy bien. ¡Hola! *Padiuxhi!* Les he dicho «hola» en zapoteco, que es mi lengua materna. Me da muchísimo gusto estar aquí. Gracias.

MANUELA: Perfecto. Me alegra mucho. Natalia Toledo suele presentarse como poeta bilingüe tanto en la lengua indígena, en zapoteco, como en español. Fue galardonada en 2004 con el Premio Nacional de Literatura Nezahualcóyotl. Por mencionar algunos de sus poemarios —Natalia, daré los títulos en castellano y después tú podrás hablar de ellos dándonos la pronunciación correcta en zapoteco—, citaré los siguientes: en 2016 publicó *El dorso del cangrejo*; publicó *Flor de pantano* en 2005; *Olivo negro* en 2004; *Mujeres de sol, mujeres de oro* en 2002; *Paraíso de fisuras* en 1992. Y sus poemarios también aparecieron publicados en otras lenguas: en francés, *Femmes d'or;* en inglés, *The black flower and other Zapotec poems;* e incluso en griego moderno, publicado en Atenas en 2015. Su poesía fue incluida en la ópera *Phantom* de la compositora Hilda Paredes, y hay también una ópera basada en su cuento *La muerte pies ligeros,* del compositor Víctor Rasgado. De hecho, es autora de varios libros de cuentos, entre los que mencionaré, por ejemplo, *El hijo del viento.* Su poesía ha aparecido recogida en numerosísimas antologías. Por abreviar, mencionaré algunas de las más recientes: *Mexican Poetry Today: 20/20 Voices,* que es una antología bilingüe publicada por Shearsman Books, y ahí tenemos ya un punto de contacto porque esta editorial ha publicado también a poetas gallegas como Chus Pato, como María do Cebreiro, así como una antología de poesía gallega, vasca y catalana. O sea, que tenemos ahí un común conocido, muy abierto a las literaturas en lenguas autóctonas. Natalia Toledo publicó también su poesía —o apareció recogida— en Sudáfrica, en la antología *The tribute. Poetry book,* y también en la *Antología general de la poesía mexicana.* Ha recibido reconocimientos varios, antes mencioné el Premio Nacional de Literatura, pero también del Instituto de Cultura de la Ciudad de México, del Fondo Estatal para la Cultura y las Artes de Oaxaca, y ha realizado residencias artísticas, por ejemplo, en la Universidad de Melbourne, en Australia. Es de destacar su asidua participación en recitales y festivales de poesía, menciono solamente algunos recientes, por ejemplo, la Feria Internacional del Libro de Buenos Aires, en Argentina; el Book London Fair, en Inglaterra; o el Qinghai International Fair, en China. Ha combinado su trabajo literario con la elaboración y difusión de la cocina del Istmo de Tehuantepec y ha sido también diseñadora de textiles y joyería. Fue subsecretaria de Diversidad Cultural de la Secretaría de Cultura Federal y es fundadora del colectivo BinniBirí ('Gente Hormiga'), que surgió a partir de los istmos de 2017, en el Istmo de Tehuantepec. Por la parte gallega, tenemos con nosotros a Olga Novo. ¿Qué tal, Olga? ¿Cómo estás?

OLGA NOVO: Moi ben, boa tarde. Muchas gracias por esta invitación a poder estar con vosotras compartiendo este momento y haciendo florecer otras culturas en sus lenguas maternas, en sus lenguas autóctonas.

MANUELA: Perfecto. Olga es poeta, ensayista y doctora en Filología Gallega. En 2020 recibió el Premio Nacional de Poesía en España, por su poemario *Feliz Idade* —si es la información correcta, es la tercera poeta en lengua gallega en la historia de este galardón—, y por el mismo libro recibió también el Premio de la Crítica en Poesía en Gallego. Ha ejercido la docencia en la Universidad de Alta Bretaña francesa y ha publicado traducciones y obras como estudiosa de la literatura. Antes de *Feliz Idade*, publicó los poemarios *A teta sobre o sol*, en 1996; *Nós nus*, en 1997, que fue también Premio Losada Diéguez; *A cousa vermella*, en 2004; y *Cráter*, en 2011, que fue también Premio de La Crítica. Es autora de dos poemarios en colaboración: *Magnalia*, en 2001, con el también poeta Xoán Abeleira y la pintora Alexandra Domínguez; y *Monocromos*, en 2006, con el pintor Concetto Pozzati. En la antología de su obra, *Los líquidos íntimos*, publicada por la editorial Cálamo en 2013, Olga Novo vertió al castellano una parte esencial de su obra que, además de presentarla en lengua original. Como ensayista, cabe destacar entre sus trabajos *O lume vital de Claudio Rodríguez Fer* y *Uxío Novoneyra: Lingua loaira*, que fue Premio de Investigación Ánxel Fole. Olga Novo se estrenó en la narrativa con colaboraciones, por ejemplo, para la revista *Luzes*, en concreto, me referiré a las que llevaban por título «El bosque de los cromosomas», y con estos textos quiso —y cito sus palabras porque son realmente relevantes al tema de este encuentro de hoy— «rescatar la memoria de personas anónimas, lo cual puede ser más épico que hablar de ciertos personajes de la historia. Los humildes son los que sostienen la vida. Por eso quería hablar de ellos con una visión realista».

Bienvenidas las dos, Natalia Toledo y Olga Novo. Comenzamos con nuestra conversación. Yo os hago algunas preguntas pero luego vosotras decidís si queréis ir por donde yo abrí un poco de camino o queréis recorrer caminos propios. Comenzaría, entonces, preguntándoos por los inicios. Natalia, tú, por ejemplo, eres hija de padre artista y estudiaste poesía ya desde pequeña en los talleres de la Casa de la Cultura de tu localidad. A las dos, querría comenzar preguntándoos, ¿cómo se forma la mujer poeta y cuándo comienza a tener conciencia tanto de su potencial creador como de su destreza con el lenguaje? Además, ya que el título de nuestra sesión se refiere a poéticas de la tierra en lenguas autóctonas, me gustaría preguntaros también, o que relacionaseis, vuestros comienzos poéticos con vuestra conciencia del entorno natural en el que crecisteis y con vuestras respectivas lenguas maternas. ¿Qué opinas de esto, Natalia?

NATALIA: Yo creo que la poesía no se estudia. En realidad, lo que aparece ahí en mi currículum es un poco inventado porque existía una Casa de la Cultura en Juchitán —de donde yo soy— donde había una biblioteca infantil y otra más desarrollada, para adultos. Yo ahí fui un poco a abrevar, a leer sobre todo los libros infantiles. Pero, obviamente, mi formación tiene que ver más con la tradición oral, con la memoria oral. Todos los que participaron en mi conformación como Natalia, buscando mi nombre propio desde el zapoteco, desde mi comunidad, fueron mis abuelos, mis abuelas. Sobre todo, un mundo muy femenino es el que me arropó a mí de niña. Yo crecí en un barrio de pescadores. Juchitán se divide por secciones. Yo nací en la séptima sección. Digamos que es una sección, una colonia, un barrio, donde hay pescadores, pero también hay alfareros, gente que borda, que teje. Realmente es una comunidad que tiene que ver con el campo y la pesca, pero sobre todo es una comunidad que tiene una vena artística. De este modo, yo crecí rodeada de compositores, de trovadores, de gente que dibuja estandartes, que dibuja sobre telas, sobre la piel. Tuve un tío alfarero, por ejemplo. Tuve un tío que hacía todas las cuestiones de lo que tiene que ver con los guaraches, cosas de talabartería. Toda esa creatividad yo la observé, la viví, de niña. Y viví en una comunidad muy libre donde no se conoce la propiedad privada, por ejemplo. Yo empezaba a jugar en un patio y terminaba en otro patio que no era mi casa, pero eso no implicaba absolutamente nada. Nunca te corrían de un lugar. Si llegaba la señora en turno donde estuvieras jugando con sus hijos, si llegaba del mercado te regalaba una fruta, te daban agua. Todo eso que se hace en comunidad y en comunión con los otros está en mi poesía, está en toda esta reconstrucción de la memoria que he hecho a través del tiempo porque, obviamente, no me quedé ahí. Yo salí a los ocho años a vivir a la Ciudad de México de golpe y porrazo. Ese *shock* es un parteaguas, y es una cosa que marca también muchísimo el hecho de hacerme poeta porque, obviamente, mi lengua materna es el zapoteco y yo adquirí el español en las escuelas. Así que tuve que dejar de lado mi idioma de niña para integrarme donde yo estaba viviendo, donde estaba ya desarrollándome en otra lengua que yo no conocía pero que aprendí. Por eso me asumo como una poeta bilingüe también. Tuve acceso a esta educación en español, a esta educación occidental y eso hace que mi poesía sea rica en ese sentido porque me concibo y creo en dos idiomas. Y son dos posibilidades de creación, pero también de vida; soy una en una lengua y soy otra en otra lengua. Es muy bonita esta «esquizofrenia» de deambular de un lado a otro. Así que yo creo que me hice poeta por todo esto que me rodea, por todo este hachazo de romper con mi cultura y que después tuve que aprender a escucharme, a estar en silencio, a ponerme sobre el papel. Y eso fue lo que hice. Creo que la poesía, obviamente, no se estudia. Tú puedes leer todos los libros que quieras, puedes tomar talleres, pero creo firmemente, por los poetas que he leído, por los poetas que conozco y admiro, que es gente que en algún momento perdió todo o en algún momento se quedó sin nada y empezó a nombrar todo para recuperarse a sí mismo. Eso sería.

MANUELA: Perfecto. Muy interesante. Hay ahí ideas muy interesantes de esa comunidad, de esa tradición oral como dices tú, también, de ese choque entre pueblo y ciudad. Son temas que a lo mejor volverán a salir en la conversación. Y, Olga, ¿qué dirías tú a este respecto, de estos comienzos de la mujer poeta?

OLGA: Bien. Aquí hay un hilo que nos une, y nos une, probablemente, el haber nacido y el haber pertenecido a una comunidad de vida tradicional. Yo soy oriunda también de una pequeña localidad, de una aldea diminuta en el interior de Galicia. Soy hija de agricultores y nieta, bisnieta; es decir, hasta donde la memoria alcanza. Según mis investigaciones, por lo menos desde el año 1600 mi familia habita el mismo pequeño lugar. Es decir, hay esa herencia que viene de los trabajadores de la tierra, que está en mí, que forma parte de mí. Yo nací, por lo tanto, en ese contexto natural y antropológico, con una lengua materna que es el gallego y es en la que yo vivo, y en la que escribo, claro. Mi llegada a la poesía precede a mi llegada al poema. En efecto, tampoco creo que la poesía se pueda aprender. De hecho, creo que ni siquiera es un género literario. Yo creo que es una revelación y una *mousike*, como decían los antiguos griegos. Me explicaré: mi llegada a la poesía tiene que ver también con esa comunidad rural, con esa comunidad campesina. Yo fui una niña también que pasó de patio en patio, merendando en una casa y luego en la siguiente. Una comunidad, por lo tanto, de puertas abiertas siempre, y donde la tradición oral era, por supuesto, uno de los grandes saberes que estaban, en permanencia, presentes. De hecho, la primera vez que escuché un poema —porque, en efecto, el contacto de la poesía viene por esa tradición oral— no llegué por la escritura, sino por la escucha. La primera vez que escuché un poema fue en la voz de mi madre que estaba cocinando. Yo era una niña de aproximadamente tres años. Lo sé porque todavía no iba a la escuela —aquí se comenzaba a los cuatro años—. Y yo estaba con mi madre en la cocina mientras ella hacía la comida, y yo le escuchaba recitar romances tradicionales que ella había aprendido a su vez de su madre y de su abuela. Alguna vez recitaba dos o tres poemas que había aprendido en aquellas escuelas de la dictadura con aquel método de enseñanza memorístico. Y ella recordaba aquellos dos o tres poemas, los recitaba. Y yo tengo el recuerdo, muy presente, de pedirle constantemente a mi madre que me volviese a decir aquello. Yo no sabía ni que eran poemas, claro. Pero yo creo que lo que me fascinaba era precisamente la musicalidad. Y creo que aquella musicalidad está en mí de alguna manera, permanece en mí aquella fascinación inicial. En mi casa, además, no había libros. Era una casa humilde de labriegos, donde los únicos libros que había eran los libros de texto de mis hermanos mayores. No había bibliotecas cercanas tampoco. Yo comencé a acercarme a la poesía escrita al llegar a la escuela, hacia los seis años, aproximadamente, cuando ya uno sabe leer y tiene los primeros libritos de lecturas. Ahí descubrí que había más romances tradicionales de los que recitaba mi madre. Me aprendí muchos, yo misma, de memoria, y los recitaba de vez en cuando en casa, imitando también a mi madre. Una vez que ya me sabía de memoria todos aquellos textos a los que yo podía tener acceso, un buen día, alrededor de la edad de ocho años, decidí escribirlos yo misma para que no se me acabasen nunca. Es decir, que mi ejercicio poético viene de una carencia, viene de una sed, de una necesidad muy profunda, y que, por lo tanto, en efecto, no se aprende, sino que es una mirada sobre el mundo, es una actitud ante la vida, un ritmo, una revelación, vinculada luego, en este caso, a través de lo verbal, a través de la escrita [sic]. Aunque yo creo que realmente hay poetas que no escriben un solo verso y puede haber detrás escritores, que no haya mucha poesía. Esto es lo que yo opino al respecto. Y por supuesto, en la pregunta que hacías respecto a la relación con el entorno natural, obviamente, el hecho de nacer en una comunidad campesina marca absolutamente esa visión. Es el horizonte desde el cual una contempla el mundo, es el pequeño *omphalós* desde el cual visualizar el universo.

MANUELA: Exactamente. Mi segunda pregunta va por la línea de algo que ya mencionasteis sobre esos romances, o esa tradición literaria. Por eso os quería preguntar, en vuestra formación poética, ¿cuál fue vuestra relación con la tradición literaria o las tradiciones literarias de vuestro entorno? Si fue una relación conflictiva porque esa tradición os excluía por motivos de lengua o de género o cualquier otra razón, o bien si fue una relación enriquecedora, en la medida en que os aportó modelos, ritmos, imaginarios. ¿Quién quiere comenzar? ¿Natalia, por seguir el mismo orden?

NATALIA: Si tú quieres, sí. Bueno, todo lo que existe en el zapoteco, lo que queda después de la conquista, lo que sobrevivió, lo que permaneció en la memoria y que fue, por supuesto, transmitido de generación en generación, por eso alguien como yo puede hablar y puede escribir en zapoteco siendo de este tiempo. Pero todo lo que me antecede, los géneros propios del zapoteco, nos los platicaron, siempre es de boca a oído. Por supuesto que hay códices, por supuesto que hay estelas que hablan de toda esta enseñanza, de todo este vínculo con el cosmos, con la cosa calendárica de las fiestas, etcétera. Y hay algunos registros también que hicieron algunos curas. Fray Juan de Córdova, en el siglo XVI, hizo *El arte* [*del idioma zapoteco* (N. del E.)] y el *Vocabulario* [*castellano-* (N. del E.)] *zapoteco,* por ejemplo. Entonces ahí me doy cuenta de que sí existía la figura del poeta. Había librería, que se llama *lídxigui'chi. Lídxigui'chi* es 'la casa del papel'. Obviamente es un papel sobre corteza de árboles, como el papel donde los grandes fracuilos dibujaban, la gente más sensible escribía sus ideas. Pero todo tenía que ver también con el tiempo de sequía, con el tiempo de sembrar, el tiempo que tiene que ver con la vida y la naturaleza. Todo eso, obviamente, yo lo sé por la boca de los ancianos, por la boca de la gente que me antecede que son, pues, los sabios del pueblo. Yo aprendí todo esto. Por eso, yo también conozco el nombre de las plantas en mi lengua propia, el nombre de los animales, las canciones, las canciones de cuna, donde también nos enseñan el carácter, el carácter de las mujeres. Por ejemplo, ahora que hablabas tú sobre esta cuestión de la mujer, en el Istmo de Tehuantepec se presume que hay un matriarcado —hay muchos estudios sobre esto—, porque tenemos una independencia económica, porque tenemos una independencia... que no es de ahora, que no tiene que ver con un movimiento feminista ni mucho menos. Tiene que ver con una mirada del mundo y con un saber estar, porque somos mujeres comerciantes, porque somos mujeres con cierta autonomía. Yo todo eso lo aprendí hablado, contado, platicado, narrado. Y tampoco había un horario para eso: en cualquier momento, los viejos te dicen: «Ven, siéntate», y te empiezan a narrar algo. Así es como adquiero todo lo que sé, en mi propia lengua. No hay escuelas, solo hay esto. En este momento ya hay talleres. He hecho muchos talleres con niños para transmitir lo que sé, de una manera... no sé cómo llamarle, porque tampoco es que sea muy estructurada, ni mucho menos, pero, digamos, con cierto orden. También, esta calidad de enseñanza y de educación que yo tuve no la tienen los de ahora porque todo el mundo está conectado a un ordenador, todo el mundo está... viendo para afuera. Ya estos momentos que se daban con los viejos, de sentarnos a mirar la tarde, a platicar, casi no se dan... porque así es la vida, porque así es cómo van cambiando las cosas y cómo nos vamos adaptando. Y creo que los pueblos indígenas o los pueblos originarios de México han hecho esta adaptación, y es por eso que es posible que alguien como yo exista, escribiendo. Y también es una gran oportunidad, por ejemplo, esta cuestión del internet, esa posibilidad de conectarme con ustedes que están en otro país, que nos va a escuchar otra gente, también tiene su valía. Pero para la conservación sí necesitamos ir más hacia adentro y hacer ese trabajo, sobre todo los hablantes que somos los que estamos más interesados, los que nos preocupa que nuestra lengua continúe como esa flor viva, como esa cosa que hay que ir sembrando y seguir regando, todos los días, para que sigamos teniendo esta musicalidad, esta belleza y esta única mirada del mundo, también. Cada lengua concibe muy diferente. Yo que hablo zapoteco y he tenido convivencia con muchos amigos que hablan náhuatl, que hablan zoque, que hablan chontal, que hablan huave, que hablan me'phaa, tienen otras maneras de construir. Fueron paridas por otros troncos lingüísticos, entonces su manera de mirar es muy peculiar y creo que toda esa belleza el mundo merece conocerla.

MANUELA: Efectivamente. Hablamos de biodiversidad, pero también tenemos que hablar de diversidad cultural; una va con la otra, ¿verdad? Olga, ¿y cómo sería o cómo fue tu relación con las tradiciones literarias? ¿De conflicto? ¿Enriquecedora?

OLGA: Pues, a diferencia de Natalia, en Galicia, cuando yo comencé mi escolaridad, ya el gallego era una lengua oficial en Galicia y, por lo tanto, formaba parte del currículum de la enseñanza, con lo cual yo ya fui alumna de Lengua y Literatura Gallegas. Lo cual, por supuesto, es muy enriquecedor y autoafirmador. Esto es muy importante porque, nosotros, en mi generación, ya crecimos con unos modelos literarios propios, en la lengua materna, que se estudiaban a la par que estudiábamos la tradición literaria española, con las dos lenguas cooficiales en Galicia. Por lo tanto, mi relación con esa tradición literaria, propiamente gallega, lo que hace es autoafirmarse, enriquecerme y, además, sentar una base. Creo que hablo por mí y que hablo por cualquier escritor gallego o escritora gallega, claro. Nosotros tenemos esa larga tradición que viene desde la Edad Media, con esos códices medievales que contienen una parte sustancial de nuestra poesía en gallego-portugués y que constituyen nuestra prehistoria literaria, que luego se renueva en lo que nosotros llamamos el *Rexurdimento*, el 'resurgimiento', en el siglo XIX con figuras tan extraordinarias como la de Rosalía de Castro, que es la gran madre de las letras gallegas, pero, al mismo tiempo, una gran autora también en lengua española. En Rosalía ya están esas dos tradiciones literarias, en ella confluyen, por ella hablan, dos voces muy diferentes, pero que, al mismo tiempo, están alimentando dos vías culturales. Esas dos tradiciones tienden a enriquecer nuestro discurso. Aunque hay que decir que en Galicia, precisamente por una cuestión de defensa de nuestra cultura frente a la cultura del Estado, que tiende a oprimir a la cultura escrita, concebida, creada en la lengua minorizada —que en este caso sería el gallego—, los intelectuales, los escritores gallegos, yo creo que en su mayoría, hemos tomado una decisión muy consciente de crear en nuestra lengua materna, aunque todos somos capaces, también, de ser creadores bilingües, creadores en las dos lenguas. Pero, desde luego, creo que es una decisión muy consciente, es una decisión política, claro. Es un posicionamiento ideológico muy claro en favor de la conservación de la lengua y de la cultura. En todo caso, para mí, en concreto, la tradición literaria española me enriquece como cualquier otra tradición literaria. Es decir, creo que en Galicia, y por lo menos desde lo que conocemos como *Xeración Nós* en los años 20, hemos tenido siempre una enorme vocación universalista; es decir, una gran apertura, una lectura plural, abierta y diversa, de muchas tradiciones literarias que han venido a enriquecer la nuestra, en igualdad de condiciones, digámoslo así. Por lo tanto, en efecto, es una ecología lingüística y una ecología cultural.

MANUELA: Efectivamente. A veces, es cierto que se puede dar un poco la situación del abrazo del oso, que puede resultar un poco asfixiante porque las relaciones de poder nunca son iguales. Por esa razón, necesitamos estrategias de apoyo y de lo que se llama, en ocasiones, discriminación positiva. Siguiendo por la misma línea, pero en lo relativo a la traducción y la autotraducción, la siguiente pregunta es sobre cómo hacéis para presentar en un ámbito tanto nacional como internacional vuestra poesía escrita en vuestras respectivas lenguas vernáculas, ya que habréis tenido que recurrir al español o a otras lenguas. Quería preguntaros si os traducís vosotras mismas cuando hacéis eso o si empleáis traducciones de vuestra obra hechas por otros poetas o por traductoras, por ejemplo. ¿Cómo es ese encuentro entre las lenguas? ¿Hay un choque, una confrontación, o bien una interpolinización? ¿Hay un reconocimiento de algún tipo de familiaridad o es una sensación de extrañeza?

NATALIA: ¿Voy yo?

MANUELA: Seguimos así, pero cuando queráis cambiamos el orden.

NATALIA: En el caso de las lenguas indígenas, de las lenguas originarias de México, nosotros mismos, los escritores contemporáneos, digamos, los de ahora, hacemos nuestra propia traducción. Como tuvimos esta educación en español… Porque mi lengua para la vida, para bailar, para conquistar, para decir, para cantar… fue el zapoteco. Pero para la escuela fue el español. Así que lo primero que yo empecé a escribir —que me enseñaron a escribir— fue el español. Después, yo aprendí el zapoteco con el alfabeto latino, y con algunas cosas que, por ejemplo, el español no tiene, como las vocales quebradas. Hay cuatro tipos de vocales porque es una lengua tonal. Y, por supuesto que, a la hora en que te traduces, la musicalidad se pierde. Esa musicalidad que, si al rato hay tiempo de leer un poquito nos vamos a dar cuenta, el zapoteco es una lengua muy eufórica, llena de subibajas —no tanto como el chino…, pero sí—. Hay un ejemplo muy interesante de alguien que no se tradujo, que es como uno de los primeros, de los pioneros que empezaron a escribir, en los años 20, en los años 30. Francisco Valdivieso se llamó un poeta juchiteco que, además de escribir con toda la belleza de la lengua, tiene un conocimiento muy profundo de su propia lengua. Así, algunas metáforas, muchas alegorías, aparecen en su poesía que es muy bella y que, por momentos, es triste, porque habla mucho sobre la muerte, sobre la ausencia —como siempre los poetas—, en fin, estos temas que nos son universales. Pero a mí me gusta mucho este ejemplo; él tenía un pseudónimo que era Pancho Nácar, y este señor, este poeta, nunca se tradujo al español. Por eso yo creo que ahí él abrió una puerta para que siguiéramos en forma monolingüe. Pero también hay otros ejemplos de escritores que salieron a estudiar a la Ciudad de México. Hay otra generación, muy intelectual, que se preocupó por compartir también el pensamiento zapoteca. Buscaron algunas editoriales, buscaron vincularse con Octavio Paz, con los refugiados españoles que llegaban a la ciudad de México. Tuvieron una relación estrecha con intelectuales que tenían una mirada más universal, y la mirada de ellos. Entonces ellos enriquecieron el panorama cultural tanto del XIX como de este siglo, pero también abrevaron de otras culturas; fueron muy cercanos de los surrealistas, a todas estas vanguardias de los siglos XIX y XX. Eso fue muy importante porque los que vinimos después tuvimos también esa apertura, ese pensamiento. Al menos, en lo que se refiere al Istmo de Tehuantepec o a los zapotecas del Istmo de Tehuantepec, somos muy muy muy abiertos; nuestra geografía nos ha permitido tener contacto con muchos viajeros del mundo. Y esa apertura nos ha permitido el preocuparnos y ver qué hacen los otros, ser curiosos. Por eso todos los escritores actuales de lenguas originarias escribimos en forma bilingüe. Andrés Henestrosa —un poeta que es un clásico nuestro— decía que en el momento en que él escribió *Los hombres que dispersó la danza*, que fue muy elogiado por muchos escritores, como Octavio Paz, escribió *El retrato de mi madre*, una novelita muy pequeña, que en la introducción escribió Paz, reconociendo la riqueza cultural y la riqueza lingüística que había en ese escrito. Yo lo conocí, él vivió 102 años, y era amigo mío. «Mi amigo más joven», le decía yo. Era muy divertido, con un humor extraordinario. Es como nuestra Rosalía de Castro, un clásico de este tiempo. Yo le decía: «¿Por qué no escribiste en zapoteco? ¡Tú inventaste el zapoteco!». Él tenía una cultura increíble; en todos los idiomas, porque formó parte de la Academia de la Lengua. Él me decía que, en ese momento en que su generación comenzaba a escribir, no estaban preparadas las editoriales para una lengua originaria como para asumir ese riesgo de publicar únicamente en una lengua… Nadie… Porque hemos aprendido a hablar en nuestra propia lengua, pero, de alguna manera, somos analfabetos en nuestra propia lengua. Es algo que hemos aprendido con el tiempo, y ya hemos cambiado eso. También tiene que ver con que es como una resistencia, porque lengua y territorio van de la mano. Es cómo construyes. Y ahí está esto que tú dices acerca de la relación que tienes con una geografía específica. Mi poesía está llena de mar, de pájaros, de frutas del trópico. ¿Por qué? Porque yo nací ahí. Entonces todo ese mundo canta a través de mi poesía y de mi cuerpo. Y sí, yo me asumo completamente bilingüe.

MANUELA: Perfecto. Entonces, le preguntaré a Olga. Sé que traduce, pero quería preguntarle si se autotraduce a otras lenguas.

OLGA: Es una gran pregunta y, desde luego, un tema de una enorme complejidad porque la traducción siempre es un extraordinario viaje. En mi caso, yo sí me he autotraducido.

Obviamente, creo que cualquier escritor gallego es capaz de llevar sus palabras al castellano, con mayor o menor fortuna, porque ahí ya entramos en otra asunción del lenguaje y de la música del lenguaje. Yo sí traduje una parte de mi obra para realizar esa antología a la que tú aludiste en la presentación, Manuela, *Los líquidos íntimos.* Y por esa experiencia que tuve de autotraducción, decidí no volver a hacerlo, por lo siguiente. En primer lugar, no tenía la distancia suficiente. Yo he traducido, no mucho, pero sí que he traducido a otros autores. En el caso de la autotraducción, no gozaba de esa distancia y, por lo tanto, también se me imponía la ausencia de distancia lingüística. Es decir, que en algunos momentos se imponía la musicalidad del gallego y me resultaba difícil encontrarla en el castellano y me frustraba, realmente. Y, además, hay otra dimensión que tiene que ver precisamente con el origen del que hablaba ahora Natalia de su poesía, a través de la cual cantan esos pájaros, de su territorio y toda esa naturaleza. En mi obra cantan los aperos de labranza de mis padres y de mis abuelos. Todo ese léxico agrario, que es muy difícil de trasladar en otra lengua, por muy próxima que nos resulte, como es el caso del castellano y del gallego que, a fin de cuentas, vienen del mismo origen, son dos lenguas latinas y, por lo tanto, muy próximas. Aún así, yo tenía serias dificultades para trasladar esa musicalidad que tienen esos aperos de labranza cuando chocan entre sí en las palabras del texto poético y trasladarlo a otra lengua. Y en mi última obra, *Feliz Idade,* opté por buscar, por lo tanto, un traductor que hiciese ese trabajo. La persona a la cual recurrí no era tampoco cualquier traductor, era también él mismo poeta y es un poeta bilingüe. Se inició como poeta en castellano y ahora es poeta también en lengua gallega. Por lo tanto, me aseguré de que el traductor tuviese la música de las dos lenguas. Tiene un gran recorrido como traductor. Se llama Xoán Abeleira —tengo que decir el nombre— y, además, conocía a la perfección mi obra poética y mi mundo poético. Por lo tanto, yo ahí me sentía muy segura, en esas manos de ese traductor delicado y muy perfeccionista. Pero, como digo, la dificultad está en el traslado de la musicalidad y también en el traslado de una visión antropológica. En efecto: nombramos el mundo de otra forma. Entonces, no es solo trasladar un léxico concreto o hacer una traducción literal de un texto, sino ir a la base antropológica que compromete al texto poético, buscar la música profunda que pueda trasladarse a la otra lengua.

MANUELA: Perfecto. ¡Qué experiencia más interesante!, porque has probado un poco las dos posibilidades: la autotraducción y que te traduzca otro poeta. Desde luego, tiene que ser poeta para que te traduzca, ¿verdad? Yo, que he trabajado en traducciones, siempre busco poetas para que traduzcan a otros poetas. Prefiero que pierdan, a lo mejor, un poquito en exactitud, pero que ganen en esa soltura. Como dicen los mismos poetas: el poema, incluso traducido, tiene que funcionar como poema —y no solamente como traducción—. Bueno, ya nos estamos quedando sin tiempo porque es prioritario que leáis vuestra poesía. Quizá, os preguntaría sobre las escritoras que más han influido en vuestra formación literaria y lo que más admiráis en ellas.

OLGA: Yo creo que la escritora que más me ha influenciado es mi madre. No diría escritora, sino la poeta que más me ha influido porque, si, como he dicho antes, la poesía es un ejercicio del ritmo, una visión y una forma de estar en el mundo, sin duda ninguna, la hipersensibilidad de mi madre es mi gran referente, claro. Una mujer que acudió muy poco a la escuela y que, probablemente, si hubiese tenido esa cultura académica —digámoslo así—, estaría ella hablando hoy con vosotros y no yo. Por lo tanto, vaya esto por delante. Es decir, la gran influencia poética no tiene que ver con el texto escrito, sino con esa actitud ante la vida. Pero si vamos al hecho del poema, por lo tanto, ya de la escritura, ahí podría citar, por poner algunos ejemplos, muchísimos nombres, pero por supuesto, Rosalía de Castro. Para todas las escritoras gallegas es nuestra gran referencia, nuestra madre simbólica. De alguna u otra forma a ella acudimos y ella está en nuestra poesía, reescrita en múltiples formas, pero está ahí. También me reconozco en la voz de otra radical solitaria como es Emily Dickinson. Sin duda, también en la voz oracular, que bebe del sueño surrealista y de la visión, de Olga Orozco, por ejemplo.

MANUELA: Perfecto. Muy interesante. Ya tenemos también una pasión en común por Emily Dickinson. Entonces, Natalia, ¿qué escritoras o mujeres han influido en tu formación literaria y por qué?

NATALIA: Yo quería decir algo antes, sobre la traducción, una anécdota. A nosotras nos citó mi padre que tuvo algunas editoriales para poesía, para textos históricos, etc., a un grupo de mujeres, para traducir las *Fábulas* de Esopo. Para que vean lo curioso de las lenguas y cómo se piensa. Llegamos, una chava que también es zapoteca pero de otra región; yo, del Istmo de Tehuantepec y ella de la sierra oaxaqueña. En algún momento, la fábula dice de un campesino que está ya grande, recogiendo leña, y lo coloca en su espalda y ahí va, caminando, hasta que en un momento dice: «¡A la chingada todo esto, me cansé! Cómo deseo que viniera la muerte». La muerte se aparece, abre los ojos y dice: «No, no, gracias. Te puedes retirar», y la muerte le dice: «Pues, a tus órdenes». Y la muerte se va porque él le dice: «No, gracias», y recoge otra vez la leña, así como: «Bueno, siempre prefiero seguir viviendo aunque la vida sea pesada». Y, de hecho, esa es la moraleja. Entonces, la fábula de Esopo dice eso. Yo cuando hice la traducción me ceñí a eso, a lo que se dice que dijo Esopo. Fue muy interesante porque esta compañera puso todo, que el campesino, cansado de cargar, tira la leña, invoca a la muerte, se asusta y la muerte se va «a su casa». En ningún momento dice Esopo que la muerte se vaya «a su casa» ni que la muerte tenga casa. Entonces yo le dije que por qué puso que la muerte se va a su casa. Y ella me dijo que desde el punto de vista de los zapotecas de su región, nadie se puede ir a cualquier lugar, tienes que ir a alguna parte. Entonces, está por un lado cómo pones eso en la traducción pero, por otro lado, esa es la belleza en una lengua. Ahora, en mi caso, coincido muchísimo. Olga Orozco, para mí, es una de las mujeres que más me han emocionado y más me han apasionado, desde siempre, su poesía. Esta posibilidad de haber aprendido y hablar el español me permitió conocer a estas grandes mujeres que son una maravilla. También, en las lenguas originarias de México, hay una muchacha que se llama Enriqueta Lunez, que es de Chiapas, que me gusta muchísimo su poesía. Es mucho más joven que yo. Y hay una mujer maya, Briceida Cuevas Cob. Algo que me gusta de las mujeres que escriben es que somos mucho más gozosas también, aparte de que hablamos de nuestro cuerpo, del territorio, no dependemos, tenemos como ciertas temáticas y también tenemos humor. A mí una de las cosas que más me gusta dentro del caos, dentro de lo difícil que es el arte de vivir, es también saberse reír. Así, para mí, una maestra mía es mi abuela, mi mamá, todas las mujeres de mi pueblo, las curanderas, las mujeres que llevan los rituales en su cabeza, de memoria, y los llevan a cabo y te los van enseñando. Dependiendo de si hablamos de los linderos, si hablamos de curaciones, cómo se cura la tristeza, cómo se cura la ausencia… Y cómo se nombra. Por ejemplo, la tristeza se llama *xilase*, y tiene que ver con que tu corazón se adelgaza. Y así… Desde el nombrarlo ya es una concepción muy diferente. Y siempre con hierbas que se cura, con flores, en ciertos lugares, en ciertos espacios, en el mar, en el campo… Esas son mis maestras.

MANUELA: Efectivamente. El humor es tan específico de cada sitio, está tan unido a esa comunidad en la que surge, y tiene difícil traslado a otras lenguas y otras culturas. Bien, ahora es vuestro momento para que leáis vuestros poemas en las lenguas autóctonas, en traducción también si queréis. Si los organizadores nos permiten, podrán ser siete o diez minutos más o menos. ¿Quieres comenzar tú, Natalia? ¿Tienes tus textos a mano?

NATALIA: Sí. Bueno, este es de *El dorso del cangrejo, Deche bitoope* en zapoteco. Voy a empezar esto para destrabar mi lengua:

Riuunda' ndaaya'

Runibangurizára gurí jñaabiida'
ne cuananaxhibitooxhamiga' Cándida,
runiguirá' yoodexa
ne gudxabasooxiiña' guya' ne ca'.
Runilindaanatéguca' xluuna'
ne luba' guiichibigaa cue' lidxe'.
Runi ca xigaguetabitopalújñaa
ndaani' ca guendaxhela' ragadxé tu cachagana'.
Runi ca dxibisiguchigubidxaguichaíque'
ne ora guxidxe' ruchundua' lúbiquiixhunexhe' lu
sidiyaachi.
Runi ca bandabiaani' gui'di' cue' yoo

ne ora biladica' biraca' gueela' lumexa' bidó'.
Runidaabizeenisaxquixhi',
runi ca yaga ca biequendaani' nisanacabixigui'.
Runiguirá ni bizaya' ti gandaguibane.
Naaruunda'.

Oración

Por la silla de ruedas de mi abuela,
por los mangos verdes de mi amiga Cándida.
Por las casas de ladrillos
y su húmedo bermellón.
Por los pretiles grises de mi cuna,
por los órganos de espinas
creciendo en las paredes.
Por los jicalpextles que acumuló
mi madre en las bodas ajenas.
Por esos días en que el sol bronceaba mis cabellos
y mi sonrisa era el brillo cegador de una costra salina.
Por las fotografías pegadas sobre el pliego de cartoncillo
y su viaje repentino al altar de los muertos.
Por el petate y su cartografía de orines,
por los árboles torcidos sobre el estriado del agua.
Por todo lo que inventé para tener una vida.
Yo canto.

¿Sigo? O hacemos una y una, como en la película de Pedro Infante.

MANUELA: Pues no es mala idea. ¿Qué te parece, Olga?

OLGA: Perfecto. Vamos allá.

Coa miña pel podes facer enxertos nas mazairas.
Algunhas conservan estirados os nomes que gravei a navalladas
tódalas tardes ó volver da escola.
Acostumada a tirar por un poema como por un becerro
cando se lle ven as patas,
cando xa non se está en idade de medrar
toda maduración require un desgarro de tendóns
entón é cando corren polo meu peito rabaños de cabras
que non se dirixen a ningunha parte,
sóbenme ás paredes desde as que te vexo,
arrancan coa lingua o pasto mentres te vas.
O tacto dos teus violíns faime chorar terriblemente.
E case non podo soportar que as túas mans me acariñen
como a la dos xerseis que me facía a miña nai cando era nena.
Pero coa miña pel
coa miña pel podes facer enxertos nas mazairas.

Con mi piel puedes hacer injertos en los manzanos.
Algunos conservan estirados los nombres que grabé a navajazos
todas las tardes al volver de la escuela.
Acostumbrada a tirar por un poema como por un ternero
cuando se le ven las patas,
cuando ya no se está en edad de crecer
toda maduración requiere un desgarro de tendones
entonces es cuando corren por mi pecho rebaños de cabras
que no se dirigen a ninguna parte,
me suben a las paredes desde las que te veo,
arrancan con la lengua el pasto mientras te vas.
El tacto de tus violines me hace llorar terriblemente.
Y casi no puedo soportar que tus manos me acaricien
como la lana de los jerséis que me hacía mi madre cuando era niña.

Pero con mi piel
con mi piel puedes hacer injertos en los manzanos.

NATALIA: Este tiene un epígrafe que dice:

Quechigusiandu' lubá' naca beendayaniñee ca dxigucu'
ba'du'.

Zabeliixiixalá?
Xabadudxaaapa' huiini' guxubiná ti bidxiñaxa'na' bacaanda' xiñá'
[rinisti' yaga biidxi qué
napa ti ngolaxiñecayoyaanezarinicuxooñe' ladi.
Ti esi' na'si' ndaani' xhaba' nutaaguna' nisasidilaa.
Dxígúca' ba'du'
nabéguyuladxe' saya' ndaani' beñenjiaaruquiiguiiña' ruguulade
[bicuiniñee'
ti gusiandaraguchezabeñe.
Nganga ca dxi guiruti qui nuguu bia' naa
purtibinnixquidxe' tobisidiidxa' guní' ne ca za.
Zabe lii sti' diidxa' lá?
Gunaxhie' lii purti qui ninalú' ñananeubandá' biluí' bizéstine lii
ne guyelu' ndaani' yooesió'chi' xquipe'
bie'nu' xiñeebichaagúca' stobi
binibia'lu' tu naa ne laacagunnu' zandachu' guendanayecheranaxhii.
Na lu': Gudxinaa xi saabisiasi ne cabe lii
ya, gunie': Nuujmádiidxa' nacabeenda' galaa deche' caní' huahua'
ma girutiriniéniá'
ma bisiaanda' diidxa' guní' ca ni qui ñapadiidxa',
ma bilué tu naa
ma bixhiaya' lua'.
Bandá' stineriní' ne guirá ni ma guti

bi bixhele' ca xpiidxe'.
Ne dxi biluuzaxcúbisuhuanecabenaa
guzaya' ne ma
qui ñuu dxi nudxiguetalua'.

No olvides el bejuco de serpientes en el tobillo de tu infancia.

Te digo una cosa
de aquella inocente que acariciaba el venado bajo la púrpura del

[almendro

solo queda un escorpión que atenta contra sus venas.
Una huella hundida en su propia ropa
cubierta de agua salobre. Cuando era niña me gustaba caminar en el
lodo
mi madre metía entre los dedos de mis pies chiles asados
para cicatrizar las heridas,
en ese entonces era eterna
porque mi linaje hablaba con las nubes.
Te digo una cosa más,
te quise porque no te conformaste con la imagen que te ofrecía mi pozo
y fuiste a la casa de mi ombligo
y entendiste porque tuve necesidad de ser otra.
Conociste quién era
y cómo entre tanta maleza también hubo felicidad.
Dijiste: Dime de qué canciones está hecha tu cuna.
Sí, dije: Hay una babel enroscada sobre mi espalda
pero ya no hablo con nadie
dejé de hablar la lengua de los silentes,
he revelado mi signo
ya no tengo rostro.
Mi retrato es un soliloquio con todo lo que dejó de tener vida,

el viento desarticuló mis semillas.
Cuando mi raíz hizo crac
me fui caminando sin volver la vista.

OLGA: El próximo poema que paso a leer se titula *En min e en todas;* es decir, *En mí y en todas.* Abre con una cita de Rosalía de Castro. Así, recogiendo el guante de la empatía, lo he llevado al terreno de la sororidad, al terreno del diálogo con otras mujeres.

En min e en todas

Nalgún poema pasei frío e pasei fame
sentín padecementos que non eran meus
cos vosos fillos metidos no ferrado
coas vosas criaturas enriba dunha mula
cos vosos bebés nunha caixa de cartón
coas vosas crías ao lado da lareira.
Nalgún poema pasei frío e pasei fame
rompín xeo coas maus para ir lavar á laga
con aquel xabón que non facía escuma
fabricado
con pingo e sosa cáustica e unha gota
sutil
de amor.
Nalgún poema caeume leite aos pés
en canto sentín garnexar a miña filla
e no alto da noite deilles de mamar a nenos doutro tempo
agarrados ao instinto de succión
coma quen apreixa os beizos contra o ar para extraer a luz do día.
Nalgún poema pasei frío e pasei fame
sentín apedrar o trigo contra a carne quedar por portas

apañar garabullos na memoria
prender o lume e ir por sono á fonte
pra que durman os fillos da pobreza.
Nalgún poema subiume o leite aos peitos
como ascende a palabra ata o cerebro
agateñando igual ca un gato nun bosque de glándulas
e fun tódalas mais que son mais dos meus fillos.
Nalgún poema pasei fame e pasei frío.

En mí y en todas

En algún poema pasé frío y pasé hambre
sentí padecimientos que no eran míos
con vuestros hijos metidos en el ferrado
con vuestras criaturas encima de una mula
con vuestros bebés en una caja de cartón
con vuestras crías al lado del hogar.
En algún poema pasé frío y pasé hambre
rompí hielo con las manos para lavar ropa en la poza
con aquel jabón que no espumaba
fabricado
con grasa y sosa cáustica y una gota
sutil
de amor.
En algún poema se me cayó leche a los pies
al sentir el llanto de mi hija
y en lo alto de la noche di de mamar a niños de otra época
agarrados al instinto de succión
como quien aprieta los labios contra el aire para extraer la luz del día.
En algún poema pasé frío y pasé hambre
sentí cómo el granizo destrozaba el trigo contra mi carne

y así al quedar sin nada
recoger alguna rama en la memoria
con ella encender fuego e ir a la fuente a por sueño
para que duerman los hijos de la pobreza.
En algún poema me subió la leche a los pechos
como asciende la palabra hasta el cerebro
trepando como un gato en un bosque de glándulas
y fui todas las madres que son madres de mis hijos.
En algún poema pasé hambre
y pasé frío.

NATALIA: ¡Bravísimo! Yo, para cerrar, quiero leer este poema, pero, como es largo, quiero leerlo en español. ¿No hay broncas? Lo leo en español. Se llama *El dorso del cangrejo* y es el que le da el título a este libro mío. Dice:

Un tlacuache atraviesa el cielo de mi casa
sus manos con olor a sandalias
hablan de un gladiador nocturno que toca el sexo de las mujeres y lo
huele.
En mi sueño alguien de lado derecho
arroja monedas de plata en una cubeta prístina
¡ah!, el sonido de la niñez.
Soñarás con mierda y tus antepasados te dirán «es la fortuna»,
guarda esa mano en la bolsa de tu lado izquierdo
la música de lado equivocado;
nací con dos vertientes: la palabra y la melodía del zapoteco,
para amar usé siempre mis dos hemisferios.
Te extraño, y tú solo conoces
el bosque oscuro de lo efímero,
el clic de un ojo que se abre para arrancar un trozo de algo

y se cierra de inmediato,
como un caparazón clausura lo que siente;
una moneda caliente en la espalda
una risa a horcajadas
una cultura de la burla
un animal libre, no tanto,
también los animales obedecen a designios ancestrales
la repetición sin saber por qué,
la luna con su dibujo de leche
con su conejo mirando las desgracias
ahí donde la mirada en la distancia parece unirse.
Un mono espinado,
cómo quitarse las espinas si se cae sobre una pitahaya,
mientras se quieran quitar las púas más astillas se tienen.
¿Alguna vez fui feliz?
Sí, cuando llovía y una mano oscura me servía
en un plato hondo una sopa de fríjol que crece
a la orilla del pueblo de las jícaras de oro,
cuando alguien con el nombre de espejo
se quedaba a mi lado,
cuando izaba un papalote y lo perdía de vista,
es cierto, lo que se eleva en tus narices cae;
cuando libraba el cinturón del tío zapatero, cuando amanecía y lo único
que tenía
era el grito de un cochino
que antes había visto atado de las patas en el
desfiladero jocoso de la muerte,
¿hacer cola para que te sacrifiquen?
Liviandad para el papel,
pero una llanta pasa y te marca para siempre los zapatos.
Conozco de conjuros:

sé cómo quitar la tristeza,
cómo quitar la obsesión, sé quitar el miedo:
si me entierro a la orilla de un río
y alguien pasa sus testículos sobre mi cabeza,
si me siento frente al mar
y localizan mi pulso perdido: lylyly, pé, pépé,
si me escupen anisado en la cara
si con el viento me retiran la arena de los ojos
si me llenan de sapos
si pongo mi vientre sobre la tierra mientras tiembla.
Si interpreto mis sueños como me lo predijo
la vieja que me cantaba de niña: ponle nombre a tu tristeza,
para conocer el rostro de lo que añoras,
para hablar de melancolía se necesita tener en la palma de la mano
la historia y sus cuentos,
se necesita, entre otras cosas, una hamaca
y perder las horas como péndulo.
¿Qué es el tiempo?
Una madre moribunda,
un padre desdichado,
la orfandad que nos hizo piedra,
un rezo en la montaña,
hacer el amor con quien no te desgrana.
Yo vi tus ojos tristes de gato
paladeando una posibilidad que no construyeron,
solo quise huir,
solo quise huir.
Porque mi éxodo comenzó a los ocho años
y donde yo vivía no era yermo,
había comunidad, cohetes y su estremecimiento,
había libertad que no es otra cosa más que creer en los otros.

Yo estuve peleada con mi tradición,
no quise que me desvirgara una mano llena de alcohol,
no quise demostrar nada:
nunca fui virgen, siempre fui habitada por fantasmas
que asaltaban mi catre de yute,
tampoco quise que mi sangre fuera pura.
Conozco de la Conquista y sus promesas,
me peleé con el chocolate y el mole,
para despegar las costuras con que me cosieron los párpados
tuve que alzar una antorcha que nacía de mi vientre,
incineré mi cuerpo para creer en la justicia
y me topé con la ignorancia,
la novedad que quise abrazar me mostró su oropel
y mi espalda me devolvió el dorso del cangrejo.
Irme para volver siempre
¿Qué pasa si uno se queda con su ignorancia?
¿No es mejor sufrir un propio inventario?
Ahora, sin puerto, sin balsa, sin morada,
me refugio en el silencio:
un estado en coma.
¿A qué se parece mi felicidad?
Soy una mosca,
un punto sobre una hoja de almendro
a punto de partir, a punto de parir,
soy un zumbido en la oreja de la memoria,
yo también tatué a la memoria.
Un resquicio por donde no entrará la levedad,
por donde no caminará la inocencia.
¿Qué es ser indígena?
Una ingenuidad de leña,
una apuesta, un velamen de barbas crecidas

con la grandeza de una mirada del mundo,
despeñadero
nunca más un sitio,
un guarache de cuero en forma de araña sujeta a los pies,
una bolita de sal acumulada,
un cuerpo para siempre incompleto.
¿Qué es la historia del mundo?
Un ojo que llora su desamparo.
Lo saben las flores, lo saben los pueblos.
El día que nos contaron otras historias aparentemente más felices
ese día abandonamos nuestra suficiencia
para entregarnos a una repetición sin fin,
ahora lo sabemos
solo que ya nos agarró la tarde.

OLGA: Bien, pues, voy a terminar la lectura con el poema *Anquises.* Anquises, como se sabe, es el padre de Eneas, quien, en la guerra de Troya pretende salvar a su padre llevándolo a cuestas, huyendo de una guerra, una guerra ancestral que yo he transformado en mi poema en la imagen de la vejez. Este texto está dedicado a mi padre y habla, precisamente, de la etapa final de su vida. Él padeció de la enfermedad de Alzheimer, una enfermedad de la desmemoria, que es una enfermedad que no solo aqueja a las personas, sino también a las culturas y a las lenguas. Entonces, en este *Anquises* está mi papá y están muchas lenguas y muchas culturas, y la memoria de un mundo que se nos deshace entre los dedos. Es un poquito largo también. En este caso, yo me voy a permitir leerlo en su versión original en gallego.

Anquises

Arrastras os pés, papá
lévote cos ollos ao carrelo
porque tentas fuxir da vellez coma dunha guerra ancestral
eu súbote ás miñas vértebras
cambadas polo peso
arrastras os pés pero eu podo contigo
e lévote ao carrelo
ata o final da vida.
Arrastras a linguaxe e non che vén
á memoria un verbo
que aniñaba na parte esquerda do cerebro e eu
completo a túa frase coa palabra arar querer sachar tractor ou balboreta
[arrastras
a mente cara ao pasado
e só lembras aquela feira de 1952
cando lles caeron os cascos aos bois volvendo de Pedrafita
e lles sangraban os pés no río
a súa cornamenta aínda se abre nalgunha das túas neuronas
e volves ser un tratante de gando corenta anos despois.
Eu non sei ata cando lembrarás inda o meu nome
e saberás aínda que son a túa filla.
Descoñezo como se enrodelan as terminacións nerviosas
e se crispan e ás veces atopan unha luz silábica
que lles indica o camiño.
Como é que de súpeto non sabes talvez
que había que pór un pé diante do outro
para poder soñar
e que se arrodeas unha muller cos brazos iso é amor
e todo o demais

desaparece.
Porque así de sinxelo é o Universo.
Como o pequeno lexema ao que te agarras algunha tarde
coma se fora o mango dunha gadaña.
Ti
que fuches un orador no medio do agro ante un público estupefacto
de corvos grilos toupas ovellas e libeliñas
Ti
que tiñas a intuición do poema na punta da lingua
e explotábache no ceo do padal coma un figo maduro
carnoso exacto e brutal.
Que sabías que na nosa lingua o trigo se deita
ante unha orde do vento
que a rama das patacas arde
que existen cousas tan finas
coma a lingua dunha pita...
E só lembras aquela feira de 1952
cando lles caeron os cascos aos bois volvendo de Pedrafita.
Papá
como será
cando se che despalatalicen as consoantes
e vexas chover desde dentro sen entender a auga
e remexas a lingua ata atopar a forma máis adecuada
e sorrís porque sabes
que aínda non caíches definitivamente
na curva melódica do silencio.
Lembras
con toda exactitude
que mamaches ata os cinco anos nos peitos da mai Benigna
que parira dazaseis fillos no último cuarto da casa
agarrada á branceira rezándolle a algún santiño

rompendo tódalas augas coma quen escacha un océano…
Eu penso que a podes ver ata cos ollos abertos
espalancados ao alén
cando ficas absorto e ninguén alcanza a saber
en que dimensión da marabilla está pousado o teu cerebro
coma as patiñas pequenas dun paporroibo riba da galla dunha pereira.
Igual ves a neve por dentro
a estrutura molecular do amor
as partículas dun bico cando se está formando na carne dos beizos e o
ar
igual ves
a enerxía
e non atopas no abecedario
ferramentas para o inefable
e por iso calas ou lle chamas culler á lámpada
e te trabas no medio da oración simple
e comezas a falar fermosamente poñendo por diante a subordinada.
Porque á fin
papá
te dirixes a min sen orde nas túas ordes
e desfás a sintaxe igual que debullabas fabas
e todo cobra o senso profundo daquilo que non ten lóxica
nin está sometido a nada.
Igual ves a neve por dentro
igual entendes a sombra
e es quen de calcular o raio dunha paixón
aínda que o resultado non poida comunicarse
máis que a través da pel.
Igual ves como vén cantar o poema no caracol do oído
e lle ves esvarar do peteiro ese po dourado
e caerme no tímpano

cando empezo a chorar coa emoción da escritura.
Igual ves como se me encolle a alma
cando se che encolle a túa.
Igual ves como vén cantar o poema no caracol do oído
e lle ves esvarar do peteiro ese po dourado
e caerme no tímpano
cando empezo a chorar coa emoción da escrita
e ti só lembras aquela feira de 1952
cando lles caeron os cascos aos bois volvendo de Pedrafita.

MANUELA: Maravillosos poemas. Olga Novo, Natalia Toledo, muchísimas gracias por compartir con nosotros los versos, las reflexiones. Algún día me gustaría que escribieseis algo en colaboración las dos. Pueden parecer mundos muy distintos el zapoteco y el gallego, pero creo que sabríais buscar, como hoy, puntos de encuentro. Y, como decíais, comentando vuestros versos, no debemos perder esa memoria, esa memoria que decías, Olga, se nos deshace entre los dedos por lo que tenemos que luchar para conservarla... O como decía Natalia, ese zumbido en la oreja de la memoria, para poder seguir oyendo ese zumbido. Muchísimas gracias. Desde luego, ha sido una ocasión muy afortunada también para el festival «Paris ne finit jamais» que estuvieseis hoy con nosotras. Muchas gracias. Adiós.

OLGA: Muchas gracias a vosotros.

NATALIA: Gracias a ustedes. Un gusto. Un placer muy grande.

Un canal navegable: la travesía del libro a la pantalla

HÉCTOR ABAD • FERNANDO TRUEBA

Conducido por **Sergi Ramos Alquezar**
(Universidad de la Sorbona – CRIMIC, Francia)

París ofrece traslados capaces de cambiar de medio y, aún así, no hacen más que fluir. ¿Cómo se produce el mágico paso de una novela a la gran pantalla? ¿Cómo se traducen esos códigos dejando intacto lo que verdaderamente cuenta? Ante la alta expectación que está generando en el público espectador francés la última película de Fernando Trueba, el profesor de la Universidad de la Sorbona, Sergi Ramos, habla con él y con el autor de la novela en que se inspira, el colombiano Héctor Abad. Ya galardonada en Cannes, El olvido que seremos *ofrece un buen ejemplo sobre trasvases entre literatura y cine. «Un canal navegable: la travesía del libro a la pantalla.»*

SERGI RAMOS: Buen día, buenas tardes, depende de en qué continente nos situemos. Aquí en Europa, en París, es la tarde ya. Hoy, en esta mesa del festival «Paris ne finit jamais», estamos encantados de tener con nosotros a Héctor Abad Faciolince y a Fernando Trueba. Tanto Fernando como Héctor son dos creadores reconocidos nacional e internacionalmente, con una obra prolífica. Y esto, sobre todo hoy día, no es nada fácil. Héctor es escritor, colombiano, nacido en Medellín. Su obra literaria se inscribe en la narrativa, en particular en la novela, aunque también ha publicado cuentos y hasta poesía. Entre sus novelas, quizá podríamos destacar *Fragmentos de amor furtivo,* del año 1998; *Basura,* en el año 2000, galardonada con el Premio Casa de América; *Angosta; La Oculta;* y, por supuesto, *El olvido que seremos,* publicada inicialmente en 2006 y en la que nos centraremos hoy. Algunas de ellas han sido traducidas al francés, creo que *Angosta, La Oculta* y *El olvido que seremos,* y también un libro muy curioso, que es *Tratado de culinaria para mujeres tristes,* que es una especie de relatos, de recetas más o menos mágicas, contadas con mucha ironía, en particular sobre el amor y las relaciones de pareja o amorosas. De su obra creo que se desprende la inquietud para ofrecer una crónica de la situación de su país así como una reflexión sobre la familia, el amor, adoptando perspectivas cada vez distintas que pueden ir de la biografía —como en el caso que nos ocupa— hasta aproximaciones más distópicas. Su última publicación son sus diarios, titulados *Lo que fue presente. Diarios (1985-2006),* que creo que se publicaron en 2019. Y me gustaría decir, también, que ha sido traductor de numerosos autores italianos como Humberto

Eco, Italo Calvino y Lampedusa, lo que en la cuestión de la adaptación nos ocupará hoy también, creo que tiene su importancia. Y también ejerce como periodista actualmente en el periódico *El Espectador*, si no me equivoco.

HÉCTOR ABAD: Sí.

SERGI: Fernando Trueba es director, productor y guionista de cine español. Empieza ejerciendo como crítico cinematográfico a finales de los 70. En 1981 está ahí como cabeza cuando aparece la revista de cine *Casablanca*. Sus primeras películas se asocian, también, con los primeros años de la democracia española, con comedias como *Ópera prima* o *Sé infiel y no mires con quién*. Y, luego, a partir de *El año de las luces*, en 1986, un trabajo que aunque realiza también con el maestro Azcona en el guion, un relato que se despega del presente y se sitúa en la posguerra, con algunas pinceladas más de drama que en sus películas anteriores. Con ella consigue el Oso de Plata en Berlín. Y siguen otras películas importantes. No las citaré todas pero algunas son: *El sueño del mono loco, Belle Époque, La niña de tus ojos, Calle 54, El baile de la Victoria, Chico y Rita* y, la anterior a esta, de la que vamos a hablar hoy, *La reina de España*, en 2016. No sé si he dicho alguna tontería. Muchas veces sucede que se cometen algunos errores biográficos, por si queréis enmendarlos.

FERNANDO TRUEBA: No, no, no. Podrías haber dicho muchas menos películas, pero, ya que estamos en esta cosa de París, mi única película en francés es *L'Artiste et son modèle*, que si hay público francés tal vez tenga más interés que otros que son más locales, menos... Da igual. Te la recuerdo no por nada, sino por esa película.

SERGI: Sí, obvio. Además, coguionizada con Jean-Claude Carrière. Bueno, pues, estoy muy contento de que podamos charlar hoy para centrarnos alrededor de la adaptación de la novela de Héctor, *El olvido que seremos,* dirigida por Fernando. Para retomar un poco el orden, la novela fue publicada en 2006 y traducida al francés en 2010, publicada por Gallimard aquí en Francia —además de ser traducida a muchas otras lenguas—. Creo que va a haber una reedición en formato de bolsillo, Héctor.

HÉCTOR: Sí, va a haber una reedición en Folio, con la misma traducción de Albert Bensoussan, que es un gran traductor y, además, un muy buen amigo, y que creo que hizo un muy buen trabajo tanto en *L'oubli que nous serons* como en *La Secrète,* y también tradujo él otro librito, más ensayístico, para Gallimard, que se llama *Traiciones de la memoria.* Es como una coda de *El olvido que seremos* porque está la historia del poema que mi padre llevaba en el bolsillo cuando lo mataron. Digamos que es lo adicional que podría haber en francés también, para el público francés, si está interesado.

SERGI: Ese poema de Borges del que supongo que tendremos ocasión de hablar. Fernando, la película no sé exactamente cuándo la rodaste. ¿Cuándo se rodó esta película?

FERNANDO: ¿Cuándo se rodó, Héctor, te acuerdas tú?

HÉCTOR: Se rodó a mediados de 2019, antes de la pandemia. Se terminó de rodar… Yo no sé, como en agosto, una cosa así. Fue un rodaje largo, en Medellín. Y digamos que la película estaba lista hacia febrero, un poco antes de que nos encerraran a todos. Estaba más o menos lista, casi lista. Se la pudimos mostrar a mi familia en

Medellín los últimos días de enero o primeros días de febrero del año 2020.

FERNANDO: Sí, ahí todavía había que mandar a los productores del comité de Cannes, de selección, y justo ahí llegó la pandemia.

HÉCTOR: Exacto. Pandemia y selección de Cannes al mismo tiempo, más o menos. Pero, bueno, esta pandemia ha traído tragedias mayores, así que no nos quejemos.

SERGI: Entonces, exactamente, fue seleccionada para el festival, para la edición del año pasado que no se acabó celebrando. Creo que es la única edición de Cannes que no se ha celebrado en la historia del festival. Y creo que se estrena el primero de mayo en Colombia.

HÉCTOR: Ya ha sido suspendido por motivos de pandemia. Se postergó un mes. Se va a estrenar el primero de junio.

SERGI: El primero de junio. Y en España se mantiene el estreno, creo que es el 7, el 8 de mayo.

FERNANDO: El 7.

SERGI: ¿Las salas están abiertas en España, Fernando?

FERNANDO: No todas, pero hay bastantes salas abiertas.

HÉCTOR: En Colombia están cerradas las salas y por eso se posterga el estreno un mes.

SERGI: Esperemos que esa oscuridad de las salas, abiertas, sea una luz que nos muestre el final de la pandemia. Y la película, para los espectadores franceses, creo que no la podrán ver hasta el 9 de junio. Aquí llevan cerradas mucho tiempo las salas de cine, pero se está empezando a hablar un poco de empezar a abrir próximamente. Y esperemos que se pueda mantener esa fecha. ¿Fernando?

FERNANDO: Pues, sí. De momento, las últimas noticias que tengo del distribuidor es que la mantienen. Salvo que haya causas...

HÉCTOR: Algún rebrote, otra ola...

SERGI: Lógicamente. Bueno, entonces, estamos encantados de escucharos para que nos habléis de los procesos de escritura, de reescritura, de lectura, de relectura, de traducción, de traición, que están en juego cuando hablamos de adaptación. Y, para tener un cierto orden —muy francés, muy cartesiano—, quizá empecemos por el principio. Héctor, no sé si dejar que nos cuentes tú un poco de qué trata la novela...

HÉCTOR: Si trato de llevar un orden cartesiano —que para mí no es fácil—, en el principio está, digamos, la experiencia, la vivencia. La vivencia de una infancia bastante luminosa y feliz. Una infancia en que mi padre nos transmitió a mí y a mis hermanas —yo tenía cinco hermanas— la ilusión de que el mundo progresaba, de que la ciencia médica progresaba, de que iríamos a mejor, de que se podían conquistar muy buenas cosas con higiene, con vacunas, con felicidad, con buena educación. Y esa infancia luminosa creo que Fernando la recoge muy bien, con unos colores estupendos en la película. Y es como el comienzo de todo. Mi padre era una especie de iluminista francés, él creía en la ciencia, en la razón, en la felicidad, en el cuerpo. Le gustaban los cuerpos desnudos, se paseaba desnudo. Le gustaba la salud, le gustaba la belleza en todas sus manifestaciones. Luego, la experiencia se empieza a teñir un poco de oscuro en mi casa, en las montañas de Medellín. Porque después de los años 60 —que no fueron tan violentos en Colombia, diría yo que fueron bastante apacibles— hay una tragedia familiar: una hermana mía se enferma de cáncer —quizá la más luminosa y brillante de la casa— y muere. Y eso nos avisa de que el optimismo es difícil. Y la situación colombiana se complica cada vez más, sobre todo la situación de la violencia. Mi padre era epidemiólogo. Antes había luchado por vacunaciones contra la poliomielitis, por el agua potable, por la leche limpia, pero se da cuenta de que el problema epidemiológico más grave en Colombia —ya en los años 70 y 80— empieza a ser la muerte violenta. La epidemia —él la llamaba *epidemia*— de la violencia. Y se dedica a combatir la peste de la violencia con un arma más política: los derechos humanos. Y como los médicos que terminaban contagiados, no sé, combatiendo la peste bubónica, mi padre acaba siendo matado, digamos, por la peste de la violencia: lo asesinan. Pasa mucho tiempo —yo tenía veintisiete o veintiocho años cuando esto ocurre—, hasta que yo… Yo quería ser escritor, escribí muchos otros libros, algunos que tú mencionaste, Sergi. Yo tenía la espina de que quería contar la historia de ese hombre luminoso y bueno, ese profesor de medicina que nos había dado optimismo y felicidad en la infancia. Y, bueno, finalmente, después de casi veinte años, logré escribir este libro que tú llamas novela y me gusta que lo llames novela porque está escrito con las técnicas de la novela, pero que es una novela sin ficción. Digamos, modelado un poco como el de Primo Levi, *Si esto es un hombre,* una novela sin ficción. El libro es muy leído en Colombia. Tuve la suerte de que Fernando lo leyera también. Y cuando a un productor colombiano, Gonzalo Córdoba, se le metió en la cabeza que quería hacer una película, yo le escribí a Fernando y le pedí que fuera el director de esa posible película, y Fernando me dijo que no. Y le cedo la palabra.

FERNANDO: Bueno, sí. Fíjate que le dije que no porque veía que era un libro, un material, muy sensible, muy difícil de adaptar. No veía el libro como una adaptación cinematográfica. De hecho, lo había leído, me había encantado. Lo había comprado y regalado múltiples veces, antes de que me llegara esta oferta tan bonita por parte de Héctor y de Gonzalo. Yo les dije: «Oye, estáis locos. ¿Cómo se va a hacer eso película? No se puede hacer». «¿Por qué?», me preguntó primero Gonzalo, y yo le expliqué como razones, una, que aquello era de Héctor, que eran sus historias, que eran sus recuerdos. Era todo como verdad, todo era muy íntimo, muy personal. Y que el cine es una parafernalia técnica de actores, máquinas y cosas… No que no se puedan hacer películas intimistas, pero yo no podía meterme en el punto de vista de Héctor, me parecía que eso era imposible. Luego había una cuestión práctica: en el libro transcurren veinticinco años. Entonces, ¿cómo tú vas a contar, un año tras otro, cómo va creciendo ese niño, cómo va el tiempo pasando por todos los personajes? Eso me parecía una imposibilidad práctica. Y así empecé con estas objeciones. O sea, que no es que yo no quisiera hacer la película, sino que pensaba que no se podía, incluso que no se debía hacer. Esa era mi primera cosa, también por un gran respeto y amor al libro. Y Gonzalo, que es un hombre muy elegante, muy especial, muy dandi, me escuchó pacientemente todas estas cosas que yo razonaba —mi «no»—, y me pidió —no sé si Héctor también, los dos— si no lo leería otra vez intentando encontrar la forma cinematográfica, pensando que yo lo había leído en el pasado como leemos un libro, lo había leído emocionado, conmocionado, llorando, sufriendo, etc., y que si no podía leerlo con una cabeza cinematográfica, más pensando en esa posible película. Así lo volví a leer. Seguía pensando lo mismo cuando lo acabé de leer, pero... Con un pero. Ahí dije: «Bueno, habría una posibilidad». Eso sería, en cuanto a la película, centrar la película en dos momentos, en dos épocas: una alrededor de la infancia y una con un Héctor adulto, Héctor en la época de la muerte del padre. De este modo, eso abría una puerta en cuanto a los problemas prácticos y cómo se podía adaptar eso. Además, pensaba en el punto de vista. Porque, claro, es que el libro está contado desde el punto de vista del niño, está contado desde Héctor. Me daba cuenta de que yo, al leer el libro que tanto me había emocionado, yo no me podía identificar con el punto de vista del libro, o sea, con Héctor. Porque mi infancia era muy distinta, mi padre era muy distinto. Hay cosas que son comunes de las infancias, cosas que te ríes, que te identificas y tal, pero yo estaba en otro lugar, no había tenido ese padre idílico. Había tenido un padre al que recuerdo con un terrible cariño. Era un tipo que, quizá, lo que podría tener en común con este es que era un hombre alegre también, y optimista. Pero no era un hombre ilustrado. Era un trabajador, era un hombre conservador, religioso, autoritario, etc. O sea, nada que ver con aquello. Pero, al leer yo el libro, lo que sí, es que me enamoré del padre: me enamoré del personaje del padre. Y me identifiqué con el personaje del padre. Entonces, dije: «Bueno, las películas se ruedan desde un aparato, una cámara...». Entonces, no es que yo vaya a contar la historia desde el padre, pero la tengo que contar desde un lugar desde donde pueda contar este relato de una manera objetiva sin ser de una manera distante. Y como es un libro que lo que rezuma todo el rato es un amor tremendo y una vitalidad y una sensualidad incluso, y una ternura tremenda y tal, pues, ahí yo me sentía muy a gusto; me sentía muy a gusto en este terreno Y, fíjate, hay una cosa que yo he descubierto después de hacer la película porque es que yo soy un poco tardío, y tardo en todas las cosas. Reflexionando, hay una película que es la que decide mi vocación cinematográfica. Ya me estaba gustando el cine a los catorce años y ya empezaba a leer algunos libros, y a juguetear con el cine como una cosa inalcanzable y lejana…, pero hay una película que se llama *El pequeño salvaje,* de François Truffaut, que marcó mi vocación el día que yo la vi, el día que se estrenó en Madrid, con quince años, yo dije: «Tengo que hacer películas. Quiero. Esto es lo que yo quiero hacer». Y, curiosamente, esa película trata de un médico educando a un niño. En este caso, un médico francés —un ilustrado, como el padre de Héctor— que, en el siglo XVIII, intenta educar a un niño de esos abandonados en los bosques. No faltó más. Así, digo, un siglo después, estoy contando en esta película la historia de un médico que está educando a un niño. Eso es, para mí, central en la película. Eso es importantísimo. Me doy cuenta del sentido que tiene que yo la haya hecho y que, a lo mejor, sin saberlo, eso me ha llevado ahí. Es una reflexión *a posteriori*.

HÉCTOR: Ahí hay algo muy bonito porque en la película uno no sabe muy bien quién mira a quién, si el niño mira al padre o el padre mira al niño. Y como Fernando, supongo, esa dificultad de cuál es el punto de vista, de quién mira. No sé, la cámara es como Dios. Me imagino el ojo de Dios, pero hay algo que te hace mirar las películas desde los ojos de algún personaje. Y ahí me parece muy bonito que hay un cruce de miradas entre el padre y el hijo. Y los dos se miran.

SERGI: Sí. Hay dos momentos en la película... Cuando está esa primera parte en Italia —bueno, hablando de miradas y creo que de te refieres a eso, Héctor—, después de esa primera secuencia en Italia, que es cuando volvemos al pasado y volvemos a Medellín, y entonces vemos al niño mirando por esa especie de visor de papel que se ha creado. Y el padre le devuelve esa misma mirada más tarde en la película, cuando está en la ceremonia, que se va a jubilar, a pesar de él, y entonces se da la vuelta porque ha notado que su hijo estaba allí y lo mira por ese tubo de papel que se ha fabricado. No sé si, Fernando, eso está un poco en relación con lo que decías. Y otra cosa, Héctor, hablabas tú... Es cierto que yo he estado hablando de novela, pero me he preguntado durante toda la lectura de tu libro dónde se situaba esa tensión. Creo que en la contraportada del libro pone algo así como que es una biografía novelada. Entonces, para ti, como escritor, ¿dónde se situaba esa tensión entre la ficción y la realidad o la ficción y la memoria?

HÉCTOR: Sí, yo no quería definirlo como género. No me interesaba mucho el género. Para mí era sencillamente una historia que yo tenía que contar. Yo sentía como una obligación hamletiana, en uno de los dos sentidos que el fantasma se lo dice a Hamlet, le dice dos cosas: «Recuérdame» y «véngame». Para mí, el «recuérdame» era muy importante y es algo a lo que me he dedicado en buena medida. Y el «véngame» no... Sí en una manera de representación. Voy a vengarme, como lo hace Hamlet, en la primera vez, simbólicamente. Representando la verdad, diciendo: «Esto es injusto», «esto no debió pasar y esto pasó». Y lo muestro tal como fue. Pero el género no me preocupaba. Yo sabía que se podía escribir de la realidad, sin ficción, con el ejemplo de Primo Levi. Y que se podía escribir en el lenguaje de mi casa, en el léxico familiar de mi casa, con un español muy sencillo. Y con las voces de mi mamá y de mi papá y de mis hermanas. Lo que a mí me retumbaba en la cabeza eran las voces de ellas. Este es un libro que yo no escribí solo. Digamos que yo les di voz en la escritura a mis hermanas y a mi mamá y a mi padre. Yo soy como un ventrílocuo. Pero el libro, en realidad, cuando yo les entregué el primer manuscrito a mis hermanas y a mi madre, ellas me lo completaron. Lloraron, se rieron, pero me dijeron: «Así no fue», «te falta esto, te olvidaste de esto otro», «mira que esto fue lo que pasó». O sea, que ahí hay muchas cosas que aparentemente son recuerdos míos, pero son cosas que yo no recuerdo en absoluto. Los pongo ahí como si fueran recuerdos míos, pero que son olvidos míos y recuerdos de mis hermanas y voces de mis hermanas.

SERGI: Fernando, no sé si lo que decías del punto de vista… A mí me pareció que quizá haya dos cosas ahí. El punto de vista del personaje a mí sí que me pareció que la película, muchas veces, lo que seguía era al personaje. Estábamos un poco en su mirada. Y otra cosa quizá sea el punto de vista del director. ¿Qué te parece a ti? ¿Conviven esos dos puntos de vista en una película?

FERNANDO: Sí, yo creo que sí. El punto de vista de la película, en este caso, es más el mío. Lo que pasa es que, a veces, miro por encima del punto de vista del niño y, otras veces, del padre. Y, a lo mejor —no me he puesto a analizar secuencia a secuencia—, de algún otro personaje también. Pero, básicamente, de ellos dos. Fíjate, es tan bonito… Yo que no soy un apologista ni seguidor —tampoco en contra— de esta corriente, camino a estos años, de la literatura del yo, de lo que se llama la «ficción real» y todo eso… No soy muy de eso y, sin embargo, creo que los dos libros que más me han emocionado en las últimas décadas a mí —en los últimos años, quizá, en este siglo que estamos— son dos libros que son libros reales. Son los dos libros que más veces he regalado. Número uno: *El olvido que seremos*. Número dos: *D'autres vies que la mienne*, de Carrère. Son dos libros que me conmocionaron, me partieron el corazón cuando los leí. Y que han sido libros de cabecera y libros de esos que sientes la necesidad de que la gente los lea. Creo que son libros que no vale con que los leas solo tú, tienes que hacer proselitismo. Y, de alguna forma, haciendo la película estoy haciendo también el proselitismo del libro, cosa que me encanta. Por eso, estos días que estoy de promoción española y de promoción colombiana, nada me gusta más que, de repente, cuando un periodista me dice… —hay dos cosas que me dan mucho placer—. El otro día, una colombiana me dijo: «Voy a ver la película un poquito con prevención», porque había leído dos veces el libro. Una chica a la que el libro la vuelve loca. Y me dijo: «Me ha encantado la película». Eso, para un director que hace la adaptación, es música para los oídos. Y otra cosa que me encanta es que vienen periodistas aquí a entrevistarme y me dicen: «Ya me he comprado el libro» o «después de ver la película, me he leído el libro». Eso también es muy bonito. A mí me gustaría que esta película haga que muchos, miles de personas, lean el libro.

HÉCTOR: Es que esta película es no solo el libro, es más que el libro. Es decir, yo la primera vez que la vi —Fernando lo sabe— yo no sabía ni qué decir. Yo quedé completamente conmocionado. Porque ya es raro que a uno le hagan una película de un libro de ficción, pero si es de un libro que no es de ficción, de un libro que es puramente autobiográfico o biográfico o de tu familia, la conmoción es muy rara porque es una despersonalización muy extraña en que te ves y no eres, lo ves y no es, las ves y no son, pero sí son… Después de quedar absolutamente apabullado por la primera… Ya cuando la logré ver en calma la segunda vez, y la tercera vez, me di cuenta de que la película... no sé... es un regalo para el libro. Le quita al libro sus partes quizá menos buenas y más oscuras, y le da una luz al libro... extraordinaria. Entonces, yo estoy tan feliz con este regalo que me hicieron los actores, las actrices, Fernando, el guionista, David. Yo me demoré dos meses para leer el guion de David Trueba porque tenía un miedo espantoso de que no me gustara.

SERGI: Hablemos de eso, de esa etapa —no sé si llamarla «intermedia»— que puede haber entre la novela y la película, que es el guion. Tengo entendido, como tú, Fernando, ya nos has contado, que en un primer momento no quisiste participar o no lo veías...

FERNANDO: No, no, cuando yo acepto y decido que voy a hacer esta película... Es que, si no la hiciera, me voy a arrepentir toda mi vida... porque eso es lo que pensé. Me dije que tener la oportunidad de contar, de hacer una película con un personaje como este y no hacerlo... ¡Me voy a arrepentir, voy a lamentarlo! Hubo un momento en el que dije: «Yo soy un escultor del siglo XVIII». En el siglo XVIII era frecuente hacer una estatua a los grandes hombres. Entonces, yo dije: «Tengo que hacer esta estatua. Me han encargado esta estatua. Me la han encargado para ponerla en el centro de la plaza de Medellín. La estatua de Héctor Abad Gómez, voy a hacerla. Como soy director en vez de escultor, la voy a hacer con esta película». Y, a veces, las estatuas tienen la nariz un poco para acá o salió más gorda de cómo era, pero da igual, o sea, no importa, esa estatua había que hacerla. Así, yo lo primero que digo es: «Héctor, ¿haremos el guion juntos, no?». A lo que Héctor me dijo... Bueno, dilo tú.

HÉCTOR: Sí. Dilo como lo recuerdas y yo después lo digo.

FERNANDO: Sí. Yo recuerdo que Héctor me dijo: «Mira, Fernando, no. Por dos razones. Una es que, para mí, este libro no es que alguien va a adaptar una novela que yo he escrito, una ficción o una novela policiaca, o cualquier cosa así. No. Cuando escribí el libro fue veinte años después de los hechos que me puse a recordar, y abrí una herida profunda y dolorosa, y escribí con dolor de la primera a la última página. Entonces no me gustaría reabrir la herida yo, de nuevo. Y, además, como segunda razón, no sé nada de cine. No sé lo que es un guion ni tal». Eso me dijo Héctor. Y yo pensé: «Bueno, pues, me va a tocar escribirlo solo». Así que les pedí a los productores que me dieran dos meses para acabar el guion que yo estaba escribiendo, que es una película de animación que estoy haciendo con Mariscal, y me dijeron que tenían mucha prisa para que el proyecto no se pospusiera y no se fuera muy atrás. Además, por estas cosas de producción, les interesaba que una parte de la inversión se hiciera en el año en que estábamos. Entonces, me plantearon: «¿No tienes alguien de confianza para escribir esto? Para que empiece a trabajar, por lo menos». Y yo dije: «Tengo una persona de confianza. Tengo una. Tenía otra antes, otras dos que hubieran sido de confianza pero ya no están. Solo tengo una persona de confianza, con el nivel para mí y este guion, que un guion como este necesita. Es mi hermano David, pero es el tipo más ocupado que conozco y dudo mucho que podamos tenerle porque siempre está haciendo una novela o una película o tal». Tuvimos la suerte increíble, la película y yo —y todos—, de que David había terminado una novela y la había entregado a la editorial, y me dijo: «Si es ahora, puedo». Y le dije: «Tan ahora como que no me pueden esperar dos meses. O sea, es para mañana». Así que tuvimos la suerte. Yo creo que

David ha hecho la que es, para mí, la mejor adaptación literaria que se ha hecho nunca del cine español. Y no hago excepciones, que es *Soldados de Salamina*. No estoy hablando de la película y tal, no. Estoy hablando de coger un texto literario como quien coge un puzle, soltar todas las piezas en la mesa, recomponerlo, pero ahora ya no con la forma literaria de un libro, sino con la forma de una futura película. El trabajo que hizo David en *Soldados de Salamina* yo creo que debería estudiarse en las universidades, al menos la especialidad del guion, porque me parece algo increíble. Muy poca gente va a estudiar, pero hay un libro sobre eso que se llama *Diálogo;* es un libro espectacular. Lo que quiero decir es que no hay aquí la menor cosa de: «No, mi hermano, porque es más cercano y me pilla a mano». No, no. En el cine no hay hermanos, en el cine no hay amigos. El cine es una cosa totalmente egoísta. Tú vas a por la mejor película que puedas hacer, caiga quien caiga. Y si tu hermano está muerto de hambre —imagínate, ese supuesto—, le das dinero, no le encargas el guion. O sea, quiero decir que David hizo un trabajo fantástico.

HÉCTOR: Sí, yo pienso lo mismo. Y pienso que hizo la misma operación que con *Soldados de Salamina.* Cuando finalmente me atreví a leer el guion, vi que, en otro orden, y omitiendo ciertas piezas de ese rompecabezas, estaban todas las piezas fundamentales. Y dije: «¡Ah!, qué cosa tan inteligente la que acaba de hacer este joven. Poner esta cosa acá, esta allá. Omitir, omitir, omitir. Porque son dos lenguajes distintos». Y lo único que tengo que añadir yo a los dos motivos que dijo Fernando es que yo había intentado hacer un guion con un cura —del que ahora estoy escribiendo una novela—, un cura que era un gran crítico de cine, Luis Alberto Álvarez, un hombre muy abierto que no parecía cura. Y él me había dicho: «Mira, vamos a hacer un guion de un cura que va a salas de masajes y que, de algún modo, se enamora de su masajista». Y yo lo hice. Fue mi único intento en los guiones. Y me dijo: «Es horrible. ¡Horrible! Tú sigue con tus novelas que, tú, guiones no vas a escribir jamás en tu vida. No tienes ni la menor idea de trabajar...». Yo le creo. Y no, no me quería meter. Así como no me quería meter en el rodaje ni en nada.

SERGI: Hay una cosa que me estaba preguntando mientras estaba viendo la película y en relación con lo que me habéis estado comentando. Héctor, esa manera que tienes de decir: «Creo que era Fernando el director adecuado para dirigir mi película», y tú, Fernando, esa idea de decir: «Bueno, al final, tengo que hacer esta película». Y, algo que se me planteaba a mí, es, Héctor, ¿por qué elegiste un director español? ¿Eso no tenía también algún inconveniente, por tratarse quizá de alguien que no conociera lo que era Colombia o por no ser colombiano? Y, Fernando, un poco lo mismo, ¿no hay, quizá, una cierta aprehensión a contar una historia —sobre todo con temas tan delicados— que ha sucedido en otro país?

HÉCTOR: A mí me gustaba que hubiera un injerto entre Colombia y España, que era un fruto distinto. A mí me daba la impresión de que en el último cine colombiano —incluso en el que a mí más me gusta— la mirada siempre está puesta en la miseria, en la opresión, en el dolor de los más pobres. Quizá es algo absolutamente legítimo, verdadero y real, y de lo que mi papá más se ocupó. Pero para mí era más importante una mirada como de una infancia y una familia que estuvo a punto de ser muy feliz y que las cosas se rompen. Y yo creía —pero ni siquiera por ser un experto en el cine de Fernando ni en el cine de nadie—, intuitivamente, que Fernando podía ser la persona. Pero ahí sí es lo menos cartesiano del mundo. ¿Por qué? No sé, por una afinidad electiva muy irracional.

SERGI: Pero entonces ¿crees que esto que tú estás llamando «injerto» fue también…? O, digamos, ¿hubo, quizá, una voluntad de salirte de una visión o de una perspectiva que tenías como colombiano sobre eso o que hubiera podido tener el cine colombiano?

HÉCTOR: Hubo, quizá, una visión muy local. A mí se me había anunciado que el libro iba a ser leído probablemente solo en Medellín. Parecía una historia muy local, casi familiar. Y yo decía: «Sí, es muy local, como son algunas novelas de Bashevis Singer o de Joseph Roth, por allá, en una Rumanía o en una Polonia, cerca de la frontera rusa. Lo más local del mundo. Sí, es muy local, pero se puede leer con conmoción en cualquier otra parte. Y yo ya había visto que había sido leído así el libro en Francia, en Alemania o en España. Esa visión también de un director que va… No sé, me gustaba. Me gustaba que hubiera otros ojos, otra mirada, que hubiera ese injerto. Y no solo Fernando, sino que el actor que más se me parecía físicamente, y en su actitud alegre, cordial y luminosa ante la vida era un calvo español, Javier Cámara. No sé, fue maravilloso. Mira, el guion, los guiones siempre se corrigen mil veces; este no se corrigió. Lo de Cámara parecía imposible y resultó ser lo único posible. Lo de Fernando… Dijo que no unas semanas y luego se metió y se comprometió más en hacer la película que nadie. Y luego la hizo como un profesor también. Llegó a Colombia y, los actores, toda la gente de técnica, los sonidistas, los fotógrafos, para todos ellos, que Fernando haya ido a rodar allá fue una cátedra. Una cátedra de dirección, de hacer las cosas de otra manera, de un trato distinto a los actores, de una forma muy parecida a la de mi padre de ser didáctico, cariñoso y tolerante al mismo tiempo. Así que fue un matrimonio muy bonito. Y aunque Fernando diga que en el cine no hay amigos, esta película produjo unos amigos…

FERNANDO: Para toda la vida.

HÉCTOR: ¡Para toda la vida!

FERNANDO: Sí, eso ha sido muy bonito del rodaje. Pero quizá en eso de elegir a alguien que fuera —que fuera yo u otro—… Probablemente hay la intuición de que solo alguien de afuera puede ver lo esencial porque el que está dentro ve demasiados detalles. Y hay que alejarse del cuadro para ver cuál es el tema. Probablemente esa también sea una forma de verlo. Cuando sabes demasiado de algo y tienes todas las claves estás perdido. Estás perdido, ¿sabes? Porque no ves lo esencial. A mí a veces me dicen que cuando oyes los relatos de los directores clásicos —es un ejemplo tonto el que voy a poner—, por ejemplo, Billy Wilder o Preston Sturges se hicieron directores porque detestaban a un director, muy considerado, que adaptaba, que hacía sus guiones, que se llamaba Mitchell Leisen. Y le decían: «Pero es que este tipo está más pendiente de las cortinas, de la decoración de la casa y de tal, que de lo que está ocurriendo en la película, de lo que les pasa a los personajes». Bueno, lo uso como metáfora de que, a veces, cuando estás demasiado cerca, estás mirando el lápiz y ves que no tiene punta. Es decir, yo sé de directores que han estado rodando un día una y lo que hacían era colocarle el jersey porque no les gustaban las arrugas de la actriz que había caído al suelo. Y la actriz te lo cuenta desesperada. Por eso yo creo que cuando vienes de fuera, a lo mejor tienes una visión aérea, una visión con la que ves más lo que importa y no te pierdes tanto en el detalle. Además, para eso ya tienes un equipo competente, un gran director, un equipo artístico, una gran diseñadora de vestuario; gente que va a hacer ese trabajo que no es el del director. El trabajo del director es conservar el sentido de la película, hacer que el barco navegue de una manera y en una dirección. No ver si cada remo está perfectamente —¡yo qué sé!— barnizado.

HÉCTOR: Sí.

FERNANDO: Tiene sus ventajas que venga alguien de fuera a veces. Aquí, en España, a veces ha venido gente de fuera y han hecho cosas que están bien. La mejor película —para mí— de la década de los 30 en España la hace un señor que se llama André Malraux, que viene durante la guerra, además, con una escasez de medios y unos problemas tremendos; hace *Espoir. Sierra de Teruel.* Y piensas que podría haber sido una cosa turística, de un francés que ha venido aquí, pero no. Es una película de la que los españoles debemos estar muy orgullosos.

SERGI: Fernando, el hecho de no haber escrito tú el guion, de que lo haya escrito David, ¿ayuda también a tener esa distancia y a poder tener esa visión global de la que hablabas?

FERNANDO: Son cosas que pienso, a las que intento dar vueltas, y pienso que yo me he sentido muy libre gracias al guion. El guion me ha dado una especie de terreno muy bueno, muy sólido —no sé si empleo mal este ejemplo, pero estos días lo he dicho mucho en tantas entrevistas—, sobre el que yo he podido patinar, sobre el que he podido bailar con los personajes y con la cámara. Me ha liberado más que si lo hubiera estado haciendo yo durante unos meses. Por eso, luego me he sentido también muy libre. Lógicamente, ha habido cosas del guion que han caído, incluso cosas que me gustaban. Yo decía: «¡Coño!, esa escena está muy bonita, el actor está maravilloso, pero hay que cortarla porque el relato queda mejor sin ella». Al margen de que individualmente esa escena te guste. Ha habido cosas que se han caído, pero también ha habido cosas que se han incorporado que no estaban, a lo mejor, en el guion, incluso en el libro. Sobre todo, hay dos detalles importantes que ocurrieron. Uno con Héctor, que nos estaba llevando, cuando localizábamos, a ver la facultad de medicina y el hospital donde trabajó su padre, donde enseñó su padre y, cruzando de un lado a otro —están juntos, en Medellín— un hombre con una bata blanca, un médico, reconoció a Héctor, se acercó a nuestro grupo, y le dijo: «Yo fui alumno de su padre». Y el tipo decía: «Siempre recordaré aquello que nos decía de las cinco aes: que toda persona necesita el aire, el agua, el alimento, el abrigo y el amor o el afecto». Yo dije: «¡Coño!, no se puede resumir mejor». El pensamiento de una persona en una píldora, en una especie de eslogan. Y me dije que eso tenía que estar en la película.

HÉCTOR: Y no estaba en el libro, es verdad.

FERNANDO: Y eso es gracias a que aquel día ese señor reconoció a Héctor y se acercó a nosotros. Y, luego, por ejemplo, en el proceso de documentarme para la película, de hurgar, hablar con las hermanas, con la madre, con Héctor, con gente de allí, leer cosas; en ese proceso de ver muchas fotos de la familia, de repente aparecieron unos carretes de fotos de Marta, de su hermana. Fotos que, probablemente, no sé si había hecho uno de los novios o amigos de ella, cuando ella ya estaba enferma en sus últimas semanas, meses, lo que fuera. Y eran unas fotos que a mí me impresionaron, que no me las podía quitar de la cabeza. Entonces, de repente estaba yo solo, volvía y abría el fichero donde tenía todas las fotos. Había fotos de Medellín, de este trabajo, de no sé qué, y yo había hecho una carpeta: Fotos Marta. Abría las fotos y la miraba… y la miraba… y… ¡joder! De repente me surgió esa secuencia en la que ella canta por segunda vez *Ruby Tuesday*, y ya no la canta con la alegría que la canta en una reunión familiar, sino que la canta como un lamento. Y eso está visto no como esas fotos, pero sí muy inspirado por esas fotos. Incluso alguna de las fotos está, más o menos, ahí en la película. Sentía que al personaje de Marta había que darle algo más y que me estaba pidiendo algo, y me lo estaba pidiendo a través de esas fotos. O sea, esas cosas son muy curiosas, ¿sabes? Porque no salen de fuera, no salen porque a mí se me ha ocurrido una idea, no se me ha ocurrido nada. Pero estás ahí metido en un mundo y encuentras cosas. Eso también forma parte del proceso de llevar una historia desde la literatura al cine, a la película.

HÉCTOR: Y lo que tiene el cine, porque puedes poner una canción y oírla, aunque cueste mucho una canción de los Rolling Stones. Ese es un problema ya del productor. Pero es maravilloso, aunque esa no era una de las canciones que cantaba Marta, pero es mucho mejor que las canciones que cantaba Marta y mejor escogida. Digamos que la ficción también tiene el propósito de corregir un poco la realidad, de hacerla más simétrica, más bonita. Por eso nos gustan, porque la realidad es muy larga y muy imperfecta.

FERNANDO: Y fíjate que en el proceso, no siendo yo un «rollingstómano» ni nada, cuando elegí esa canción, además de que era susceptible de ser cantada de una manera y de otra según los intereses dramáticos de la historia y del personaje —de muchas canciones podría hacerse eso, no solo de esta—, para mí, podría estar hablando de lo que ella podría sentir o podría estar hablando de Marta también. Así que había un doble sentido en usarla. Lógicamente, cuando Marta la cantaba, ella no sabía lo que le iba a pasar, no elegía sus canciones en función de eso, sino de cosas que a ella le gustara cantar en la época o tal. Aquí elegimos la canción desde otro lugar porque sabemos lo que va a pasar.

SERGI: Sí, claro.

HÉCTOR: Pero tener un director melómano también era muy importante. Fernando puso pocas condiciones. Pidió permiso, permiso para ser parte de la película en blanco y negro y se lo dieron de inmediato, pero puso una condición y fue que la música la hiciera Zbigniew Preisner, que también creo que es un gran acierto porque lo hizo muy bien.

FERNANDO: Y eso tiene que ver con lo que hablábamos antes de lo local. Obviamente, en la película hay momentos donde se oye incluso *rock* de Medellín de aquellos años, o se oye pop internacional del que oíamos todos en aquellos años, en dos o tres momentos, cuando ponen el tocadiscos o bailan, o de la radio del coche. Pero la música de la película no podía ser una música local, no podía ser una música —para mí— folclórica o nacional, colombiana. Tenía que ser una música que saliera de dentro de la historia que estábamos contando, que fuera la música de la película, que viniera de la columna vertebral de la película. Por eso Preisner es un maestro. Ya me lo ha demostrado, yo ya con él había trabajado un par de veces. Esta había sido la tercera y, una vez más, una colaboración feliz. Porque yo me di cuenta de que esta película necesitaba una música que saliera muy de dentro, muy de los sentimientos.

SERGI: Yo creo que en esta primera parte de la película es uno de los grandes aciertos de esta restitución que haces, Fernando, de las primeras páginas, de la mitad de la novela de Héctor. Y la música juega ahí un papel importante. La utilización del color; hay incluso una textura ahí que es muy particular. En ese sentido hablaba Héctor también del blanco y negro. Y creo que ahí responden muy bien, comunican muy bien tanto el libro como la película. Yo primero leí el libro de Héctor y, evidentemente, Héctor hablaba antes de una infancia luminosa y de la descripción de una infancia luminosa donde, a veces, aparecen algunas gotas de lo que va a sobrevenir más tarde, de lo trágico, pero que es extremadamente luminosa y eso se rompe en un momento dado en la novela, que es el capítulo de la muerte de Marta.

HÉCTOR: La muerte de Marta, sí.

SERGI: Y ahí se rompe completamente ese tono anterior. Tú, Fernando, eso lo tratas muy bien. Y además viene también el cambio del blanco y negro y del color que, de algún modo, se corresponde bien con esa iluminación, con esa luz de la que hablaba Héctor antes. Esa impresión me dio a mí, como de una ruptura que se produce un poco después de la mitad del libro, a los dos tercios del libro.

HÉCTOR: Sí, hay una ruptura en el libro que ocurre también en la vida y que Fernando capta. En un momento dado, me acuerdo muy bien, estábamos en la casa del productor y Fernando se me acerca y me dice: «Mira, le voy a decir a Gonzalo, al productor, algo que es muy difícil que me lo acepten porque comercialmente va a ser más difícil, tal vez, que acepten una parte de la película, pero quiero hacer una parte en blanco y negro». Y, bueno, yo presencié cuando Fernando se lo dijo a Gonzalo, y ahora Fernando lo puede contar.

FERNANDO: Sí, tanto él como Gabo, ambos se quedaron callados, muy pocos segundos, y dijeron: «Fernando, tú tienes que hacer la película como creas que hay que hacerla». O sea, no se puede pedir más de un productor. No se puede pedir más. Y, además, yo no estaba dando explicaciones. En estos días, me preguntan: «¿Cuándo decidiste que fuera esta parte en color y esta en blanco y negro?». Y mi respuesta es: «Nunca». Todavía no lo he decidido. Nunca, porque no era una idea que se me hubiera ocurrido a mí. No era un concepto del tipo: «¡Ah!, mira, voy a hacer esto aquí porque esto significa que tal y lo otro significa que esto y lo otro». No. Eso es para hacer una casa, no sé, un arquitecto, matemáticas. El cine es intuición, es dejarte llevar por la historia y por lo que sientes. Y la película que había en mi cabeza antes de hacerla era así. Había unas escenas en color blanco y negro y yo intentaba decir: «¿Por qué? ¡Joder! A lo mejor puede ser todo de una forma o de la otra». No, es que había unas secciones que no podían ser en color. Había escenas, en una parte, que no podían ser en blanco y negro. En mi cabeza… No digo que no se pueda hacer. Lo podría hacer otro…

SERGI: O sea, que sale de dentro de la película.

FERNANDO: Como lo que he contado de Marta: sale de dentro de la película, sale de fuera, ni siquiera de mi cabeza.

HÉCTOR: Y en el caso del libro, tampoco sale de fuera, sale de la historia. Es lo que está en la historia. No es que decimos que vamos a hacer unas páginas de risas luminosas, sino que así fue. Así fue. Y así lo escribí. Sin planearlo mucho. Muy intuitivamente.

FERNANDO: Yo soy una persona que sueña mucho. Y en todas las películas, siempre, alguna escena que no sé cómo resolver o que estoy preocupado porque es muy complicada y tal. Recuerdo una escena de *Belle Époque*, la soñé, la vi en sueños. O recuerdo, de *El sueño del mono loco*, una escena que vi en sueños. Pero soy una persona que, de acuerdo, no estoy haciendo una película, pero me levanto contando mis sueños todos los días. Lo que me pasó en esta película es asombroso porque soñaba todos los días algún plano de lo que había que hacer al día siguiente. Lo cual era un problemita a veces, porque no eran cosas fáciles. Y hubo un día —fíjate hasta qué punto era la cosa— que por la mañana, al llegar el director de foto, me dice: «Fernando, a ver, ¿qué has soñado hoy?». Y le digo: «Tío, no te lo vas a creer. No he soñado nada anoche, no me acuerdo». Porque todos los días yo llegaba y decía: «Tío, he soñado un plano, a ver si lo podemos hacer. Sería empezar aquí, luego la cámara va para acá, luego viene para acá, luego vuelve para allá». Y me decía: «¡Guau! ¡Hoy va a ser divertido».

HÉCTOR: ¡Qué bueno!

SERGI: Héctor, en relación con esta primera parte, hay una manera que tienes de contarlo en el libro que me pareció muy adecuada, de esta figura paternal. Yo creo que pocas veces se ha tratado una figura paterna así en la literatura, digamos, desde esa especie de admiración maravillada. Y dices tú que es un poco lo contrario de la *Carta al padre*, de Kafka.

HÉCTOR: Sí. Sí, pues… no sé. Yo sé que la familia puede ser un sitio espantoso. Que en la familia te pueden destrozar. Que si te toca un padre o una madre que te quieren joder la vida, te la joden, porque uno de niño es muy frágil. Y por eso comprendo muy bien a quienes escriben sus libros desde un punto de vista casi vengativo y de sacarse muchas espinas y muchos dolores del pasado por padres que trataron de joderte, de ponerte zancadillas, de molestarte lo que querías hacer, de impedirte lo que querías hacer. A mí me tocó una fiesta distinta. Me tocó un padre —me da hasta vergüenza decirlo— que era muy difícil pelearse con él. En el libro y en la película ocurre, pero ya por desesperación. Hay un momento de la vida en que uno tiene que pelear con el padre así sea inventándoselo. Pero con él había casi que inventarse los motivos para poderse alejar. Me tocó en suerte un padre muy bueno. Hay algunas películas de vicios privados, públicos, virtudes. En el caso de mi papá, las virtudes también eran privadas. Eran virtudes privadas y públicas. Fue un hombre… no perfecto ni un santo, ni mucho menos. Tenía sus debilidades y vanidades. Era un hijo de su época, con unas actitudes machistas. Pero en mí tenía muchísima confianza; mucha más confianza en mí de la que yo tengo. Y se lo agradezco.

SERGI: Hay otra idea también en la novela que me parece muy original y muy acertada. Es la idea de decir —en la otra faceta que tiene tu novela—, de considerar, lo que es o lo que sigue siendo la violencia de la sociedad colombiana, la que dices de que a partir de la figura del médico, de tu padre, de la medicina, es la posibilidad de diagnosticar ese violencia como una enfermedad. Y que eso implica también que si hay o hubiera un interés, como en una enfermedad, por encontrar un remedio, probablemente se podría encontrar. Me parecía muy interesante analizar esa violencia desde el punto de vista de la medicina, que creo que es lo que haces tú a partir de la figura de tu padre.

HÉCTOR: Sí, mi papá, en su ejercicio de profesor, inventó algunas palabras en su vida, y una era *poliatría* y *poliatra*. *Poliatría* era la medicina de la polis, la medicina de la sociedad, de la ciudad; y el *poliatra* era el médico de la ciudad. Él quería, en su visión política, tal vez un poco ingenua, ser una especie de médico de la ciudad. Como lo que decía Fernando, mi papá tenía ideas bastante sencillas, pero eran ideas realizables y básicas, muy básicas, muy fundamentales. Y como médico de la polis, si él veía que los niños de los barrios más pobres se enfermaban más —no como los niños en los barrios más ricos—, que tenían menor estatura y tenían mayores dificultades en la escuela porque en la casa no había ni un solo libro, porque en la casa los padres no habían estudiado. Y todo eso. Había una serie de cosas básicas sobre las que teníamos que empezar. Sobre todo en una sociedad del tercer mundo. Esas aes: que vivieran en un sitio limpio, que hubiera agua potable, que el aire fuera limpio, que hubiera afecto en la familia… Nuestras sociedades están llenas de familias sin padres, donde no hay padres. Con más razón, como se dice en Medellín: «Madre hay una sola y padre es cualquier hijo de puta». Porque, de verdad, hay un montón de mujeres que levantan solas a la familia. Todo esto, la visión de mi papá, era como una visión, creo yo, de mucho más afecto en el trato a los demás. No una cosa militante, furibunda, revanchista, sino una cosa activa, cariñosa, a favor de lo que se puede hacer. Una mejor casa, una mejor calidad del agua, una salud integral, una vacunación para todo el mundo, más medicina preventiva que curativa, escuelas bien aireadas. Cosas que en Europa se han logrado después de muchísimas luchas y esfuerzos, pero que en América Latina no se han logrado, tras las cuales todavía tenemos que perseguir y luchar por ellas.

SERGI: No sé, Fernando, siguiendo esta misma idea, cómo la expresas tú en tu película. Quizá de una manera un poco distinta o quizá no con el mismo orden que en la novela. Creo que cuando Marta cae enferma —bueno, en todo caso, uno se entera de la enfermedad de Marta—, antes, el padre, el doctor, las ha llevado a vacunar, ha vacunado a sus propias hijas, a sus propios hijos. Luego es cuando aparece la noticia de la enfermedad. Y después, cuando el padre se lo está contando a Héctor niño y a su hermana menor, mientras se lo está contando hay como un atentado, explota una bomba —si no me equivoco, porque la memoria, a veces juega malas pasadas—. Yo me preguntaba si ahí quizá no habías querido combinar las dos cosas. Es decir, por una parte, esa historia familiar, íntima, relacionada con la enfermedad y, al mismo tiempo, señalar esa violencia que estaba creciendo en Medellín.

FERNANDO: Sí, eso ahí está de una manera muy clara. Es como, de repente, la nube de esos años, que vuelve. Y, claro, ahí teníamos muy bien montado y todo con producción el gran circo de una bomba, con sus bomberos, con sus gentes corriendo y tal. Yo quería que eso se viera desde dentro. La gente me preguntaba: «Con todo lo que hay aquí, ¿no vas a hacer un plano general de la calle, los coches y el humo?». Y yo decía: «No. No puedo». No puedo, eso es ahí. Aquí lo que estamos contando es el padre que tiene que decirle a estos dos niños, a sus niños pequeños, que la hermana está enferma. Y lo otro es… la guerra afuera. Hay un drama fuera y hay un drama dentro. Y en esa escena eso está como muy clarito.

HÉCTOR: Hay algo que se rompe en la familia y hay algo que se rompe en la sociedad, y que más o menos coincide en la época. Y que hace que mi padre se dedique más —ya por el dolor íntimo, incluso— a que no le importe tanto sacrificarse por el dolor exterior. Con todas las consecuencias que eso pueda tener. A luchar como médico contra la epidemia de la violencia. A luchar contra la violencia como otra forma de epidemia. Y lo que decías de vacunar a todas las hijas, que es muy actual, porque se sabía que en la vacuna contra la poliomielitis de un cierto número de vacunados —ahora se sabe que es como dos millones de vacunados— aún no les puede dar poliomielitis. Y no puede ser que les dé a los niños pobres que él estaba vacunando, sino que hay que cargar también con la posibilidad de que a tus hijos les dé también poliomielitis, si ese es uno de los efectos posibles. Ahora también sabemos que hay vacunas que, una de cada millón, dan trombos en el cerebro. Pero el sacrificio de esa persona por millón es preferible a los 2500 muertos por el virus. Son elecciones médicas muy difíciles, pero que tienen que empezar por tu propia familia. Y yo creo que son serias. Son serias. Son difíciles, pero son serias.

SERGI: Fernando, para volver a esa cuestión de la violencia en la película, también, digamos que imaginas esa especie de prólogo donde se ven imágenes de la película de De Palma, *Scarface* (*El precio del poder* [en España (N. del E.)]). Explícanos un poco eso.

FERNANDO: Normalmente, fíjate que los directores siempre que metemos un fragmento de otra película en nuestras películas suele ser eso que se llama tradicionalmente «un homenaje», una cita de algo que te gusta mucho. Por primera vez en mi vida, hay dos películas que se citan en esta película, y ninguna de las dos me gusta, por razones completamente diferentes. La de Brian De Palma era una película que a mí, personalmente, me espantaba. Y creo que es una de las películas que han contribuido de una manera muy fuerte a crear esos prototipos del latinoamericano como delincuente, narco y tal. Encima, con esa especie de estilo operístico, barato, *kitsch*. Me horroriza. Así que, de alguna forma, era como una especie de declaración de principios esa película de la época. Empezamos viendo eso para decir que vamos a contar otra cosa, que vamos a hablar de una familia en una ciudad de Colombia. Y vamos a hablar de algo que no tiene nada que ver con esta visión sucia que todos los días nos meten —y, en parte, nos siguen metiendo todo el rato— por los ojos. Eso era una cosa. Y, luego, *Muerte en Venecia,* una película que no me gusta por otras razones, pero es una película que le gustaba mucho a Héctor Abad y que, pues, él tenía una relación con esa película. Por este motivo, me parecía que, por fidelidad al personaje, eso tenía que estar ahí. Y, además, era muy bonito eso de que le llevara al niño, y luego, de mayor: «¡Ah, sí! Esta fue a aquella que me llevaste, no entendí nada», y así. Y yo no me acuerdo cómo fue ese día, si en el libro dices tú que te dormiste o no. Yo puse al niño durmiendo porque estoy seguro de que si tu padre te llevó, tú te dormiste en la película. Yo la vi con dieciocho o diecinueve años y me la dormí de principio a fin la primera y la segunda vez que la vi. Tuve que verla una tercera vez para saber cómo era.

HÉCTOR: La película es verdad que es un poco cursi. Pero si tú piensas que Thomas Mann tenía una predilección especial por los muchachos —y en sus diarios se ve—, probablemente Visconti también. Y mi papá tenía una debilidad por la belleza, en cualquier manifestación, femenina o masculina. Tal vez Visconti, Mann, mi padre, no se duermen, sino que ven otra cosa, ven una belleza donde tú ves aburrimiento.

FERNANDO: Claro, pero un niño no puede ver eso.

HÉCTOR: Ah, no. Yo no. Yo la primera vez que fui dije: «¿Qué será esto?». Pero no sé. Bueno, me gustaba la música, me parecía bonita.

FERNANDO: Sí, era preciosa. Y, además, jugamos con ella en la película. Y para mí era muy bonito, esa fidelidad al personaje de Héctor ahí, con esa película. También esa película habla mucho de esa época, de cuáles eran los gustos de esa época, los gustos de alguien ilustrado, de alguien con una cultura, etcétera. O sea, que era una pieza interesante.

HÉCTOR: Sí. Y sin un momento de risa, aunque eso es un poco insoportable.

FERNANDO: Ahora han salido dos películas documentales sobre el actor…

HÉCTOR: ¡El pobre actor!

FERNANDO: Pero al fin estaba bien que el cine entrara de esa manera tan real en la película.

SERGI: Ahí, Héctor, en tu libro, hay una imagen que es muy sencilla, pero que a mí me parece muy bonita, que es la de decir que las personas humanas somos como un cubo. Y que vemos un poco la parte que está enfrente, vemos un poco la parte de los lados, pero queda la cara que está…

HÉCTOR: … del otro lado, y la cara oculta para todos, también.

SERGI: Esa imagen, cuando leí el libro, la verdad es que me pareció a la vez muy sencilla y muy muy bonita y muy explícita.

HÉCTOR: Era de mi padre también. Él la decía. No sé si la había tomado de alguna otra parte, pero él hablaba de ese cubo.

FERNANDO: Es verdad. Y por muchas redes sociales que haya, y la muerte, y la privacidad de la que tanto se habla y se filosofa, sigue todo el mundo siendo un cubo. Incluso los que más se exilian por todos los lados siguen siendo un cubo.

HÉCTOR: Sí, es que ni ellos saben, ni ellos se lo ven, ni nos lo vemos.

SERGI: No sé si, quizá para terminar, una última pregunta, que sale un poco de esta adaptación en concreto. Es una constatación muy básica, decir la relación que tiene en la adaptación la literatura y el cine. Es decir, parece que sea solo una relación en un sentido —a pesar de que haya excepciones—, generalmente el cine suele adaptar libros, pero hay pocos libros que sean adaptaciones de películas. En todo caso, no se plantean así, o solo se plantean en situaciones comerciales, digamos, un poco extremas. ¿Eso no os parece decir algo sobre el cine y la literatura, el hecho de que esta relación entre las dos artes sea unidireccional?

FERNANDO: Bueno, depende, se le pueden buscar muchas excepciones. Quiero decir, creo que Graham Greene escribió primero el guion de *El tercer hombre* y luego decidió escribir la novela. Pero es anecdótico. Luego, hay otra cosa anecdótica, que durante décadas se han novelado —ahora se ha dejado de hacer— las películas. Jean-Claude Carrière me contaba que su primer trabajo en el cine, cuando era un joven sano, era para Jacques Tati, novelando las películas, y él escribió la novela de *Mon oncle,* de *monsieur* Hulot; de *Jour de fête.* O sea, tenía que convertir eso en novela. Esas fueron sus primeras prácticas como escritor. También es verdad que se puede decir que es anecdótico y que, de alguna forma, es verdad lo que he dicho. Pero, por ejemplo, yo veo a veces que en el teatro se han adaptado películas. En el teatro se ha hecho más veces, llevar películas al teatro. Yo creo que se ha hecho hasta en alguna ópera, o un musical, a partir de una película.

HÉCTOR: Yo creo que las películas nos han enseñado mucho también que se puede escribir de otra manera y les han enseñado a los lectores que se puede leer de otra manera. Yo he aprendido del cine y lo aplico ahora que estoy escribiendo —y también cuando escribía *El olvido*—, que uno puede ir escribiendo escenas tal como se le ocurren, tal como en la cabeza vienen. Y uno escribe una escena sin ningún orden, sin seguir ninguna cronología. Y que, después, en una operación de montaje, tú acomodas en la novela esas escenas. Así está escrita, por ejemplo, *El Gatopardo,* que mencionaste al principio, de Tomasi di Lampedusa, que es una novela escrita por escenas. Y yo creo que, después de ver mucho cine, la gente ya no necesita, como en una novela del siglo XIX, que te cuenten todo, que no haya vacíos, que no haya saltos, que vaya todo muy bien hiladito, sino que puedes... ¡pam! Paras en un capítulo, vas a otra cosa, a otro tiempo anterior o posterior, y que ya los lectores, gracias al cine, saben muy bien hacer esos saltos.

Entonces, no una influencia de adaptación de lo uno a lo otro, pero sí de método de trabajo para el escritor y de método de montaje casi de las escenas que pueden ir en una novela. Yo se lo debo al cine, de alguna manera. Me parece que el cine me ha enseñado a hacer eso. Y veo cómo se produce una película, que si hay unas locaciones en un sitio, no importa que sea al principio de la película o al final de la película, las hacen todas ahí, por motivos de economía puramente económica, pero, para uno como escritor, por economía casi que mental, hacer las escenas que ocurren en tal casa o en tal ambiente, es cómodo hacerlas aunque luego las tengas que dispersar en momentos distintos en la novela.

FERNANDO: Ya te digo, a mí una de las cosas que me apasiona de la biografía maravillosa, clásica, de Henry James —y también de sus cuadernos que tiene y de sus cuadernos de notas de esa época— es cuando decide que quiere triunfar en el teatro, que ya no le bastan las novelas, los cuentos y todo eso, sino que quiere triunfar en el teatro. Así, escribe toda una serie de obras y fracasa. No solo fracasa como autor teatral, sino que es humillado: llegan a insultarle, se ríen de él la noche del estreno, etc. Esto ha dado lugar a un par de novelas inglesas que intentan recrear ese momento en el que él da el salto al teatro. Se estira cinco años tratando de conseguir ese éxito, esos aplausos. Y al cabo de esos cinco años, vuelve a escribir como un perro apaleado, pero ya en sus libros cambia la forma de escribir, porque en el teatro ha descubierto la estructura dramática. Ya no le vale escribir novelas río, un acontecimiento tras otro, y al final un desenlace. Necesita dosificar las cosas, colocar unas en función de otras. O sea, el teatro le ha abierto los ojos como escritor de novela. Y yo creo que eso es un período muy interesante. Podría haber sido el cine, es lo mismo, porque el cine, al fin y al cabo, es construcción dramática. Aunque algunos no la practiquen, pero, bueno, allá ellos.

SERGI: Vamos a terminar, quería daros realmente las gracias por esta charla que hemos podido tener. Celebrar, otra vez, que aquí en Francia podamos volver a disfrutar de la novela de Héctor en la colección Folio y que, Fernando, podamos ver tus películas, esta adaptación, en cuanto vuelvan a abrir las salas de aquí. Repito, os doy las gracias por este intercambio que hemos podido tener.

FERNANDO: Muy bien. Gracias a vosotros.

HÉCTOR: Gracias, gracias.

La Gran Corona: los laureles del Cervantes

IDA VITALE

Conducido por **Eva Valcárcel**
(Universidade de A Coruña, España)

La ciudad de París se extiende a lo largo y a lo ancho de lo que se conoce como la Grande Couronne. *Para quienes amamos las letras hispánicas, esas palabras tienen ecos regios como los ornamentos que ciñen las cabezas condecoradas por un mérito singular. El máximo galardón en las letras en español es el Premio Cervantes, el que se concedió en 2018 a la poeta uruguaya Ida Vitale. Hoy podremos gozar de su charla con la profesora especialista en Literatura Hispanoamericana de la Universidade de A Coruña, Eva Valcárcel. Hemos titulado esta sesión alrededor de la trayectoria vital y artística de nuestra invitada: «La Gran Corona: los laureles del Cervantes».*

EVA VALCÁRCEL: Bienvenidos al festival literario «Paris ne finit jamais», «París no se acaba nunca», que podéis seguir en la web del festival y en las redes sociales. Esta sesión lleva por título: «La Grande Couronne: les lauriers du Cervantes». Es para mí un honor compartir este espacio con una de las voces poéticas más precisas y sonoras de la poesía contemporánea en lengua española, Ida Vitale. Uruguaya, nacida en 1923, es poeta amante de la prosa, lúcida ensayista y dedicada traductora. Además, se desempeñó como profesora y crítica literaria. Su nombre forma parte de una reducida nómina de mujeres ganadoras del Premio Cervantes: María Zambrano, Ana María Matute, Dulce María Loynaz, Elena Poniatowska e Ida Vitale. Su intenso trabajo intelectual ha tenido múltiples reconocimientos. Obtuvo el Premio Cervantes de literatura en 2018 y el Premio Reina Sofía de Poesía Iberoamericana en 2015. Con anterioridad, en 2009, había sido galardonada con el Premio Octavio Paz y, en 2014, con el Alfonso Reyes. En 2016 recibió el Premio Internacional de Poesía Federico García Lorca y, en 2017, el Max Jacob. Además, fue merecedora del reconocimiento por la Feria Internacional del Libro de Guadalajara en 2018 y ganadora del Premio Alas en 2019. Ella milita en la palabra y escribe sin interrupciones desde 1959, cuando publicó su primer libro de poesía: *La luz de esta memoria*. Siete décadas de trabajo y aprendizaje, y logro de vida y palabra, que quisiéramos revisitar con ella en esta charla. Ida, empecemos por la primera patria, por la infancia, ¿cómo reconoció la poesía por vez primera? Sus lecturas de infancia, ¿cómo las recuerda?

IDA VITALE: Bueno, estaban las lecturas un poco obligatorias de la escuela. Esas no las recuerdo. Después estaba la biblioteca de la casa que no estaba controlada. Digo, no había ninguna prohibición para leer cualquier libro. Pero, naturalmente, yo tenía mi propia biblioteca. Sobre todo, había una amiga de la casa, amiga de una tía, que era un encanto para mí y una especie de fuente de maravillas, porque había tenido muchos sobrinos y sobrinas, y habían madurado, habían crecido, y habían encontrado mucho más cómodo dejar su biblioteca de niños en la casa de ella. Esa era mi biblioteca particular. Ella me hacía la selección por edades y me iba trayendo libros. Yo quería tener mis libros. También fue una experiencia oportuna en ese sentido, pues no solo me llevó a leer, sino me instó a tener el libro propio. Es decir, tuve que acostumbrarme a que los libros que pasaban no siempre quedaban en mis manos. Eso me creó la conciencia o el antojo de tener libros que fueran míos y que se fueran de nuevo. Porque, la verdad, en la infancia —por lo menos, ese es mi recuerdo— yo volvía a leer mucho lo que me había gustado. No tenía la obsesión de la novedad. Más bien, quería apropiarme de los libros, de que quedaran en mi campo, o al menos en mi conciencia. Pero, bueno, eso fue la primera infancia.

EVA: ¿Y qué pasó con un poema de Gabriela Mistral, Ida?

IDA: Gabriela Mistral era… quizá por ser mujer, aunque el Uruguay estaba acostumbrado al respeto por la poesía de mujeres también. Es decir, eran más conocidas Delmira Agustini y María Eugenia Vaz Ferreira —que eran dos escritoras mayores—, que los escritores hombres, que en general se dedicaban más a la novela o al cuento. Pero Julio Herrera y Reissig también era aceptado para formar esa tríada mayor, él y María Eugenia y Delmira.

Bueno, no sé, no es que yo me haya especializado en poesía. Al contrario, había una bibliotequita que estaba muy a mano abajo de donde estaba el teléfono, donde estaba, por ejemplo, *Guerra y paz*, la novela de Tolstói que es quizá la mayor novela, para mí, en aquella época, que podía leer. Entrar a la literatura mundial a través de una novela me parecía tanto más legítimo que entrar por la poesía. La verdad es que me atraía mucho más leer novela y cuento que leer poesía. Ahora, casualmente, por lo menos noventa años después de todo eso, me ha caído el pedido de un prólogo que no es un prólogo, sino un preprólogo. Hay un libro, que supongo que es una nueva edición de *Guerra y paz*, que edita Muchnik con un prólogo de Muchnik, y ahí aparezco yo. Me pidieron hacer una presentación. Muy raro. Supongo que proviene del hecho de que en algún otro caso debo de haber hablado de que mi real entrada a la literatura, al disfrute de la literatura, fue por *Guerra y paz*. En ese caso, hubo un total acuerdo entre la opinión infantil y opinión adulta. Es decir, leer *Guerra y paz* me pareció fascinante y era entrar en todo un universo desconocido.

EVA: Yo citaba a Mistral porque usted dijo, en alguna ocasión, que la introdujo, a la «incomprensión poética».

IDA: ¡Ah!, sí. Volvamos a Gabriela que, justamente, me la dejé de lado. No, claro. La poesía me resultaba más rara que la novela. La novela era informativa, aparte de todo. Y la poesía de Gabriela… En primer lugar, Gabriela no era uruguaya, sino chilena, y tenía que adecuarme a otro vocabulario, a otro ritmo. Es decir, me di cuenta de que había no solo géneros distintos —poesía, novela, cuento—, sino que había también un idioma que podía ser el mismo pero diversificado. Chile… La lengua era la misma, pero el acento, ciertas palabras, era acostumbrarme también a otra variedad del español. Y luego Gabriela, que no es metafórica, no tiene un lenguaje tan rico, podríamos decir, como el de Darío. Digo, el lenguaje de Gabriela estaba más cerca de mi lenguaje de todos los días. Mientras que en una lectura de otros poetas, no solo del que estoy nombrando —pero estoy hablando, ¿de quién?—.

EVA: De Darío, por ejemplo.

IDA: Claro. Hay una diferencia. El lenguaje de Gabriela era como el lenguaje nuestro de todos los días, aunque fuera chilena. Había cosas que me resultaban distintas, claro, pero era una rareza que me gustaba porque, en el fondo, Gabriela es muy directa, muy comprensible. No echa tanta mano de la cultura, de los nombres raros, de los autores. Pero tiene sus dificultades, para mí, distintas. Pero, en fin, Gabriela fue mi gran deslumbramiento poético. Quizá un poco teñido de su presencia, porque ella llegó a Montevideo y fue a mi escuela. Entonces era una persona muy —o para mí, en aquel momento me resultaba— imponente, extraña, como suponía que tenía que ser un poeta. Yo me imaginaba que esos eran bichos raros. Y Gabriela era muy grande, alta. Era impresionante. Era impresionante porque tenía una calma y una cosa muy atractiva. Fue a mi escuela y se sentó en un banco mientras oía, no sé, a la maestra que hablaba. Me quedó como una presencia imborrable. Aunque teníamos cerca a alguien que en ese momento era muy conocido y muy querido, y que era el padre de una compañera —quizá la que yo más quería—, y era Carlos Savater Castier, al que hizo muy conocido en el Uruguay Neruda, que lo respetaba mucho. Entonces la poesía era algo que podía convivir con un escolar o con una niña del liceo. Porque, ya te digo, era el padre de una compañera, Savater Castier. Y muy afectuoso, muy accesible. Aunque era nuestro gran poeta en ese momento.

EVA: Al que usted le transmitió que *La montaña mágica* le había supuesto una cierta revelación también, ¿no?

IDA: *La montaña mágica* fue dos cosas. Una novela importante, larga; una novela que no era una novela para mi edad en realidad, era una novela de adultos, eso que yo no manejaba. Pero coincidió con que estuve dos o tres meses en cama porque, en ese momento, en aquella época que todavía no existían los antibióticos, el terror de todas las familias era la tuberculosis, que era una cosa bastante posible que apareciera. Y en mi caso, y en mi casa, había habido dos tíos enfermos. Era una tía, cuyo nombre heredé, y que había muerto tuberculosa. Así, ante la menor tos, se veía la sombra, el terror, de la tuberculosis. Entonces tuve, no sé, una peritonitis o algo así, y me metieron tres meses en la cama. Ahí empecé a leer *Guerra y paz* sin interrupciones. También a Gabriela la descubrí en ese momento. Bueno, están ligadas, no diré que a la enfermedad, pero la enfermedad es una cosa de adultos en general, o por lo menos para mí lo era. Así que aquella era una literatura para adultos que me acompañaba en la aburridísima cama.

EVA: ¿Y a Cervantes, Ida, cuándo lo descubrió?

IDA: Ah, no. A Cervantes no sé cuándo lo descubrí. Debo de haber descubierto primero cosas un poco menores. Hay un libro que quise mucho, tanto, tanto, tanto… que como un amigo muy querido que ya pasó, no me acuerdo el nombre, pero ya vendrá. Supongo que fue por alguna maestra. Yo fui a una escuela que acá se llamaban escuelas de práctica porque los maestros, a la vez que nos enseñaban a los alumnos, tenían la tarea suplementaria de ayudar a los estudiantes de Magisterio, a prepararse. Entonces, una vez hecha toda la teoría arriba, bajaban a cumplir sus funciones en nuestra escuela, como ayudantes de las maestras. En general, uno se ocupaba del dibujo y otro de las lecturas. Así pues, estábamos un poco en manos de lo que descubrían aquellos estudiantes de magisterio, que tenían tres, cuatro o cinco años más que nosotros, no más. A veces acertaban, a veces no. Entonces, por ahí llegué a Gabriela, y mi asombro fue, en ese caso, que me beneficié con el «error» de algún estudiante de Magisterio. Porque hay una zona intermedia que puede ser más lectura para niños. Ahora, yo me felicito de dos maneras de ese error pedagógico, pues yo me encontré con una novela que me superaba. Había cantidad de cosas que no entendía, había alusiones a mundos que me eran desconocidos. Para empezar, Rusia, que creo que todavía no sabía tanta geografía como para ubicar en algún lugar del mundo a Rusia. Pero, en fin, involuntariamente, supongo, ese error fue un primer acierto. Creo que el error vino en la normalización de aquello. Es decir, el hecho de que los niños tengan que acostumbrarse a leer libros, historias de hadas o simplemente una literatura un poco anodina, un poco tonta. Que no nos prepara para leer *Guerra y paz*. Esa costumbre, por suerte, fue quebrada por algún error y me tocó leer *Guerra y paz,* con lo cual me ahorré una etapa intermedia que después se hubiera olvidado totalmente, mientras que *Guerra y paz* la volví a leer dos, tres o cuatro veces porque estaba en mi casa el libro. Y, como siempre había algo que me había quedado un poco turbio, poco claro, me acostumbraba a ese buen sistema de releer. Releer lo que uno no entendió o releer lo que entendió y gustó. Así que *Guerra y paz* fue un libro que me acompañó muchos años. Y en algún momento debo de haberlo contado porque ahora, de manera totalmente injustificada, me dieron un libro que tiene una edición de *Guerra y paz* con un prólogo estupendo de Muchnik, y me encargaron que hiciera un preprólogo. Y en eso estoy, todavía viendo cómo puedo cumplir sin quedar como una insolente o una atrevida que agrega algo innecesario. Bueno, porque el prólogo está muy bien, es muy buen prólogo.

EVA: ¿Y cómo pasamos, Ida, de la lectura atenta a la escritura? ¿Qué fue lo primero que escribió? ¿Poesía? ¿Cuento? ¿Cómo llegó la escritura?

IDA: Un corredor de delirio, porque no sé cómo pude haberme atrevido a pensar que sí podía escribir algo que no fuera el abecé de la escuela. No sé. Por eso siempre pienso que, en realidad, hay un gran error pedagógico que es poner al niño, casi obligatoriamente, en contacto con una literatura hecha para niños. Sí, está bien que eso se haga, es lógico, pero eso tendría que ser una muy breve iniciación, y poner a los niños, enfrentarlos, a una dificultad. No que todo sean cuentos de patitos y monitos y cosas que el niño puede entender con facilidad. ¡No! Ponerlo de frente a una dificultad, porque creo que eso es lo que verdaderamente ayuda, no la papilla ya digerida, la cosa preparada, sin misterio —porque eso, en general, no tiene misterio—. En cambio, bueno, de pronto ese consejo mío es totalmente irrealizable y lo más normal es que un niño lo rechace. No sé. En mi caso, como había una biblioteca, en general, de libros adultos, lo que yo leía escolar me venía de la escuela donde había una buena biblioteca escolar, pero resulta que al final me resultaba mucho más divertido aquello que me planteaba una palabra y una dificultad, me daba una palabra y me daba otra dificultad. Resultaba más tentador eso que, aparentemente, no entendía. […] Te interrumpí, creo…

EVA: No. Sí, usted fue profesora. ¿Le gustaba enseñar?

IDA: Sí, me gustaba. Pero era ya en el liceo. No sé si hubiera tenido paciencia en la escuela. De la escuela al liceo hay un cambio de psicología en el alumno. Y eso es más aprovechable. Creo que en la escuela es como un paso obligatorio, mientras que en el liceo [...] como en mi época, había algunos que no seguían el liceo, se quedaban cumplidos con la escuela. El liceo, como no era tan normal, me resultaba más atractivo. Además, se aprendían cosas más concretas, más identificables: la historia, por un lado; la geografía, por otro; la biología, por otro. Uno tenía la sensación de que había muchas cosas ante las cuales uno podía optar, gustarle más. Supongo que es una prueba de falta de inteligencia, pero la física y las matemáticas siempre me inspiraron un gran terror; no así la química que, en cambio, me encantaba. Era algo más práctico, uno veía que cambiaban colores, se producían cosas raras. Y las matemáticas no; estaban en el pizarrón y no variaban.

EVA: Vayamos al Uruguay de los años 50, la Suiza de América. ¿Cómo eran aquellos años? Aquellos años en los que había una sociedad con grandes logros sociales, legislativos, con leyes laborales, con leyes de divorcio [...], con mucha presencia del cine. ¿Cómo era esa sociedad de los años 50?

IDA: Bueno, no entendí mucho las últimas cosas que me dijiste. Pero me imagino…

EVA: Preguntaba, Ida, por el ambiente del Uruguay de los años 50.

IDA: No sé, ¡porque ya están tan lejos para mí los años 50! Pero, bueno, me imagino que el Uruguay no tuvo… No pensaba demasiado o se había acostumbrado —o yo me había acostumbrado mucho— a un tema que en mi casa preocupaba mucho y que aparecía en los diarios, y era la guerra en Europa, lo que había llevado a la guerra, lo que había dejado la guerra. Siempre me acostumbraron a la idea de que el Uruguay era un país muy europeo. En el sentido de que la historia —que no siempre es encantadora— en el Uruguay tuvo su período bastante oscuro. Es decir, en el Uruguay —lo que todavía no era Uruguay—, España encontró un indígena organizado y muy evolucionado, diría yo, aunque hay que tomar con pinzas la palabra *evolucionado*.

EVA: Es cierto.

IDA: Era un país donde el charrúa, que era el aborigen, se agrupó y se defendió. El charrúa era muy señor de sus libertades y no aceptó las ventajas que le traía el español: lo primero que registró era que perdía la libertad. Entonces, apareció la indisciplina, la necesidad de la libertad y el rechazo de lo que venía de afuera. Y eso fue el charrúa. El charrúa fue casi aniquilado. Es decir, en la medida en que quedaron derrotados y aplastados, desaparecieron prácticamente. Eso formó un país muy distinto de Chile, muy distinto de Brasil, muy distinto de Argentina, porque casi no quedaron charrúas. Por ejemplo, yo, como que me crié en la capital, no tenía mucha ocasión de verlos. Sin duda, en el campo, como ayudante de trabajos agrarios, campesinos, quedaron charrúas. Pero el charrúa no era acomodaticio, era un indígena violento. Así que, en general, padecieron al blanco. En ese sentido, el Uruguay es un país raro en América. Chile, por ejemplo, es un país en que tengo muchos amigos y al que le tengo una gran simpatía. Claro, yo nunca llegué al sur, pero el sur es prácticamente indígena. Hay muchos más indígenas que en Santiago. En Santiago uno no ve indígenas. Sentíamos que nosotros éramos europeos trasplantados. Hasta que después a uno le viene la conciencia de cómo son realmente las cosas. Es curioso. Incluso, no hay demasiados rastros indígenas en el pueblo. Los hay, claro, pero no tanto como en Chile o en Argentina, por ejemplo.

EVA: Hablemos ahora —no tanto de la generación del 45, porque la teoría de las generaciones es una mera clasificación— de autores del ambiente intelectual. Por ejemplo, ustedes tenían en su pasado a los grandes autores del 1900: a Rodó, a Agustín y a Herrera y Reissig. También, del 17 a Ibarburu. Tenían como precedente a Felisberto Hernández. ¿Cómo era la relación de su generación con estos escritores que la habían precedido?

IDA: Pues de admiración. Uno tenía que admirar fundamentalmente a Darío porque era el que había creado un lazo con España más visible, quizá porque tenía una teoría literaria más difícil o más riesgosa o más rica. Es decir, comparativamente, hablar de Darío… Estoy diciendo mal, estoy hablando y me estoy olvidando.

EVA: ¿Está hablando de Rodó?

IDA: Es decir, ubicábamos a los valores uruguayos respecto a Darío, y luego, respecto a España. Nosotros sentíamos que la literatura venía ordenada desde España. Era la cultura madre, digamos. Pero luego empezamos a ser más sutiles y a ver las diferencias, de mirar para un costado y ver que España tenía sus valores, pero también los tenía Chile y los tenía Argentina, e incluso tolerábamos que también en el Uruguay había valores que debemos respetar. Aunque el que siempre nos ponían como gran padre de la cultura era Rodó, que era el menos uruguayo o el menos americano, pese a que él tenía una teoría y no solo teóricamente, sino que también en la práctica respondía a una literatura americana, digamos. Esas son las cosas que una empieza a aprender: que la cultura, en el fondo, puede tener muchas aristas, pequeñas diferencias, pero que es toda una. Incluso la que no se habla en nuestra lengua está influyendo, está incidiendo. Esa quizá fue una de las cosas que me llevó a interesarme mucho cuando nos enseñaban francés e inglés. Luego vino el italiano para los que seguíamos derecho, alguna cosa así. Se nos abrían puertas que nos llevaban directamente a un enriquecimiento de nuestra literatura. Había que leer, no traducido, había que tratar de leer en la propia lengua… en la propia lengua a la que queríamos acceder. Luego uno piensa que eso es una presunción, que nadie puede ser tan políglota como para entender a los rusos en ruso y a los alemanes en alemán y a los holandeses en holandés. Bueno, nos conformamos con las traducciones. Y ahí descubrí que también era muy importante el traductor —el buen traductor— y que eso era lo que realmente nos acercaba a otros mundos. Bendito, sí, si uno podía leer en francés sin problema, en italiano sin problema. Pero para lo que sí planteaba problemas previos y difíciles de solucionar, era el aprender otras lenguas, en la medida de lo posible. Yo hubiera querido aprender alemán; me puse a aprender alemán, pero por mi cuenta… era difícil. Cuando estaba en el liceo yo tenía que aprender francés e inglés, más todo lo demás, y no era un buen momento para el alemán. Y después nunca me llegó. Me llegó siempre la codicia y el gusto. Y, gracias a que la otra cosa que me interesaba mucho era el canto, ahí sí llegué al alemán por una estupenda profesora de canto que era de ascendencia alemana y que, obviamente, nos hacía estudiar lo que correspondía, el *lied* alemán. Bueno, me fui por las ramas.

EVA: No, no, en absoluto. Llegamos a México, donde usted se exilia, y se va a encontrar con Paz, se va a encontrar con Rulfo, con maravillosos intelectuales. ¿Cómo era aquel ambiente intelectual de México?

IDA: Antes que nada, y en un término más general, de una generosidad enorme. Porque no llegamos solo los uruguayos, ya habían llegado chilenos, argentinos. México ofrecía dos cosas opuestas y simultáneas. Un país sumamente rico y muy perfilado. Digamos, México es un país muy característico y muy distinto de lo que era el Río de la Plata. Es decir, el Río de la Plata o Uruguay, que solo había contado con charrúas que eran belicosos e incultos. No nos enriquecieron los charrúas. En cambio, no queda un arte charrúa... no sé si por alguna intervención colonial... pero, bueno. Es decir, México era la cultura de la colonia más la cultura de todos los países que habían emigrado a México. Había españoles, había italianos —pocos, pero había—. Pero había sobre todo una cultura mexicana impresionante. Un arte que veías con poco más que salir al campo y dieras con las pirámides. Y, luego, todo lo que dejó la colonia, también, que se arraigó más en México que en otros países. Hubo una cultura intermedia y una cultura general —escultura, pintura—, cultura como forma de relacionarse la gente. Es un país muy especial, México; profundamente nacionalista. Creo que si uno se pusiera a hablar mal de México —con la idiotez o estupidez que eso significaría— en una plaza, lo cuelgan. Porque el mexicano es muy orgulloso de su cultura, que es muy distinta de la de todos porque hay una simbiosis o una mezcla muy positiva de lo bueno que llegó y de lo bueno que había, que da un resultado muy grande, porque ellos recibieron la cultura española, pero tenían algo que mostrar. No es el caso del Río de la Plata, que no había un arte propio, una cultura propia. Cultura, en el sentido más específico, digamos. No, México sigue siendo un gran país, sigue teniendo que luchar con una contrariedad grave que es la superpoblación. En el Uruguay, un matrimonio que tiene dos hijos es un matrimonio realizado que ya cumplió con su deber. En México, lo habitual es que cada matrimonio tenga diez, doce. Es decir, México crece y crece, sin parar. Claro, es muy grande, pero en todas partes la gente aspira a quedarse en las ciudades y, entonces, la ciudad en México crece de una manera impresionante. Y eso, llega un momento en que es un problema. Pero, digo, tiene una cultura y una generosidad —paralela a esa cultura—. Yo me siento muy agradecida porque además a mí me tocó recibir lo mejor de México a través de gente muy importante. Como Paz, por ejemplo, que es un hombre totalmente europeo en un plano y profundamente mexicano en otro. Es un escritor que tiene el orgullo de su cultura, de lo que él hizo y de lo que han hecho otros incluso antes que él. Había, ya a fines del siglo XIX, toda una cultura propia mexicana importante y capaz de nutrir a su gente. Y eso también es una cosa que se agradece: la generosidad de México, que recibió a tantos americanos, argentinos. Brasileños había menos. Pero, sí, de todos los países. En realidad, era la liga de las naciones. En cualquier lugar al que uno llegaba, encontraba a los otros. Los otros, hermanos americanos que estaban ya aposentados o que seguían llegando. Creo que hasta hoy llegan a México.

EVA: Y españoles que habían llegado antes, también.

IDA: Sí. Españoles, claro. Claro. Ni hablar. Para nosotros, que llegamos últimos, era llegar también a España. Incluso, lo más importante que había ahí como enseñanza era el colegio español que, de alguna manera, formó la universidad. Es que la generosidad siempre es importante no solo porque ayuda; nos hace sentir mejores respecto a los que ayudamos —eso habrá dicho algún mexicano, no me toca decirlo a mí—. Pero, digo, el mexicano recibió y dio. Y recibió mucho, claro. Pero lo que pasa es que el mexicano integró mucho lo español. Cuando uno está en México casi no distingue entre lo que vino de España y lo que ya tenían los mexicanos porque, claro, España llegó mucho antes a México que al Río de la Plata, y ha hecho las bases de todo lo importante. Pero los mexicanos siempre tuvieron una cosa que los hace distintos de otros países: un respeto por lo propio. Porque lo propio fue muy evolucionado también. Hay que ver lo que era, en ese momento, incluso desde el punto de vista arquitectónico, una pirámide. Yo, como había sido siempre muy entusiasta desde niña, del Egipto de las pirámides, de todo ese mundo. En casa llegaba una revista europea muy estupenda que tenía una parte muy importante referida al arte. Y ahí tuve noción, por primera vez, de lo que era realmente México. Lo que era la cultura, bueno, las pirámides, no solo las de Egipto. Pero yo ya había venido preparada por las de Egipto. Porque, claro, ahí también había una cultura —mayor, digamos… quizá… quizá—. Entrar a una pirámide egipcia me parecía cargado de muchas cosas, mientras que las pirámides mexicanas eran más vacías, más su forma exterior. En fin, estoy divagando y picoteando y disparatando.

EVA: ¡No, qué va! Hablemos ahora del orden y el caos en su obra, esa búsqueda del orden.

IDA: ¡Del orden y el caos! Bueno, el caos soy yo, es natural. Y el orden es lo que he tratado o me han tratado de imponer. Ahora soy maniáticamente ordenada. Aunque el orden hace perder mucho tiempo.

EVA: Cierto.

IDA: Aunque el desorden también. El desorden tiene su orden integrado. A veces, cuando creemos estar en el desorden, estamos organizando. El orden tiende a sumergirse y a reinar desde abajo. Es como un gobierno dictatorial en que la democracia se impone alrededor haciendo desastres. Sí, el orden. El orden es algo que tenemos que integrarlo desde adentro. Y lo importante es ordenar nuestros gustos y nuestros respetos, qué es lo que realmente nos interesa, qué es lo suplementario. Lo mismo pasa en la literatura. Yo tengo la tendencia a que todo me interesa, pero después me doy cuenta de que no, que hay cosas que el orden interior rechaza. Es más cómodo. Uno tiene que educar el orden interior para no tener que pasar por el del desagrado. Decir: «No, esto no me gusta». O decir: «Esto no me viene bien». Si tenemos adentro una maquinita que se encarga de hacer la selección, mejor. Bueno, la maquinita tiene que estar acá [señala la cabeza (N. del E.)], no acá [señala el pecho (N. del E.)], no necesariamente en el pecho. Dejo cosas sin contestar, supongo.

EVA: No, no, por supuesto que no. Yo me refería también a ese orden creado por usted en libros como *Léxico de afinidades*, ese orden del fragmento en «Reivindicación y orden del fragmento», en esos apuntes, esas evocaciones sujetas al orden mismo del abecedario.

IDA: Creo que *Léxico de afinidades* fue una manera —quizá un poco tramposa— de dejar claro, o de aclararme yo, lo que entendía o no. Porque un día me acuerdo que dije: «Bueno, ¿y todo este material que es tan caótico?». Porque yo, sobre todo cuando escribía en prosa, hacía cosas que no tenían mucho que ver unas con otras, por distintos motivos, de repente porque discutía una palabra o porque tenía que hablar de algo que se me imponía como un poco ajeno. En ese libro yo casi no incluí poesía. Y un día me encontré con una cierta cantidad de material y dije: «Bueno, pero esto es tan caótico que tengo que buscarle un orden, algo que justifique por qué todo está junto». Y entonces, dije: «El orden alfabético es el primero que recibí y me puede servir para esto». Y fue un libro que armé en unos días, escarbando entre los papeles y encontrando cosas. Después, sí, me preocupé por que tuviera un cierto orden, un cierto ritmo, una cierta armonía, elegir unos temas sí y otros no. Son esas cosas que un día uno descubre fácilmente porque la cantidad de papeles en un cajón impone que uno organice las cosas de una manera o de otra, pero creo que siempre hay un orden interior, casi histórico, que nos lleva a armar las cosas. Después sale o no sale. Podía haberlo seguido ese libro, pero nunca lo seguí. Después los que vinieron quedaron sin hacer o quedaron nonatos o busqué otro centro de interés.

EVA: Pero seguramente guarda notas y en otro momento tendrá que ordenarlas de nuevo.

[...]

EVA: Usted, como mujer curiosa, escribe sobre el jardín, sobre las plantas, sobre el almácigo, y lo hace como una jardinera experta. ¿Cuál es su relación con el jardín, con el jardín físico?

IDA: ¡La nostalgia!, porque ya no tengo jardín. Tengo terraza nada más. Bueno, quizá la explicación esté en mi nombre. Mi nombre era el nombre de una tía, la menor de mi abuela que tuvo como catorce hijos. Era botánica, era naturalista, y era una mujer muy lectora. Yo no la conocí —bueno, de pronto sí coincidimos cuando yo no tenía todavía conciencia de quién era—, pero dejó una habitación que fue la que después me dieron a mí, con una biblioteca que tenía estupendos libros de literatura, pero también tenía una biblioteca más o menos científica. Y, además, sobre todo heredé todos los cuentos de ella, porque era la hermana menor y todos los tíos la adoraban, y murió joven. Entonces, creo que yo me vi llevada así por las circunstancias: casa, familia, libros, biblioteca, muestras de plantitas y hasta plantas en maceta, que todo se relacionaba con esa tía. En fin, la infancia es un período muy acomodaticio. Me dejé llevar por la presencia de esa tía. Por los gustos, por lo que ella había hecho. Y, bueno, me quedó el amor a las plantas, que me pareció una de las cosas más lindas con las que contamos en el mundo. La música y las plantas. Y, bueno, los seres humanos a veces también. Además, las plantas nos imponen su voluntad con enorme discreción; si no actuamos como ella quiere, discretamente se muere y nos deja con un cargo, con una sensación de culpa y de responsabilidad. Así que me acostumbré a cuidar plantas como otros cuidan pajaritos.

EVA: Pero el jardín es también un espacio para lo poético, ¿o no?

IDA: Yo nunca tuve un jardín así maravilloso, un parque. No, tenía un jardín normal en una casa de la que luego nos fuimos. Y, bueno, me quedaron las plantitas, las macetas. Y quedó ya la poesía reemplazando al jardín. Realmente, quizá lo más deseable para un niño sería tener un jardín y acostumbrarse a él, o que lo acostumbren a que un jardín es también una entidad que se debe cuidar y respetar. El jardín paga generosamente. Montevideo es una ciudad bastante arbolada, no es que haya tanto jardín, hay muchos parques, muchas casas con parques. Creo que al uruguayo le gusta la naturaleza. Y además tenemos mar. El mar no nos ha dado plantas; a lo más, algas, que no se ven, ¡quedan abajo! Bueno, es una de las formas de hacerse ver la naturaleza. Todavía Montevideo es una ciudad relativamente verde, relativamente pequeña, y con el mar al lado. Pero pienso en esas ciudades americanas, de repente, que solo crecen para arriba, a veces, hasta con pocos árboles, que tiene que dar una sociedad distinta. ¿Tú eres de Madrid?

EVA: No, de A Coruña.

IDA: ¡Ah, A Coruña! ¡Bueno!

EVA: Tenemos mar, también.

IDA: A la orilla del mar. Está muy bien. ¿Hay plantas específicas de A Coruña? ¿Algún árbol?

EVA: El camelio.

IDA: ¿¡El qué?! ¿¡El camello?!

EVA: No, no. El camelio, la camelia.

IDA: Ah, ah, ¡la camelia! Es que no colocaba yo al camello tan en el norte. ¡Por eso me sorprendí mucho! ¡Tenía que revisar mi geografía! ¡Una Galicia con camellos, fascinante! Perdón por la confusión. Camelias. Bueno, pero camelias también hay en Uruguay. Hay poca, quizá sea muy delicada de cuidar.

EVA: No. En A Coruña es algo sorprendente porque no necesita cuidados, florece en cualquier parte.

IDA: ¿Y no tienen sauces? Sauce, el árbol que llora.

EVA: Sí, tenemos, tenemos.

IDA: ¡Ah!, bueno, bueno. Está bien.

EVA: Tenemos mucha naturaleza, Ida.

IDA: No, pero los sauces son importantes… porque lloran.

EVA: Es cierto. Podríamos seguir hablando *De plantas y animales*.

IDA: Bueno, de animales, menos. Porque —la verdad sea dicha— salvo los pajaritos y los gatos… en general ya el perro exige más. La planta es favorable a la pereza humana, no pide tanto esfuerzo. Falta nada más que regarla. Bueno, salgamos del terreno natural.

EVA: Salgamos, entonces, y vayámonos a la pintura. Me gustaría preguntarle cuál es su relación con la pintura, porque encontramos codos de Ofelia —de la *Ofelia* de Millais—, encontramos a Klee, encontramos a Odilon Redon, a Jean Dubuffet también. Eso me lleva a preguntarle sobre poesía, pintura, su relación con la pintura.

IDA: La pintura es una cosa que solo pide que la miremos, en principio. Acá en Uruguay hubo un pintor que lo vemos siempre,

que está muy presente en la cultura uruguaya. Si hubiera estado en
Europa hubiéramos dicho que era un impresionista, pero un
impresionista muy peculiar. Figari, que fue un hombre que
—quizá eso fue lo que a mí me llamó más la atención— empezó a
pintar a los sesenta años. Cuando yo era chica, para mí sesenta
años era la edad de morirse. Me parecía que era casi como haber
vivido un siglo. Y él era un abogado. Acá, por ejemplo, no había
negros; naturalmente teníamos indígenas, pero no negros. El negro
vino de África como esclavo, terriblemente, pero… no sé, se
integró. Tenemos muchos menos negros que en Argentina o que en
Brasil, pero tuvieron una cultura, conservaron su cultura. Y Figari
los pintó, diría yo que con mucha devoción. Los descubrió; así
como pintaba los ombúes o así como pintaba la flora, lo verde,
propio del Uruguay, dejó registro, mucho, de la negritud. Desde el
punto de vista del tipo de pintura y del color, era un impresionista.
Pero impresionista que registraba mucho lo ciudadano, lo humano.
Y fue un personaje importante en la cultura uruguaya. Quizá por
eso de que antes de haber sido pintor había sido abogado o había
formado parte, un poco, de la cultura ciudadana, digamos. Ese fue
el gran pintor uruguayo. Y, luego, tenemos lo que hay en cualquier
país, naturalmente. Bueno, también le debemos a España
particularmente una zona muy importante de la cultura plástica,
que fue lo que se llamó «el Taller». El Taller, para nosotros, es el
Taller Torres García. El pintor español que vino y muy
generosamente formó, tuvo escuela de pintores, a pesar de que
había una escuela oficial. Él puso por delante su pintura y tuvo una
primera capa de alumnos que fueron luego los que continuaron,
precisamente, los que siguieron con la tarea. Él no hubiera podido,
solo, atender a todos los pintores que siguieron su trayectoria. Pero
eso es muy importante para la pintura uruguaya. Ya quedó atrás,

ya ahora son alumnos de alumnos de alumnos, pero […]. Bueno, te preguntaba si en España conocían mucho a Torres.

EVA: Bueno, no lo conocemos mucho. Yo sí lo conozco, pero no es tan conocido, aunque ha habido exposiciones en los últimos quince años, alguna exposición importante que lo dio a conocer. Realmente es un pintor importante en la pintura en general, no solo en la pintura de un país.

IDA: Lo tengo vinculado con España, por eso pensaba en ello.

EVA: Sí, pero yo entiendo que aquí lo conocemos como pintor uruguayo. Estuvo en París, estuvo en Barcelona. Hizo su obra —parte— en España. Trabajó con Vicente Huidobro, el chileno.

IDA: Sí. ¡Ah!, claro, claro.

EVA: Es un pintor que a mí me parece muy importante. Tanto sus cuadros como sus juguetes.

IDA: ¿Quién?

EVA: Sus juguetes…

IDA: ¡Ah!, sus juguetes. Claro, claro. Esos creo que los comenzó a hacer cuando estaba en Estados Unidos.

EVA: Yo los he visto, creo que fue en el Reina Sofía, porque se ha hecho una importante exposición. Pero es cierto que durante mucho tiempo no era tan conocido.

IDA: Sí. Pero creo que es uno de los pintores que ha salido más del Uruguay, que se lo conoce en general.

EVA: Bueno, ha escrito sobre muchos bichitos, enormes y minúsculos.

IDA: [...] Ha escrito sobre el tigre, por ejemplo. A Borges le fascina mucho creo que por eso, porque lo encuentra en otros poetas, pero a mí nunca se me hubiera ocurrido escribir un poema a un tigre. No lo siento tan cercano al tigre ni al elefante, aunque me encanta el elefante. Pienso que un pintor sí tendría que ocuparse de los elefantes. Pero en la poesía... no tengo espacio para tanto bicho.

EVA: Ida, ¿la poesía tiene alguna primera obligación, tiene una función?

IDA: La primera obligación, sí, ser honesta consigo misma. No, la obligación que tienen todas las cosas, de llegar a ser lo mejor posible. Es complicado. No sé, pasan los siglos y la poesía conserva sus límites. Pienso, por ejemplo, en eso que en algún momento se hizo, una poesía que fuera buena conductora de algo. Es decir, un poema en que se cuente una historia. Un poema que nos enseñe. Bueno, eso creo que los latinos lo hicieron y creo que cerraron el ciclo. No me imagino la física explicada a través de la poesía, pero, bueno, allá los latinos cuando no tenían tanta confianza en la prosa como para escribir sus teorías científicas en prosa. No, la poesía cambia sobre todo en sus exigencias. Nosotros pensamos que somos nosotros los que tenemos exigencias para con la poesía y yo creo que es al revés. Es la poesía la que exige un campo y no admite otros. En fin, no sé. No sé. Quién sabe qué le depararán los siglos a la poesía. De repente, la desaparición total a medida que la imagen crece.

EVA: Entonces, Ida, la poesía la elige a una.

IDA: Claro. Creo que en ese sentido es como la música, que es una cosa que tiene que mantenerse como tal aunque tenga tantas variaciones internas que permite que uno elija dentro de ella. No a todos nos gusta la misma música. Ni aún dentro de la música clásica cualquier cosa nos da lo mismo. Hay algunas cosas que se apropian de uno y otras cosas que no entran. Hay ciertos músicos que… Cuando yo era chica, había, por ejemplo, conciertos, los conciertos de los sábados, que eran conciertos sinfónicos. Y, en general, el público sinfónico, el público de la música sinfónica, no era el mismo público que el público de la ópera, que era la otra cosa que competía con las mismas posibilidades, digamos. Había un teatro que era fundamentalmente un teatro para ópera. Y había otro. Los sábados eran solo concebibles como de la música sinfónica. Es decir, un sábado uno no iba a oír una ópera —que creo que tampoco había—. Eran cosas distintas. Ahora, a mí, como la voz humana me parece el instrumento más maravilloso, creo que hay un espacio intermedio que es lo que los alemanes llaman el *lied*, la 'canción'. Si uno dice *canción*, se corre el riesgo de que se pueda entender como música popular. Mientras que el *lied*, en Alemania, es lo más respetado que puede haber: no compite, no admite competencia con nada. Y a mí, que nunca me gustó mucho la ópera, en cambio el *lied* me parece todo; de donde venga, me parece fascinante. Claro, los alemanes en ese campo llegaron más lejos. Pero, bueno, es una entidad muy independiente, muy personal.

EVA: Quería preguntarle sobre el proceso poético, si lo considera un camino de conocimiento.

IDA: No es lo primero que se le pide a la poesía. Hubo un cierto momento, sí, en que había una cierta poesía pedagógica.

EVA: Me refiero al proceso poético como un conocimiento para el poeta. Al *conocimiento,* con mayúscula, no me refiero a la pedagogía, sino al conocimiento de uno, del ser.

IDA: Yo creo que la poesía no está hecha para dar conocimiento. Me parece que nosotros tendemos a darle a la palabra *conocimiento* un valor positivo, pero a la vez práctico. Es decir, un conocimiento para algo, para otro conocimiento, para una técnica o para una ciencia. Digamos, por ir a un lugar común, *La Gioconda.* ¿Nos enseña algo *La Gioconda?* No. Es una cosa que nos da, no sé, nos ensancha el alma. Por la vía que sea, nos lleva a pensar en otras cosas, nos detenemos en el fondo, en la expresividad de la cara. Pero no sirve. Esa palabra tan ambivalente que es *servir.* Es que algo nos es útil, pero también hay una utilización un poco aprovechada nuestra con aquello que nos sirve.

EVA: Claro. Yo no me refería al conocimiento de lo que sirve, sino al conocimiento del ensanchamiento del alma. No servir es, digamos, la mejor opción.

IDA: Claro, uno puede usar la música para ciertas cosas, la pintura para otras, pero ya es una libertad que nos tomamos nosotros, no es algo que venga implícito. Sí, colgamos un cuadro en una pared, nos parece que queda mejor. Pero el que hizo el cuadro, no sé si estuvo pensando necesariamente en esa utilización. Claro, hay pintura decorativa, hay pintura que sirve para que una pared no esté tan blanca, pero es un uso que nosotros le agregamos y que no está implícito en la pintura.

EVA: Pero la poesía, Ida, ¿es un descenso para un ascenso? ¿Un descender para ascender? ¿Es un vacío?

IDA: Ocupa una necesidad expresiva o simplemente liberadora. Qué se yo. Pobre, nunca la analizo con estas lupas tan científicas. ¿Para qué me sirve? Creo que nos sirve en el otro sentido de *servir*, el de 'estar al servicio de'. Creo que, más que nada, es un órgano más que tenemos a mano. Un órgano de expresarse. Tenemos la voz. Los ojos no sirven, los ojos solo reciben. ¡El ojo es egoísta, eh! No se me había ocurrido eso, que el ojo no da nada de sí, el ojo solo recibe. Bueno, en cambio, la palabra da, la voz da.

EVA: Tal vez, se me ocurre, Ida, que como hay una diferencia entre *ver* y *mirar*, a lo mejor los ojos también dan algo.

IDA: No, claro está que hay cosas que agradecen ser miradas. Eso es otra cosa. Entonces, podemos poner la mirada, necesaria para muchas cosas. La generosidad necesita de la mirada, por ejemplo. La mirada tiene un movimiento de ida y vuelta, es verdad. Quizá los olores y los aromas son una cosa que solo tiene un movimiento de ingreso. Es como el sabor. Nos beneficiamos nosotros, antes que nada. Algo nos da en compensación para recordarnos que tenemos que ocuparnos también de dar, ¿no? No solo… Bueno, tenemos que agradecer al mundo entero por existir.

EVA: Quería preguntarle por el momento presente, por su obra, por su presente. También, sobre todo, por su mirada sobre el presente, este momento que estamos viviendo, tan confuso.

IDA: La verdad, la verdad es que yo —con o sin pandemia— no estoy en un momento muy movedizo. Reencontrar una casa, los papeles, las cosas, los proyectos que no cumplo. Todo eso no me mueve mucho a salir. Pero, claro, me doy cuenta de que hay un problema. Por ejemplo, la gente mayor, o los que trabajan, tienen problemas de si ir o no ir al trabajo. En este momento creo que el presidente ha abierto las puertas de la escuela. Los niños van a poder no hacer lo que se hacía hasta ahora, que era la enseñanza, pero sin presencialidad, por la computadora. Lo cual ya es complicado porque naturalmente no todo niño puede acceder a una computadora; hay casas en que no hay computadora. Ahora, cuánto van a durar las causas reales de la «cerrazón», de que todos estemos cada uno en su casa —en la medida en que puede hacerlo—, no sabemos. Algunos hablan de que hasta fin de año. Lo cual me parece una infinidad de tiempo. Digo, esto podría ser una manera de terminar con la civilización. Si la gente no va al trabajo, si los maestros no van a enseñar, si todo se paraliza… No sé. Si sumamos a eso que nosotros hemos tenido un período bastante largo de sequía y no creo que este año ya haya llovido mucho. Un país como Uruguay que produce fundamentalmente cosas de comer, verduras, animalitos, si eso la naturaleza nos lo limita, eso puede ser muy terrible. Siempre se ha imaginado —no proyectado, pero sí imaginado— fines de las civilizaciones. Este, si lo lleváramos a un extremo último, podría ser. Un final impuesto por la naturaleza. Porque no, el hombre no puede vivir cortado de la naturaleza. Y realmente estamos en manos de la naturaleza. Si se planteara un enfrentamiento y el hombre tratara de imponerse a la naturaleza, no creo que ganáramos. Entonces, sí, es un poco… ¡tremendo! A veces las cosas más graves no son las que se hacen evidentes y se imponen de golpe. Se nos rompe un brazo, fue todo un accidente pero suponemos que eso un día se arregla. Pero lo que es interno y silencioso y trabaja… mata callando —como suele decirse—, eso sí es lo grave. Bueno, no nos pongamos trágicos. Esperemos que pronto algún científico encuentre la solución.

EVA: Es ese el deseo de todos, Ida. Y mirando hacia el futuro —y para finalizar ya—, ¿cómo se imagina usted el futuro, por ejemplo, de una joven poeta que hoy mismo esté experimentando la curiosidad a través de la obra de Ida Vitale?

IDA: ¿Cómo me lo imagino? ¡Un desastre! Sí, ya sé que uno siempre tiene que apoyarse un poquito en algo para querer hacer lo de uno, pero también es muy difícil. Yo me acuerdo, cuando empecé a escribir, fundamentalmente me fascinaba la forma, el soneto, por ejemplo. Un soneto me parecía algo *non plus ultra*. Ninguna forma poética me parecía superior, más interesante, más difícil. Porque, sí, lo primero que pensaba era en la dificultad. Me daba cuenta de que un soneto de Lope me parecía fascinante y, de pronto, de otro no, no me interesaba demasiado. Claro que ahí yo me estaba planteando un problema sobre todo formal, y me parecía que el verso libre no me llenaba. Quizá porque me gustaba mucho la música, me parecía que en el poema totalmente libre no se daba así. Después, simultáneamente, contemporáneamente, leí por un lado a Lorca y por otro lado a Neruda. Eran dos cosas completamente opuestas, contradictorias y, sin embargo, me gustaban las dos por igual. Entré por Garcilaso que no hacía sonetos en general, yo leía las églogas. Pero, gustándome mucho la música por un lado, descubría también que cierta poesía tenía una música fascinante, inmejorable. Claro, yo caía de nuevo en el soneto. Curiosamente, el romance, que fue lo primero que conocí

—digo, en el liceo empezaban por el romance—, quizá por lo que el romance implica necesariamente, hasta cierto punto, de narrativo, la historia que suele contar los romances me parecía innecesaria. Claro, no había otra manera, pero trataba de imaginar un romance que no tuviera una historia desarrollada. Después descubrí que los hay. Pero ya a esa altura estaba ganada totalmente por el soneto. Sigo pensando que en cuanto a forma es impecable. Sí, también está la lira, hay otras. Pero el soneto, en sí… Por algo el soneto es tan internacional. Es raro el poeta que no haya hecho sonetos, incluso secretamente, como un aprendizaje.

EVA: ¿Usted escribió sonetos como aprendizaje también?

IDA: Yo siempre empiezo por la dificultad. Me parece que si hay una cosa que es difícil, comienza a obsesionarme como una especie de tarea impuesta que no puedo eludir. Y no, a mí el soneto como forma me parece impecable. Incluso porque es la única forma que te obliga a la síntesis. La única forma que te obliga a reducir, a tener en cuenta los dos tercetos, y sobre todo el último, y que eso sea un cierre, una coronación, una terminación ineludible, en cuanto al mensaje que también encierra. Una forma también tiene un mensaje —salvo en la locura total—. Los hay. Incluso ayer, no sé dónde, me encontré con un poeta que creo que es argentino, que hace pequeños poemas, muy cerrados, hasta herméticos desde el punto de vista de la forma, pero que carecen totalmente de sentido. Incluso no hay palabras, hay solo sonidos. No sé qué futuro… Cuánto puede durar eso. Si se impone como una forma… Creo que no. Creo que es *comme un divertissement* del señor que lo hizo. No me imagino un poema que no diga nada, que sea un simple juego sonoro. Lo comprendo en algún caso de algún poema que busque, por la vía de la forma sin sentido, imponer una especie de forma.

Puede ser, pero no le veo mucha familia a eso. Ni hijos y menos primos. No, nada. Tiene que haber un sentido.

EVA: Sí, tiene que estar la palabra.

IDA: Uno piensa en la música. Aunque busquemos, digamos, señalemos que hay música, que bajo la forma de un himno, por ejemplo, quiere transmitir algo, transmitir una devoción, una obligación, un amor. Pero eso es un caso muy raro que no lo metería yo totalmente dentro de la forma o de la poesía. La música es libre; sin embargo, la música también está condicionada. Aún dentro de lo popular hay un contenido —más, diría yo, en lo popular que en otra cosa—. Pero aunque la poesía tenga que tener música, va a ser otra música. La música es algo independiente que no acepta someterse a nada. Al menos, para mí, que me parece que la cumbre es la música. Lo más hermoso que ha creado el hombre —si sabemos elegir, claro—. Sí, claro. Ha habido de todo. Pero no sé, la música tiene... Bueno, es algo con lo que no me meto. Tuve una maravillosa maestra con una voz espléndida, una mujer que tenía un único defecto que era su timidez y su discreción, porque era una soprano con una escuela notable y con un timbre hermosísimo. Si hay algo que yo no soporto, no tolero, es la voz humana —sobre todo la femenina— si al cantar no es perfecta y si no tiene el timbre que a mí me gusta. Y esta mujer lo tenía. Pero a la vez era de una discreción y una timidez que, si no había gente que la sacaba de ahí, que la obligaba a cantar en algo, ella no... Había tenido una vida muy complicada y era una persona muy triste, pero era estupenda como profesora. Ella atendía fundamentalmente a la emisión, a que la emisión de la voz fuera natural y no te fatigara, y no se pervirtiera de ninguna manera. Y además tenía un gusto estupendo para elegir, para que le gustara lo realmente hermoso. Y como era tan perfecta, nadie la conoce. No supo lo que tantos hacen, tener a alguien que los impone —no sé cómo se llama eso, hay un término preciso—.

EVA: Los promociona.

IDA: Los promociona… Dale. No importa. No, es una función. No importa.

EVA: Ida, no sé si usted estaría dispuesta o si le es posible…

IDA: ¡A cantar, no!

EVA: No, no. Bueno, si no puede ser cantar, ¿podría leernos un pequeño poema para terminar?

IDA: Uno totalmente absurdo:

Japón —donde nunca estuve—.

Un árbol es un árbol pero es todos los árboles.
Un eucalipto
aquel confuso en lo confuso
del jardín primero
cuando aún no distinguía
las diferentes clases de sus prodigios.
Y este también que hoy arde
de flores incendiadas como el sol al ponerse.
Y también —no pretendo explicarlo—
es el signo más rojo
del Japón que no he visto

y que lo desconoce.

EVA: Muy hermoso, Ida.

IDA: Muy absurdo porque se llama *Japón*.

EVA: Bueno, sí. Tiene una cierta relación con un *kōan* del árbol.

IDA: Bueno, les agradezco mucho el tiempo.

EVA: Yo le agradezco a usted. Yo la admiro mucho y para mí ha sido un regalo pasar este rato con usted.

IDA: Bueno, veo que eres mi promotora.

EVA: No necesita. No necesita promotora. Muchas gracias.

IDA: Un beso no contaminado.

EVA: ¡Besos!

IDA: Hasta luego.

EVA: Hasta luego.

Viñetas de Montmartre: entre la novela gráfica y el cómic

KIM • ANTONIO ALTARRIBA

Conducido por **Eduard Baile**
(Universidad de Alicante, España)

Acompáñennos esta tarde con la imaginación hasta el barrio de Montmartre para abrazar la sesión más pictórica del festival. Es la que lleva las letras hasta viñetas capaces de contarnos una historia secuenciada. Hoy entrevistamos a uno de los más reputados guionistas de cómic en España, Antonio Altarriba, junto al prolífico y reconocido dibujante catalán, Kim. Conducirá la sesión, con este tándem creativo que se llevó el Premio Nacional del Cómic en 2010, el especialista Eduard Baile, responsable de Unicómic y profesor en la Universitat d'Alacant. Aquí comienza «Viñetas de Montmartre: entre la novela gráfica y el cómic».

EDUARD BAILE: Damos la bienvenida a dos magníficos autores de cómic españoles, del ámbito español, Antonio Altarriba y Kim. Les damos la bienvenida en el marco del festival «París no se acaba nunca» que organiza la asociación DALIA y que tiene por objetivo difundir la literatura y la cultura del ámbito hispánico en el territorio francés. Yo, particularmente, quiero dar también las gracias a la organización por ofrecernos la posibilidad de tener todas estas charlas tan interesantes, no solo la que vamos a tener a continuación. Y, en particular, al director del festival, Gonzalo Vázquez, y a Yolanda Castaño, que se encarga de la dirección artística. Buenas tardes, Antonio. Buenas tardes, Kim. Vamos a iniciar esta charla, que lleva un título que no sé si habéis dado vosotros mismos o ha surgido por parte del festival. Lo vamos a nombrar para que nos dé un poquito el pie, en cierta manera, para comenzar. Lleva por título: «Viñetas de Montmartre: entre la novela gráfica y el cómic», y una especie de subtítulo: «Un diálogo sobre la confluencia de imagen y de narración». Yo ahora estoy hablando mucho, pero luego vosotros vais a ser los protagonistas, lógicamente. Antes que nada, antes de empezar el diálogo propiamente dicho, evidentemente, me gustaría presentaros brevemente a los dos. Por un lado, tenemos a Antonio Altarriba, al cual, además, he tenido el gusto de conocer en diversas ocasiones en Alicante en las Jornadas de Unicómic. Hubo una época en que venía todos los años. Me he puesto a repasar todas las veces que ha venido a Alicante. La última vez creo que fue en 2011, y en el programa también aparece Kim. Fue mi primer año de organizador. No sé si llegaste a ir a Alicante, Kim.

KIM: Sí, sí.

EDUARD: Yo en esas jornadas todavía he estado un poco con medio pie dentro y medio pie fuera…

KIM: He estado en Alicante… una vez, seguro.

EDUARD: Debió de ser aquella. Ha salido más veces, incluso en el congreso de 2018, hablándonos en la conferencia inaugural sobre los misterios del guion.

KIM: Exactamente, sí, sí.

EDUARD: Y ha venido también con Keko en alguna ocasión, en 2019. Es un reencuentro, para mí, y en el caso de Kim, no es un reencuentro, pero te volveremos a invitar a Alicante.

KIM: Encantado.

EDUARD: Para que quede grabado y que quede constancia de la invitación. Bueno, muy brevemente: Antonio Altarriba es una figura del mundo del cómic hispánico —y no solo del cómic, de muchas cosas más—, es catedrático de Literatura Francesa en la Universidad del País Vasco y autor de muchas obras sobre las cuales ahora pasaré brevemente, porque las vamos a ir desgranando en el diálogo, obviamente las propias obras en conjunción con Kim: *El arte de volar,* galordonada con el Premio Nacional del Cómic de 2010, que luego tuvo esa secuela con la que forma un díptico, *El ala rota;* otras obras suyas, muy importantes, la trilogía *Egoísta,* con Keko, que seguramente también podremos hablar en alguna ocasión; colaboraciones con Laura Pérez

Vernetti-Blina como *Amores locos,* por ejemplo; sus muy sugerentes experimentos que tengo por aquí también, con Luis Royo, un cómic experimental. Y, luego, eres muy multifacético. Eres también autor literario y tienes diversas obras como guionista de libros de fotografía. Además tienes una parte que a mí me interesa mucho y que quizá salga en algún momento, aunque sea de manera transversal, que eres también un teórico del cómic, creador de *Neuróptica. Estudios sobre el cómic,* que nace en los años 80, no sé si se la puede considerar incluso la primera revista académica, en sentido estricto, sobre análisis del cómic.

ANTONIO ALTARRIBA: Esa era la intención, sí.

EDUARD: Algunos ensayos anteriores. Ahora *Neuróptica* ha vuelto a renacer. Ya no la diriges tú, creo que Julio Gracia, pero bajo tu aprobación, por así decirlo. Tienes numerosas obras de teoría importantes. A mí me gustaría destacar el monográfico que hiciste para Arbor en el 2011, que también fue un referente. Tiene sus libros, muy importantes, como *Comisarías,* por ejemplo. E incluso pequeños artículos que a mí me han servido mucho. Ese pequeño artículo que publicaste, «La historieta, un medio mutante», me parece un artículo muy bueno.

ANTONIO: ¡Ah!, sí. Creo que es ahí donde está lo esencial de mi pensar.

EDUARD: Yo te he cogido cosas para mi propia teoría del cómic. Todo aquello de los signos no preexistentes y demás. En algún momento quizá hablaremos de ello. En fin, muchísimos premios también podemos destacar —para ya dar paso también a Kim—, el Gran Premio del Salón del Cómic de Barcelona en 2019, entre muchísimos otros. Tenemos luego al dibujante Kim (Joaquim Aubert Puigarnau), que también es otra referencia del mundo del cómic. Mucho antes incluso de *El arte de volar,* muchos de los espectadores seguramente lo conocerán por el personaje de Martínez el Facha, que fue un personaje icónico, parte de nuestra educación sentimental —te lo quería decir, de alguna manera, como decía Vázquez Montalbán—. Ya desde los años 70, es colaborador de muchísimas revistas como *Vibraciones, Por Favor, Mata Ratos* o *Rambla* —como también Antonio en estas revistas, siempre nos quedan cosas en el aire—. Y, bueno, evidentemente, un colaborador de muchas décadas en *El Jueves,* que es donde aparecía el personaje que hemos citado. Ha sido galardonado con el Gran Premio del Salón del Cómic Barcelona del 95, con el Premio Internacional de Humor Gato Perich en el 97, con el Premio Notario del Humor en 2010. Y, aunque ya lo hemos dicho, en 2009 publicó, junto con Antonio, *El arte de volar;* algunos cuantos años más tarde, *El ala rota* en el 2016. Y, entre muchas otras obras también, en solitario podemos mencionar *Las pelis de tu vida,* podemos mencionar también una de las iteraciones de *Nuevas hazañas bélicas* con guiones de Hernán Migoya: *Con el moscardó tras la oreja: ¡la trágica verdad sobre el asedio al Alcázar de Toledo!* Y, en estos últimos años, en el 2018 y en el 2020, ha publicado dos obras que tengo por aquí al lado y que he estado leyendo estos últimos días, por un lado *Nieve en los bolsillos. Alemania 1963,* que también la mencionaremos porque creo que es muy relacionable con el tono de *El arte de volar* y *El ala rota;* y también las ilustraciones de una obrita que me ha parecido muy interesante, yo lo tengo en catalán, *Quaranta maneres de cardar, Cuarenta maneras de fornicar,* creo que es en español.

KIM: Sí, sí.

EDUARD: Muy bien. Bienvenidos los dos al festival, a este diálogo. Si queréis añadir alguna cosa a vuestra presentación, sentíos libres de hacerlo, de corregirme, etcétera.

KIM: Está muy bien, muy bien.

EDUARD: Yo iré lanzando varios hilos y vosotros cogeos o no, soltaos, idos a donde creáis conveniente. Y aunque la pregunta, quizá, derive de una obra no conjunta o me dirija a alguno en concreto, sentíos libres de meteros también en esta pregunta y demás. Yo solamente sugiero y vosotros sois la fuerza proteica del diálogo. Cogiendo un poquito el hilo del título, que es «Entre la novela gráfica y el cómic», para ir introduciendo, para ir entrando en calor, yo creo que podemos comenzar con un tipo de preguntas que son un poco más vagas, abstractas, pero que luego se van concretando poco a poco. Y me gustaría que comenzarais reflexionando un poco —no es una pregunta fácil ni corta, pero…— sobre, básicamente, por qué os dedicáis al cómic. ¿Qué encontráis en las posibilidades narrativas del cómic? A Antonio creo que le he escuchado decir, sobre aquello que no es literario en el cómic, de buscar lo que es autónomo o intrínseco. Es una pregunta muy abstracta, pero también una manera de ir introduciéndonos. Simplemente, desde vuestro punto de vista, ¿cuáles son las posibilidades narrativas que hacen que, para vosotros, el cómic sea el medio de expresión al que os habéis dedicado de manera preeminente?

ANTONIO: Venga, Kim, anímate.

KIM: Yo te diré que no me he sentido dibujante de cómic hasta hace muy poco. Para mí siempre ha sido un *impasse*. Yo estudié

Bellas Artes, pinté durante mucho tiempo y, de casualidad, empecé a dibujar cómics en *Vibraciones*. Me llamaron unos amigos que habían montado esta revista, querían hacer algo distinto y, bueno, me metí ahí. Luego, cuando muere Franco, aquí empiezan a salir revistas como setas. Me llamaban de todas partes, de revistas, y empecé a meterme en el mundo del humor más que del cómic. Los dibujantes de cómic y los dibujantes de humor no tienen nada que ver. Los de humor no se sienten en absoluto dibujantes de cómic, son como de otra cosa.

EDUARD: De hecho, que el humor gráfico pertenezca o no al ámbito del cómic es una pequeña polémica.

KIM: Sí, ellos quizá están más cerca del periodismo. Algunos, no todos, tampoco. Hoy día se ha mezclado un poco todo ya. Cuando Antonio me llamó para hacer *El arte de volar*, me sorprendió mucho. Yo dije: «Oye, ¿cómo me llamas si sabes que yo hago humor, no hago cómic?». Pero él sabía todo lo que había hecho y me dijo: «Oye, yo conozco todo lo que has hecho, conozco de *Vibraciones*, hay mucho cómic. Tú puedes dibujar un cómic tranquilamente». Me quedé yo mismo sorprendido de que alguien me dijera eso. Entonces, creo que le dije: «Bueno, déjame pensármelo un par de días». Y le dije que vale, que probaría. En ese momento hice unas pruebas de dibujo, con pincel, con plumilla. Yo soy de los clásicos —ordenador para dibujar, no—. Y, bueno, así salió la cosa.

EDUARD: Salió muy bien.

KIM: Sí. Pero tanto él como yo pensábamos que era una cosa… que era un libro muy de minorías que, si se acababa… Bueno, ¡si se acababa! Yo estuve casi cuatro años para tenerlo. En esa época yo tenía mucho trabajo en *El Jueves* y en otras revistas, y le dije: «Mira, si me dejáis hacerlo a mi tiempo, a mis horas, sin darme prisas…», porque lo peor es que te den prisas, no es nada fácil.

EDUARD: He leído en una entrevista que comentabas: «Pensaba que habían pasado dos años y llevaba cuatro haciéndolo».

KIM: Sí, sí. Un día lo dije así: «Llevo dos años y tal», y Antonio me dice: «No, no, cuatro años», y yo: «¡¿Pero qué dices!?». Pero piensa que cuando vi el guion que me llegó, que era una cosa enorme en un paquete que pareciera que hubiera cinco libros dentro, cuando lo vi, digo: «Bueno, yo no me leo esto ni loco». Pensé: «Empiezo a dibujar. Ya lo leeré». Lo fui leyendo a medida que lo iba dibujando. O sea, esto es una cosa muy poco profesional, por lo que parece, pero a mí me va muy bien. Todo lo que he hecho, por ejemplo, *Nieve en los bolsillos,* yo he ido haciendo el guion sobre la marcha. Hacía un capítulo y empezaba a dibujar porque, si no, me cansaba. Supongo que cada cual tiene su manera de dibujar y su manera de hacer las cosas. Y Antonio me dijo: «Bueno, pero ¿qué te ha parecido el guion?». Y yo no se lo dije, pero un día le dije: «Te tengo que decir que no lo leí, que lo fui leyendo a medida que lo hacía». Me dijo: «¡¿Qué dices!?». Le digo: «Sí, la única putada es cuando sale algún personaje que se vuelve importante y de entrada te parece que no va a ser importante entonces lo dibujas de cualquier manera, y luego tienes que volver atrás a buscar el personaje y, si no te gusta la cara, pues, la cambias…». Son los únicos problemas que me encontré. Por otro lado, creo que es un buen sistema. Además, si no me hubiera gustado el guion, imagínate. Y así, por lo menos, lo acabé.

ANTONIO: Yo creo que esto, en un principio, como cuenta Kim, me sorprendió muchísimo. Porque, claro, esto de que alguien se ponga a dibujar sin haberse leído el guion y, como dice él, sin saber qué es lo que va a ocurrir, si un personaje...

KIM: No, me leí una parte. Me leí una pequeña parte, ¡claro!

ANTONIO: Bueno, bueno. Pero no sabías, como tú dices, cuando aparecía un personaje, si iba a ser bueno o malo, si iba a tener mucha importancia o poca...

KIM: En la vida también es así... O sea...

EDUARD: Es como creador y lector a un tiempo, ¿cierto?

ANTONIO: Sí, exactamente.

KIM: Es que es mucho más divertido ser lector, porque vas, muy poco a poco, descubriendo la historia. Y en la segunda, *El ala rota*, ya le dije: «Bueno, ve mandándome los capítulos poco a poco». Y: «¡Ah!, pues sí. Hacemos esto». Y fue perfecto. Porque este sí que lo hice en dos años y ya muchos fallos que había en *El arte de volar* aquí ya no me ocurrieron. Cosas tontas, de dibujo. Y yo disfruté mucho con *El ala rota*, me lo pasé muy bien. En *El arte de volar*, quizá, sufrí un poco más.

ANTONIO: Ahora, con una cierta perspectiva, me parece que el hacerlo como lo hizo Kim, como decías, Eduard, siendo creador y lector al mismo tiempo, pues, igual no conocía toda la historia pero se ve la emoción, la intensidad del que va descubriendo la historia.

EDUARD: Como una *jam session*, ¿no?

ANTONIO: Exactamente. Es eso. Tiene un poco de eso, como de *jazz*, de ir sobre la marcha los motivos que él va leyendo. Y creo yo que transmite más emoción, más sentimiento en el dibujo porque, claro, él lo está descubriendo y viviendo al mismo tiempo que lo dibuja.

KIM: Yo creo que, a nivel de disfrutarlo, lo disfrutas mucho más. Y eso que ya sabía lo que ocurría. Hubiera pensado: «¡Uy!, cuando llegue al asilo», «cuando llegue aquí», «cuando llegue allí». Así, de esta manera, yo ni me enteraba. Y cuando llegó al asilo, pensé: «¡Madre mía! ¡Pero si falta muchísimo!». Y dije: «Va a ser muy aburrido esto del asilo». Y el asilo, la verdad es que era muy divertido. Me descubrió Antonio un mundo que… Yo cada día estoy más cerca.

ANTONIO: ¡Venga, venga!

KIM: Sí, ¿o no? Ya hay mucha gente de mi edad que está en el asilo. O no me entero. Bueno, y de la tuya también.

ANTONIO: También, también.

EDUARD: Para ti, Antonio, quizá es una actividad más intelectual. En tu faceta de teórico, ¿elaboras un guion muy preciso? ¿Vuelcas todas tus preocupaciones, tus reflexiones? ¿Cómo lo vives?

ANTONIO: Sí. Kim ya sabe que soy muy meticuloso, como en la relación del guion. Él ya ha dicho que recibió un tocho. El libro tiene, yo qué sé, doscientas páginas, pero el guion igual tenía cuatrocientas o una cosa así.

EDUARD: ¿Empezó como una novela o algo así?

ANTONIO: No, no. Yo lo tenía muy en claro desde un principio. Porque en eso que decías de por qué nos gusta el cómic y todo eso, creo que, tanto Kim como yo, pertenecemos a una generación en que crecimos leyendo tebeos, y yo creo que aprendimos casi a leer en los tebeos. Y siempre lo hemos visto como una forma de expresión muy atractiva, que es muy expresiva, que los gestos de los personajes pueden resultar. El humor, por ejemplo, que se desprende de las caricaturas, de los gestos o de las expresiones de los personajes de *Martínez el Facha,* eso tú no lo puedes hacer en literatura. Y es uno de los factores, seguramente, que más atraen en la lectura de un cómic, el ver cómo se queda, la cara de perplejidad o de sorpresa, cómo se le abre la boca, cómo se le abren los ojos.

EDUARD: Yo creo que hay un punto —en mi visión de ver los cómics, en casos prototípicos, seguramente hay muchas maneras de abordarlo— que le deja quizá un margen mayor de interpretación al lector. El otro tiene que desarrollar un poco más la inferencia, por decirlo de algún modo.

ANTONIO: Sí, sí. Mira, yo creo que tanto para marcar el humor como el dramatismo, como el suspense, no sé, las distintas emociones que quieres despertar en el lector, hay veces que una imagen igual es más ambigua, no es tan precisa, pero por eso mismo es más impactante. Es decir que, por ejemplo, ver el rostro de un personaje que aparece cabizbajo, que aparece en muy primer plano, en medio de la penumbra, todo eso puede transmitir una sensación de desamparo, de tristeza y todo eso, que casi transmite más que si con palabras vas diciendo: «Entonces se sintió muy triste», «el mundo se le vino abajo», «la vida perdió sentido», no sé qué… Me parece que el verlo es capaz de conmoverte y de adherir más al personaje y a la historia que si lo cuentas con palabras.

EDUARD: La palabra implica una precisión.

ANTONIO: Claro. Y, al mismo tiempo, una limitación. Es decir, tú date cuenta de que toda la literatura es una pelea constante entre la cosa que quieres contar y la palabra adecuada para contarlo. Y, de hecho, muchas veces decimos que es que cuando estamos en situaciones de mucha intensidad o de alegría o de dolor, dices: «Es que no tengo palabras para explicarlo». Es más, yo te diría que, en general, la escritura literaria como ejercicio surge de ese desafío de poder contar lo que es la sensación, lo que es la experiencia, lo que es el testimonio de lo que tú has visto, de lo que tú has vivido, y cómo encontrar las palabras de manera más precisa que reconstruyan o evoquen ese estado de ánimo. Pero yo creo que a través de la imagen hay muchísimos recursos. Fíjate tú, nosotros —más en *El arte de volar* que en *El ala rota*— utilizábamos muchas metáforas visuales. Por ejemplo, para representar la depresión que sufre mi padre en los últimos años, le ponemos un topo en el pecho, porque él decía esto de que él sentía como si tuviera un bicho dentro que le comía por dentro, del dolor que experimentaba. Entonces, el lector, con esa imagen que puede parecer absurda o surrealista, o lo que sea, se hace bien la idea y entiende bien el sufrimiento.

EDUARD: Tiene un poder simbólico, ¿no?

KIM • ANTONIO ALTARRIBA

ANTONIO: ¡Claro!

EDUARD: Si hay que relacionarlo con la literatura —no por identificación ni mucho menos— sería con la poesía o con un determinado tipo de poesía, por aquello de lo inefable, si lo queremos forzar un poquito.

ANTONIO: Sí, yo creo que sí. Y luego, claro, lógicamente, como son imágenes relacionadas secuencialmente, puedes ir más al hilo narrativo de las acciones. Incluso, por ejemplo, el cómic está muy bien para transmitir la acción, cómo se mueve el personaje. Además, es muy preciso el cómic, porque —como sabe muy bien Kim que se tuvo que documentar mucho para los dos libros— por ejemplo, la manera de ir vestido de una persona ya refleja mucho de esa persona. O incluso la habitación en la que se encuentra, con los cacharros, con cómo está decorada la habitación, si estás en un bar, no sé, un cartel. Todo eso te reconstruye el momento y la situación con una precisión, con unos detalles. Si un personaje va en un coche, como, por ejemplo, mi padre, que era muy importante, Kim ahí dibujó un Hispano Suiza bellísimo. Me hubiera gustado que mi padre lo hubiese visto porque realmente él era un enamorado de los coches.

EDUARD: Muy bien. Bueno, como estáis hablando del dibujo, voy a ir saltando porque, evidentemente, el guion que yo había preparado ya ha saltado por los aires. Pero van surgiendo cosas que yo tengo por ahí en diversas páginas. Kim, has comentado que fuiste dibujando un poco sobre la marcha, pero, al mismo tiempo —como ha comentado Antonio, que era una de las anotaciones que tenía por aquí— te preocupaste mucho por la documentación, lo cual, eso sí que implica un trabajo previo, una cierta preparación de estructura de página. Yo he leído que mencionabas también el poder de la fotografía, mencionas a Robert Capa en algunos casos. Y hay una cosa que me interesa mucho también y es todo el tema de metáforas visuales —bueno, tú siéntete libre de decir lo que tú creas conveniente—, que también optaste por una narrativa cinematográfica, hablas de viñetas cuadradas, etcétera, que yo creo que lo que buscas con todo esto es anteponer la legibilidad al virtuosismo quizá, que aquello hay que leerlo más que verlo.

KIM: Yo no sé. El cómic moderno ese, que las viñetas se rompen y se meten una dentro de otra, me gusta. A veces, me miro los superhéroes y alucino. Pero leérmelo es un lío. Por eso, yo siempre mantengo el cuadro, mantengo la viñeta y, a veces, la corto. Y si tiene que ser una panorámica, la hago, pero mantengo generalmente un orden un poco cinematográfico, quizá.

EDUARD: Yo he usado esa palabra porque te la he leído en una entrevista. Me da un poco de reparo a veces hablar de cine, cómic, etc., porque todo eso está lleno de tópicos, de prejuicios.

KIM: Bueno, no. No pienses en el cine, tampoco. Pero, bueno, todos estamos tan influenciados por el cine, y ahora por las series y todo esto que, claro, ocurre.

EDUARD: ¿Cómo te tuviste que plantear el variar, quizá, algún elemento del registro que tenías? En ese caso, tú hablas de registro humorístico y hacer dibujo serio.

KIM: No fue muy difícil. Yo seguí haciendo ilustraciones para una revista. En esa época estaba la *Playboy,* la *Playhouse,* que eran revistas que vendían muy bien, de un precio elevado. Yo hacía ilustraciones y la verdad es que pagaban muy bien. A mí me permitía hacer cosas al óleo, o sea, cosas así. Me lo pasaba muy bien. No había perdido nunca el contacto. Pero cómic, no había hecho nunca cómic, y a mí me divertía mucho el cómic, he sido un gran lector. Así que cuando empecé *El arte de volar,* me lo pasé bien haciéndolo. Y lo que decíamos de la documentación, yo la conocía muy bien. Yo tenía libros de la guerra, que me los había comprado porque me gusta mucho la fotografía; de Robert Capa tengo algunos libros. Entonces, claro, me encontré con muchas cosas que ya tenía, no hacía falta buscarlas. Pero, hoy día, con el ordenador es como un milagro. Está todo.

EDUARD: Es un referente, realmente. Además, introduces muchas veces fotografías, como una especie de *collage.*

KIM: Hay unas fotos que salen en la alambrada del campo de concentración en la playa francesa que lo copié de unas fotos de Robert Capa. Yo dibujé un poco a Robert Capa haciendo esta foto —que no se ve, pero fue como una cosa que hice—. La documentación, la verdad, es que es muy importante, porque yo me acuerdo de los cómics españoles, cuando leía, cuando veía que *Mendoza Colt* —que era el revólver que llevaba— no tenía que ver con un colt, yo pensaba: «Pero esto ¿¡cómo es posible!?». En cambio, veía a *Flash Gordon* o *Rip Kirby* y era todo perfecto. Salía un coche y ¡era un coche…! ¡Los trajes! ¡Todo! Aquí era una cosa… Tú veías los dibujos de aquí y era… Claro, pobre gente, les debían de pagar nada y lo importante era sacar las páginas adelante.

EDUARD: Sois obreros, también.

KIM: Sí, sí.

EDUARD: Porque está todo este tema de artesano, autor, también está detrás de todo este paso.

KIM: Dibujante de cómic yo creo que sigue siendo de las pocas… Yo creo que somos como esos frailes que se encerraban para dibujar estos libros de las horas, que se pasaban, a lo mejor, para hacer una página, todo un día o dos días, o tres. Hay dibujantes de cómics que están haciendo esto: se pasan cantidad de horas solos. Y yo también, yo me paso muchas horas. La verdad es que es una cosa que si no te gusta, no la puedes hacer. Si no disfrutas haciéndolo, es imposible. Yo voy viendo lo que sale publicado y alucino. Ahora he visto los últimos libros que han salido en Norma —me dieron un catálogo y tal— y vi los dibujos y me quedé alucinado, casi me venían ganas de dejar de dibujar. Porque digo: «¡Dios mío!». Gente buenísima, buenísima, que investiga, se mete a esto, a lo otro. Yo no investigo, yo mantengo el cómic tal como lo considero.

EDUARD: Tal vez lo que tú piensas de ellos, probablemente lo piensen ellos de ti.

KIM: No creo, porque yo soy tan clásico que… Bueno, no lo sé. No lo sé, la verdad.

EDUARD: Ya que has mencionado, entre otros, a Alex Raymond, implícitamente, cuando has mencionado a *Flash Gordon* y *Rip Kirby*, ¿cuáles son tus influencias? ¿Tú te reconoces en algunas influencias? ¿Dónde empieza?

KIM: Me gustaban mucho los dibujantes americanos, sobre todo.

EDUARD: De prensa clásica, digamos, figurativo o realista…

KIM: Sí, bueno, uno que me gustaba mucho era *Johnny Hazard,* que dibujaba Frank Robbins, con pincel. Ese tío me gustaba mucho. Bueno, todos los clásicos, desde el *Príncipe Valiente,* todos estos. Yo me he quedado en esta gente, pero ahora hay gente muy buena, realmente. En Francia, por ejemplo. Y también aquí en España. Aquí en España han salido dibujantes, y entonces descubres que es un tío superjoven y dices: «¡Madre mía!». Y yo creo que estos han entrado en un momento en que el cómic lo disfrutan mucho. En nuestra época, el cómic seguía siendo una cosa que te decían: «¿Cómo dices?, ¿qué haces?, ¿y de qué vives?», preguntaban. «Pues mira…, más vives, más vives.» Pues, es distinto el humor. La revista funcionó muy bien en toda la época. Durante treinta años ha sido una revista que ha dado dinero y ganabas bien la vida. Cosa que al dibujante de cómic le ha costado mucho. Hasta que no ha salido la novela gráfica, yo creo que la gente lo ha pasado muy mal.

EDUARD: Habrá sido muy difícil vivir del cómic, para la inmensa mayoría.

KIM: No, es que vivir del cómic es muy difícil. Tendrías que hacerte un álbum cada año, que es una bestialidad de horas, y que te funcionara, que se vendiera. Aquí vendes mil quinientos y ya están contentos.

EDUARD: Antonio, explícanos —seguimos con *El arte de volar*— la génesis, un poco. ¿Cómo aparece todo? ¿Cómo se va desarrollando? ¿Cuándo decides que es Kim el hombre que buscas?

ANTONIO: Yo creo que, como se puede ver cuando se lee el libro, el detonante para escribir la historia de mi padre es su muerte y la manera tan trágica que tiene de morir. Sabéis que la historia, el libro, empieza un poquito por el final y recoge el momento en el que él estaba ingresado en una residencia tras quince años de depresión, de numerosos tratamientos y de todo eso, y decide acabar con su vida. Yo estaba muy unido a mi padre y con eso lo pasé muy mal. Entonces, de hecho, mi padre muere en 2001, y hasta 2004 yo no empiezo a escribir el guion porque esos tres años los pasé muy mal. Daba las clases en la universidad y poco más. Ni escribía novela ni hacía nada porque, aparte de lo que es ya la pérdida de un ser querido, el que se haya suicidado te hace pensar: «Oye, pues, yo habría podido hacer más por él», «no lo iba a ver lo suficiente», «tendríamos que haber cambiado de psiquiatra», «igual, con otra mediación…», no sé qué. Ese creo yo que fue un poco el detonante de ponerme a escribir sobre ello. Claro, enseguida me di cuenta de que era imposible tratar la vida de mi padre sin tratar el contexto histórico por el que había atravesado. Mi padre, creo, como mucha gente de su generación… Fíjate tú, un pobre campesino que ha nacido en un pueblito de Aragón, cómo iba a pensar, si ni siquiera sabía dónde estaba Francia, cómo iba a pensar que iba a acabar arrastrado así por la historia o por yo qué sé, en un montón de frentes de batallas, la Guerra Civil, los acontecimientos históricos que se produjeron durante el siglo y que iba a acabar participando como resistente en la Segunda Guerra Mundial, que iba a luchar contra los alemanes; esto para un hombre que apenas sabía leer y escribir, imagínate tú. Es decir, que la historia condicionó mucho la vida de mi padre y de toda su generación. Por lo tanto, había que reflejar esos acontecimientos de los que él fue partícipe junto con otros. Y ya me di cuenta enseguida de que, claro, contar la historia de mi padre significaba contar la historia de un siglo. Que, además, el siglo XX ha sido, hasta ahora —esperemos a que pase el siglo XXI—, el siglo en que el mundo ha cambiado más, porque de cómo iban vestidos a cómo vivían a principios de siglo, cuando nace mi padre, a cómo vivíamos ya —mi padre muere en 2001— en el siglo XXI, fíjate tú lo que han cambiado las cosas, desde los mobiliarios de cocina, los electrodomésticos, la manera que tenemos de vestirnos, la televisión… Yo qué sé, en aquellos años. Así, ahí había unos escenarios muy cambiantes en donde el cómic yo creo que podía dar un testimonio muy ajustado de toda esa evolución que produce porque el mundo cambia mucho, pero yo creo que España de manera muy especial.

EDUARD: Y tú, Antonio, ¿te sientes cómodo con esa etiqueta de *memoria* o para ti es algo más que parte de la biografía? Porque —alguna de las ideas que quería comentarte— tú ya diriges *Imágenes de la Historieta,* y no sé si eso refleja que tú ya tienes esta preocupación incluso de tiempo atrás.

ANTONIO: Sí. Bueno, el cómic histórico —como ha dicho Kim—, los tebeos históricos que leíamos nosotros de pequeños —como decía Kim— eran históricos, pero, bueno, la Edad Media era de aquellas maneras. Como decía, pues, el revólver que llevaba Mendoza Colt, pero la cota de malla o la espada que llevaba el capitán Trueno no pueden ser del siglo XII como se supone que eran. Es decir, que se hacía una reconstrucción muy aproximada de cómo eran aquellas épocas. Pero, claro, ya en 2004 cuando yo me pongo a escribir el guion, ya creo que estábamos en otro nivel de exigencia y de precisión. Y luego, claro, esa es la historia de mi padre, son hechos reales perfectamente documentados y documentables. Y yo empecé el guion sin tener ni editor ni dibujante. Es más, cuando empecé a escribir el guión, Kim y yo no nos conocíamos personalmente.

EDUARD: ¿Sueles escribir el guion sin haber pensado antes con quién colaborar?

ANTONIO: En aquel momento sí lo tenía que hacer así, porque yo sentía la necesidad. Ahora no. Ahora, una de las cosas que me parece más importante es, en cuanto pienso una historia, me pongo enseguida a darle vueltas a cuál es el dibujante que puede realizar mejor esa historia. Yo creo que cada historia tiene su dibujante, el que mejor puede realizar una puesta en escena, una realización, una interpretación, el que más se va a implicar en la historia, etcétera. Pero cuando esto, tenía tal necesidad de escribirlo, que yo me lancé a escribirlo casi convencido de que al final eso se iba a quedar en un cajón. Porque una cosa es que vayas a un dibujante y le digas: «Oye, te tengo una historia de ocho páginas. ¿Te importaría dibujarla?». Y, yo qué sé, en un par de semanas las hace. Pero cómo vas tú, sin tener todavía un apoyo editorial ni saber lo que va a pasar, a un dibujante, a decirle: «No, no, es que quiero contar la historia de mi padre», algo tan personal, «y es que van a ser doscientas páginas». Solamente una persona como Kim es capaz de aceptar un reto como ese.

EDUARD: ¿Y cuándo ves la luz?

ANTONIO: Es que nos conocimos en un festival de cómics que montamos aquí en Victoria. Él vino y, entonces, nos conocimos personalmente. Hicimos una buena relación, hicimos buenas migas desde un principio. Y ahí ya fue cuando dije: «¡Joder, este hombre!». Porque conocía cosas que había hecho, más realistas, anteriores a *Martínez el Facha* y todo eso. Entonces, digo: «Este hombre puede hacer perfectamente la historia». Luego, estuvimos hablando, y él me contó que su padre había estado dos o tres años en las cárceles franquistas porque [...]. Somos de la misma generación, tenemos experiencias parecidas. Y, aunque en ese primer encuentro no me atreví, luego sí le llamé por teléfono, como ha contado él. Y digo: «A ver si acepta». Para mi gran alegría, dijo: «Bueno, mira, si el guion me gusta y si no me metéis prisa, porque yo lo tengo que hacer en mis ratos libres».

KIM: No, creo que lo de «si el guion me gusta» seguro que no lo dije.

ANTONIO: ¿No?

KIM: No, porque yo estaba seguro de que estaría bien el guion, sino no te hubiera dicho que sí. Además, tú me contaste un poco y pensé: «Bueno, será una historia superfuerte, llena de cosas». No sé, la historia me atrajo enseguida.

EDUARD: Este punto personal, ¿te costó asumirlo, Kim? Porque, bueno, al mismo tiempo que Antonio hace aquello en que dice: «Yo soy mi padre», ese pacto ficcional que incluso lo verbaliza, el paso de la tercera a la primera persona.

KIM: Sí, él ya me contó esto del paso de la tercera a la primera persona. Y me contó que empezaría con el suicidio. Yo, la verdad, es que no lo dudé. A mí lo que me preocupaba era que el dibujo saliera bien y que les gustara a ellos, pero que el guion me gustara ni por un momento lo pensé. Más aún que es una historia real; una historia real siempre tiene sus atractivos. Estuve muy a gusto haciéndolo.

EDUARD: En vuestro dinamismo interno, ¿había también la posibilidad de variar cosas?

KIM: No, él me dijo: «Cualquier cosa que veas que no... Me llamas». Hay varias cosas un poco surrealistas. Yo recuerdo esa máquina de coser, cuando él vende máquinas de coser, que se imagina que es un avión, y tal. Y yo lo llamé y le dije: «Oye, esto de la máquina de coser... No sé si puede quedar bien, dibujado como un avión». Me dijo: «Bueno, pruébalo». Hice una prueba y salió bien. Hay alguna de estas pruebas que fue un poco difícil, como una de un superhéroe que va vestido con mallas, que me costó un poco. Pero lo llamé algunas veces que me encontraba con un problema.

EDUARD: El aspecto de las metáforas visuales —esto lo habías comentado— ¿estaba ya en el guion? ¿Cómo lo gestionaste?

KIM: Sí, sí. Estaba en el guion. Además, Antonio, el guion que hace es como una novela. O sea: «Hay una habitación oscura», «hay una ventana al fondo», «que puede estar abierta», «que da media luz», etc. Lo cuenta de tal manera que te mete en la historia. Él decía: «Al primer lector que hay que convencer es al dibujante». Y si al dibujante no le gusta lo que lee, tiene razón, claro. Y si te lo cuenta de esta manera, tan bien explicado y que te atrapa enseguida... pues es una forma de tener al dibujante contento, embelesado con la historia.

EDUARD: Esta manera de trabajar ¿la mantuvisteis en *El ala rota* o habéis experimentado un cambio?

KIM: Sí. No, bueno, en *El ala rota*, me fue mandando textos. Cada dos meses me mandaba un montón… Un par de capítulos o tres. Y yo iba siguiendo la historia, sin saber cómo acabaría. Yo creo que esto está muy bien, no saber cómo acaba la historia.

ANTONIO: Acerca de esto que cuenta Kim de las precisiones del guion, yo tengo una imaginación muy visual. Es decir, cuando estoy haciendo un guion de cómic yo ya veo desfilar en imágenes los dibujos. Narrativamente, no es lo mismo una misma frase dicha por un personaje en un primerísimo plano centrado, por ejemplo, en sus ojos, con una mirada muy intensa, con una iluminación muy completa, y que dice: «Me siento solo», por ejemplo. Significa algo muy diferente si eso mismo lo dices en un plano muy general en el que el personaje se ve perdido en un desierto o en medio de la multitud. Entonces, el sentido mismo de la frase cambia según cómo esté compuesta la imagen, según cómo esté planificada y todo eso. Por eso yo insisto mucho en los detalles, en las precisiones. Luego, por eso a veces Kim me llamaba y me decía: «Mira, aquí, en esta viñeta, has metido mucho texto, queda muy embarullado. ¿Mejor hacemos dos viñetas?».

EDUARD: ¿A los dibujantes no les gusta que haya menos texto?

KIM: Sí, a veces lo llamé, un par de veces, y le digo: «Esto no cabe, se me come toda la viñeta. Lo hago en dos dibujos». «Ah, vale, vale.» Un par de veces pasó esto.

EDUARD: Antonio, la estructura tanto de una obra como de la otra, ¿cómo llegas a ella? ¿Cómo te la planteas? En el caso de *El arte de volar*, hace más referencia cronológica, con hechos cotidianos. Y, luego, es muy interesante que, en el caso de *El ala rota*, lo haces en otro sentido. Porque, claro, como aquí lo que se enfoca es ese olvido de la mujer cotidiana —como tú mencionas, la que no reivindicaba— es muy interesante que la estructures a partir del nombre de cuatro hombres.

ANTONIO: Sí. Yo me pongo a escribir el guion de *El arte de volar* en 2004 y diez años después me pongo a escribir el guion de *El ala rota*. Es decir, transcurre bastante tiempo de una historia a otra. Por eso, cuando me planteo lo de *El ala rota*, me doy cuenta de que hay alguna especie, no solamente de conexión evidente, sino de que queríamos jugar a crear como una especie de juego de espejos. Por ejemplo, fíjate la diferencia en la portada de *El arte de volar*, que sale mi padre, de joven, levantando el puño en alto; es decir, es el rebelde, el revolucionario, el inconformista; y mi madre sale sirviendo, es todo lo contrario, la sumisa. Por otra parte, mi padre había vivido desde muy joven dentro de esas ideas de la conciencia social, del sentimiento de injusticia, de la explotación, porque vivía en un pueblo donde el cacique el pueblo era el que tenía todas las tierras y el resto de los vecinos tenían que trabajar en las tierras de este cacique y levantarse a las cinco de la mañana para ir al campo. Así que, enseguida, en cuanto va a la ciudad… Claro, mi padre ya se instala en Zaragoza en el 31, precisamente en el momento de la proclamación de la República, que es un momento de mucha agitación política, hay mucho mitin, hay mucho discurso, la CNT está muy fuerte como sindicato. Así pues, ya lo podemos ver identificado con las ideas de la República, con la idea de una España más justa, más progresista, etcétera. Y mi madre, por su propia trayectoria, vivió más bien en el lado —podríamos decir— franquista. Incluso estuvo en las cercanías del franquismo porque estuvo sirviendo en casa de un general que durante la guerra tuvo un papel muy importante, pero que luego, como era un general monárquico que conspiraba contra Franco, su memoria, en toda esa especie de listado del franquismo, desapareció.

EDUARD: Tú hablas de que te pareció muy interesante descubrir que hubo vencidos entre los vencedores, ¿no?

ANTONIO: Claro, claro. Pero de alguna manera es como tener las visiones de la España del siglo XX, desde las dos perspectivas, eso que se ha dado en llamar «las dos Españas». Es decir, mi madre, que era muy religiosa, se había educado en un pueblo de la Castilla profunda donde todas las costumbres y las tradiciones, y todo eso... Por eso, yo digo, a menudo, que soy hijo de un anarquista y de una monja, y que se puede convivir si la política no lo envenena. Porque mis padres convivieron muy amorosamente, siendo uno un comecuras y mi madre de misa diaria. Ellos se respetaban. Mi madre iba a misa y mi padre no. Él la esperaba a la salida de la iglesia cuando íbamos, y eso no impedía que dos personas, aunque tuvieran creencias muy distintas, se quisieran. Lo que pasa es que cuando en esas diferencias se mete la política y te envenena por toda una serie de intereses, podemos llegar a lo que llegamos, que fue a una guerra civil. Entonces, a partir de ahí, hicimos toda una serie de juegos de correspondencias. En las escenas comunes, que viven otros personajes en una misma situación. Por ejemplo, la boda de mis padres. Si tú la lees en *El arte de volar,* como está vista desde la perspectiva de mi padre, pues eso es un desastre, una humillación, lo vive muy mal porque se tiene que casar por la Iglesia porque no le queda otra. Pero si lo lees en *El ala rota,* desde el punto de vista de mi madre, era el colmo de la felicidad, hasta la iglesia es un derroche de angelitos. Así, creamos todo un juego de complicidades, de espejos, y creo que por eso la palabra *díptico* está muy bien empleada y ambos libros se complementan muy bien […] de España del siglo XX.

EDUARD: Bueno, de hecho, los títulos también jugaban a ello, porque tú lo que explicas es que tu padre intentó volar, saltar de la cama, y acabó a menos que tu madre que, quizá, fue como un pajarito, saltando poco a poco.

ANTONIO: Sí. De hecho, el título —aunque en un principio pensé que a Kim no le gustaba, nunca le gustó— en un principio pensé en titularlo «El ala manca». Y a Kim no le gustaba.

KIM: No, porque, claro, no era manca.

EDUARD: Habría que contextualizarlo, porque hay gente que no lo ha leído.

ANTONIO: Exactamente. Yo descubro, cuando mi madre se está muriendo, que su brazo izquierdo lo tiene plegado y no lo puede estirar ni lo puede separar del cuerpo. Y eso lo descubro en su lecho de muerte. Es decir, que mi madre pasó toda su vida con una lesión, con una minusvalía que supo disimular, ocultar, incluso que no fuera ningún problema para desarrollar la vida cotidiana. Una mujer que, además, hacía trabajos muy físicos, porque mi madre era de labores de casa, como te he dicho, sirvienta. Luego, cuando se casó con mi padre empezó haciendo lavados a mano; yo recuerdo a mi madre haciendo la colada a mano y restregando las sábanas y retorciéndolas. Así que, claro, si la historia de mi padre se había titulado *El arte de volar*, la de mi madre venía mucho mejor cuando caímos en lo de *El ala rota*. A Kim ya le gustó más y yo creo que es un título muy adecuado. Incluso se complementa *El arte de volar* y *El ala rota*. Y, efectivamente, no solamente mi madre, las mujeres de aquella época hacían grandes cosas, pero no se daban tanta importancia. Así como los hombres somos más de contar batallitas, y mi padre: «¡Ah, cuando estábamos en el Ebro!» y «¡ah, cuando llegamos a Saint-Cyprien!» o «joder, los gendarmes ¡cómo nos trataban!», y no sé qué y no sé cuánto.

EDUARD: Era como un silencio anónimo, ¿no?

ANTONIO: Sí, pero yo creo que no es que fuera por ocultar cosas, sino porque no le daba importancia. Eran mujeres que hacían cosas importantes. Entre otras cosas, en tiempos muy difíciles, conseguir que hubiera un plato en la mesa para comer y para cenar, lo que ya era bastante hazaña en aquellos años de la posguerra. Sobre todo para una familia como nosotros, que yo recuerdo que teníamos todos los días sopas de ajos para cenar. Era lo que teníamos porque no había para más. Esta mujer, por eso te digo, que aunque pueda parecer que en un principio el relato de *El arte de volar* es más épico porque hay batallas, hay acción, hay tiros, hay persecuciones, *El ala rota* es más intimista, más familiar. Pero en realidad puede ser que la trayectoria de mi madre sea más heroica —aunque silenciosa— que la de mi padre, si se puede comparar.

EDUARD: Esto parece que conecta con Alexiévich: *La guerra no tiene rostro de mujer.*

ANTONIO: Exactamente, exactamente. Sí, sí.

EDUARD: ¿Pensáis que este díptico —y quizá podríamos añadir *Nieve en los bolsillos*— lo sentís con una voluntad ética? Digo, el hecho de estar contando todas estas cosas… ¿O no lo veis así? ¿Creéis que pueden ser obras que puedan usarse en un sentido de comentario moral y ético? ¿Cómo lo veis?

ANTONIO: Yo sí. No sé si Kim. Kim siempre dice: «Es que Antonio es muy político, es un artista» y no sé qué, todo eso.

EDUARD: Por ejemplo, para ir introduciendo también *Nieve en los bolsillos* y hablar de esta otra obra, en la introducción que hace Álvaro Pons, comenta: «Kim le da voz a una España que no se podía decir». No sé si tú te identificas con eso o si son esas cosas que decimos los que estudiamos los cómics y que no tienen sentido.

KIM: Sí, no sé. O sea, esta historia es una historia real. Yo estuve en Alemania un año y era una historia totalmente olvidada por mí. Ni mis amigos sabían que había estado en Alemania. Y un día, hablando con un alemán, me dijo: «¿Y por qué no haces un cómic?». Y le dije: «Estuve en Reims». Y el tío me preguntó: «¿Qué hacías ahí?», y le digo: «No, trabajando». Entonces me dijo: «¿Por qué no haces un cómic? En Alemania nadie se acuerda de estos españoles que estuvieron». Y yo digo: «Bueno, en España tampoco». Nadie se acuerda de esta gente. Ya muchos han muerto. Los hijos, algún hijo que vivió en Alemania, se acuerdan, claro. Yo pensaba que conectaría conmigo alguien y no ha conectado nadie.

EDUARD: ¿A qué te refieres con que no ha conectado nadie?

KIM: Yo pensaba que cuando se publicara este libro, alguien que hubiera estado en Alemania o hubiera tenido una experiencia, me llamaría y me diría: «Oye, yo estuve en Alemania, me pasó esto» o «yo estuve en este albergue». Pero, bueno, han pasado tantos años que igual ya no queda nadie, ¿sabes? Yo tenía dieciocho años.

ANTONIO: Eso te iba a decir, que quedarán pocos ya.

KIM: Claro, yo tenía dieciocho años o diecinueve y la gente era de treinta para arriba, cuarenta.

ANTONIO: Claro…

EDUARD: Y cuando tú mencionas, Kim —en la pregunta inicial—, que tú has tardado en sentirte autor de cómic —de alguna manera—, el hecho de hacer esta obra, que es tu primera obra larga ¿tiene algún otro colaborador? Porque sí que ha cambiado tu visión, han cambiado tus horizontes.

KIM: No, mis horizontes ya no están tan lejos. No tengo horizontes, creo. Yo ahora estoy haciendo otra cosa también, porque ya me he acostumbrado a trabajar, a tener, a estar haciendo algo…

ANTONIO: Claro, cuéntalo, Kim. Cuéntalo.

KIM: Sí, bueno. Estoy adaptando una novela de Stefan Zweig que leí y que me gustó mucho. Me dejó muy sorprendido un personaje que no conocía, José Fouché, el genio tenebroso, que es un personaje de la República francesa…

ANTONIO: … de la Revolución.

KIM: Sí, de la Revolución. Y, bueno, es una historia muy potente. O sea, me gustó mucho la historia. Así, cuando empezó la pandemia, me fui a un pueblo donde tengo una casa. Sin darme cuenta, vi que cada vez estaba peor todo y me he quedado aquí. Ya llevo un año aquí. He ido a Barcelona, pero estoy viviendo aquí. Yo quería adaptar una novela, y tenía un par de ellas en la idea. Tenía esta novela que era de mi padre, imagínate, una novela vieja ya. Y digo: «¿Y por qué no hago *Fouché*?». Lo pensé y me puse a hacerlo. Lo que no pensé es que adaptar una novela tampoco es fácil, porque tiene tanto texto, y encima Stefan Zweig que explica detalle y detalle. Entonces, claro, es otra manera. De hecho, es una novela gráfica porque hay mucho texto y cada texto tiene un dibujo. Pero ya no es un cómic que se pueda seguir sin leer el texto. Hay que leerlo. Bueno, no sé. Estoy en esto. Me lo estoy pasando bien, lo que pasa es que los trajes de esa época son… La documentación es pesadísima. ¡Los palacios! Es impresionante. Muchas horas de trabajo y no sé si vale la pena, la verdad.

EDUARD: Ahora que has mencionado esto de la novela gráfica —que estará el espectador esperando que digamos alguna barbaridad—, ¿es una palabra que realmente ha servido para algo?

KIM: Al principio —con Antonio lo comentamos— parecía una broma: «¡La novela gráfica!», para darle cierta historia, para vender más cómics. Pero, curiosamente, ha hecho que salga una cantidad de dibujantes de cómic que han hecho su libro, su historia. O sea, real o no real. Pero yo creo que esto no existía o existía mucho menos.

EDUARD: La palabra se usaba porque incluso aquellos primeros cómics Marvel ya tenían novelas gráficas para adultos. Digo, nos hemos pasado muchas décadas buscando un término para vender también.

KIM: Pero yo creo que ahora verdaderamente existe la novela gráfica. Algunas mejores que otras, pero todas traen algo. Incluso muchas chicas están haciendo novelas gráficas que son buenísimas. Creo que ha sido un lugar donde mucha gente se ha encontrado enseguida muy bien y que si no hubiera existido esta variante, no hubieran dibujado, o hubieran escrito, pero como te permite enseguida incluso hacer algo muy simple pero con un dibujo muy potente, es superinteresante leerla aunque los dibujos sean muy simples.

EDUARD: Pero a lo mejor están al servicio de lo que cuentan.

KIM: Lo que quiero decirte es que está pasando algo muy… En el cómic creo que hay cosas donde hay más creatividad hoy día.

EDUARD: Ha sido una vía para romper la «tiranía» —entre comillas— de formatos.

KIM: Sí, sí.

EDUARD: Yo soy un poco partidario de tomar el punto de vista de Álvaro Pons que, al final, es una visión pragmática: si sirve para salir adelante, bienvenido sea. No sé si el problema a lo mejor es utilizar el término de *novela*. Yo a Antonio le he leído en alguna entrevista, que le pregunta el periodista de turno: «Pero ¿el cómic es narración?», y tú le contestas: «La palabra *narración* no es privativa de la literatura». Estamos muy acostumbrados a identificar palabras con un determinado campo, cuando ese campo es una iteración.

ANTONIO: Claro. Fíjate tú que incluso hemos privilegiado siempre o hemos identificado siempre lo narrativo con lo literario, pero ahora creo que la mayor parte de las narraciones que consumimos son en imágenes, porque las series, el cine, los videojuegos, etc., son lo que la gente consume más, pues cuentan historias. Yo soy partidario de que los cómics son una forma moderna de contar en imágenes y eso es una tradición larguísima en la historia de la humanidad. Por ejemplo, yo estoy convencido de que en la Edad Media cuando los fieles entraban en la iglesia y miraban esos capiteles, esas vidrieras, esos santos, los leían, porque entendían: «¡Ah!, mira, pues, ¿ves? Ahí está representado. Fíjate, los suplicios del infierno y lo que les pasa a los que pecan de lujuria», «¡ah!, mira, y aquí está la historia de santo no sé quién, que lo torturaron» y «mira, está san Lorenzo con la parrilla porque lo mataron…». Es decir, que hay ya desde la época prehistórica y desde las inscripciones en las cavernas una voluntad por parte de los seres humanos de transmitir y de contar historias, apoyándose o utilizando…

KIM: … el dibujo.

ANTONIO: Por eso, la novela gráfica… Yo también diría, como Álvaro, que aquí ya hubo un problema cuando los puristas decían que no se podía llamar *cómic,* que había que llamarlo *tebeo* o *historieta* porque *cómic* era un anglicismo y que además tenía ese carácter de que era «cómico». Y, claro, ¿cómo puede ser un cómic de terror? ¡Si es cómico no es de terror! Y sobre eso nos pasamos debatiendo en los años 80 en montones de mesas redondas.

EDUARD: Las palabras implementan cambios semánticos. Yo soy filólogo y por eso te lo digo. Es como aquello del matrimonio y tal. Las palabras no son inamovibles con el tiempo.

ANTONIO: Claro, no son inamovibles. Y por mucho que tú te empeñes, las palabras son lo único que nos queda a los ciudadanos, a la gente. Somos nosotros los que hacemos la lengua. Es decir, si al final *cómic* se ha acabado imponiendo a pesar de los puristas, es por el uso, porque la gente lo usa, si soy un dibujante de cómic o tengo una tienda de cómics. Y con lo de la novela gráfica pasa otro tanto. Javier Coma, que era uno de los teóricos de los años 80 y todo eso, le gustaba hablar de *literatura dibujada*.

EDUARD: Eso es muy de tradición francesa, la literatura gráfica y demás.

ANTONIO: Claro, sí. Los franceses, por ejemplo, ya en los años 70 crearon una asociación que era el CELEG, el Centro de Estudios de Literaturas de Expresión Gráfica. Claro, es que tú le dices a Kim…

EDUARD: Eres un expresionista de literatura gráfica.

ANTONIO: Exactamente. Siempre ha existido esta idea de superar la denominación. Claro, los franceses lo tienen muy fácil porque es un término que tiene otra connotación, es formal. Por ejemplo, cuando tú dices *fumetto* o cuando dices *quadrinhos* o cuando dices *bande dessinée*, estás haciendo referencia a aspectos formales que no tienen connotaciones. Ya *historieta* es eso, una historia como pequeñita, como de andar por casa, ya tiene un componente un poco menor. *Cómic* tampoco, porque no solamente es cómico, porque… De hecho, ahora *cómic* se utiliza cada vez más para hablar del cómic norteamericano. Y luego creo que lo de *novela gráfica* es un poco lo que dice Kim, es un formato. Eso de poder disponer de doscientas o si quieres hasta de quinientas páginas —también hay tochos de novelas gráficas de quinientas o más páginas— te permite contar historias un poco más complejas. Yo creo que en la novela gráfica se da mucho ese componente que también decía Kim, que cuentas historias que tienen más relación con la historia, con acontecimientos reales o con acontecimientos personales. Están como más ancladas en la realidad que los tebeos que leíamos nosotros de pequeños, que eran de aventuras, de evasión, y las chicas no digamos, pues, de amor y de ese amor idílico y todo eso. Y esto es como más realista, más denso. O sea, que de alguna manera sí que hemos ganado con el nuevo formato.

KIM: Yo creo que ha salido bien.

EDUARD: Hay también un formato comercial. El formato libro permite llegar a donde no llega lo fungible del cuaderno de aventuras, la grapa. ¿Esto lo habéis notado? Al principio lo decíais, la dificultad para vivir, pero el paso a formato libro ¿os ha mejorado la vida también como trabajadores?

KIM: ¡Sí!

ANTONIO: Kim, desde que es novelista gráfico ya se ha hecho tarjetas y todo, donde pone: «Joaquim Aubert – Novelista gráfico», y tiene muchísimo más éxito con las mujeres y todo que cuando era un autor de monigote, un *monigotero* que escribe, que pinta, que hace dibujos para los jóvenes.

311

KIM: Sí, sí. No, las dos cosas fueron divertidas.

ANTONIO: No, en cuanto a lo que tú dices, desgraciadamente, el término creo que ha servido sobre todo para que el reconocimiento cultural y artístico de lo que hacemos sea mayor. Fíjate tú, que nos hagan una reseña en el *Babelia* o que te hagan una entrevista en la Cadena SER; es decir, que ya casi todas las publicaciones o los programas culturales le dediquen un espacio a la crítica de cómic, que esté el cómic no solamente en las librerías especializadas, sino en las librerías generalistas e incluso en las de las grandes superficies y todo eso, eso es un logro muy importante. Pero no significa que ahora los autores de pronto nos hayamos hecho ricos. Esto ha ido creando más lectores. Yo creo que mucha gente que se había distanciado, que de pequeño leyó tebeos y todo eso, y que se había distanciado pensando que esto era una cosa de niños, muchos han vuelto. A nosotros nos lo han dicho muchas veces en las sesiones de dedicatorias.

KIM: Y mucha gente ha descubierto otra vez los cómics. Yo recuerdo, firmando en la Feria de Madrid, que mucha gente me decía: «Yo cuando leí este libro lo recomendé a mi padre que nunca había leído un tebeo y mi padre se lo leyó ¡y quedó encantado!». «Pero, oye, esto no es un tebeo, ¡esto es un…!». Y, claro, te sorprende. Y, además, lo disfrutas, porque por fin alguien empieza a entender que hay otras maneras de expresarse y de contar una historia.

ANTONIO: No cabe duda de que el problema no está tanto en los contenidos. Yo creo que aquí, como dice Kim, en España están saliendo cosas de muchísima calidad y por autores muy jóvenes; es decir, que no hay falta de talento. Pero la estructura editorial que tenemos es muy endeble y todavía hay que aumentar mucho el público porque, como decía Kim, vendes mil o mil quinientos, si vendes ya tres mil es casi un *best seller*.

EDUARD: Teniendo en cuenta el festival en el que estamos, ¿notáis el impacto que tienen vuestras obras entre España y Francia?

ANTONIO: Sí.

EDUARD: ¿El *feedback* es diferente? ¿Notáis cercanía? ¿Lo que os dicen los lectores y también el reconocimiento institucional o…? ¿Qué diferencia veis?

KIM: Es diferente, pero cada vez menos, ¡eh! Yo recuerdo cuando empecé a ir a sitios, que era una diferencia total en Francia. Pero ahora yo te diría que no tanto. Hay mucho más lector en Francia, eso desde luego. Y mucho más comprador. Pero aquí empieza a haber mucha gente, que antes era gente muy joven que buscaban el dibujo y ahora no, ahora hay mucha gente que te dice: «No, no, es que yo soy arquitecto, pero he empezado a leer la novela gráfica y la verdad es que me lo estoy pasando muy bien» y tal. Y en Francia, bueno, nos llevan unos años de ventaja, naturalmente.

ANTONIO: Sí. Y luego, claro, que en Francia hay algunos títulos que son motores de la industria, que tiran cifras que nosotros ni siquiera podríamos soñar. Es decir, cada año, si tú lees un poco el libro blanco que sacan de los títulos publicados, pues tienes veinte o treinta títulos de cómic que han superado los cien mil ejemplares de ventas. Bueno, no sé si Ibáñez llega a esas cifras con *Mortadelo y Filemón,* vende mucho, pero… Claro, tú date cuenta, por ir al gran fenómeno francés, los *Astérix* están saliendo en primera edición, solo para el mundo francófono, el último, dos millones y medio de ejemplares. En la primera edición. Luego se hicieron más ediciones y se tradujo prácticamente en todo el mundo. Nosotros no tenemos eso. Y, además, por encima de los diez mil ejemplares, entre diez mil y cien mil ejemplares, hay ya una buena cantidad de títulos. Y aquí podríamos citar casi con los dedos de la mano los títulos de novelas gráficas o de cómics que han superado los diez mil ejemplares de ventas.

EDUARD: Como llevamos mucho tiempo, pero no me gustaría que no hiciéramos al menos unas pinceladas de vuestras referencias, aunque sea más brevemente. Creo que tendríamos que dedicar al menos un momento para que Kim nos hable de su personaje fetiche porque creo que también forma parte del paisaje historietístico español. Me gustaría, Kim, que nos dieras unas pinceladas de cuándo surge este personaje, del año 77, vinculado a *El Jueves*. ¿De dónde nace? ¿Qué pretendes? ¿Cómo va creciendo?

KIM: Esto fue una cosa casual porque *El Jueves*, cuando crearon la revista, Tom y Romeo decidieron hacer un poco lo de Bruguera, personajes fijos cada semana. Así que hicieron una lista de personajes. Y yo no estaba, estaba de viaje o no sé. La cuestión es que cuando aparecí —porque ya había dicho que sí, que me apuntaba a *El Jueves*— todo el mundo ya había escogido personaje y solo quedaba un facha. Y cuando me dijeron: «¡Te ha quedado un personaje fantástico!». Digo: «¿¡Cómo? ¡¿Solo queda uno!?». «Bueno, sí, todo el mundo ya ha escogido…» Un facha… Me quedé un poco así… porque acababan de poner una bomba en *El Papus*… Pero, bueno, tocar el mundo de los fachas nunca ha sido muy divertido. Bueno, y entonces, Tom y Romeo, era muy divertido: «No, no te preocupes. El guion, te ayudamos nosotros. No te preocupes. Vienes a hacerlo aquí». Y sí, yo iba allí porque era muy divertida la relación. Era una pasada, era otro mundo. Empezaba a las doce del medio día y ya salíamos a las nueve de la noche. Así, yo empecé con este tío a hacer *Martínez el Facha*, pero a la tercera historieta me encontré con que no estaba nadie para hacer el guion. Y ya estaba el montador diciéndome: «Oye, que esto hay que montarlo. Mañana hay que ir a imprenta», no sé qué. Entonces, digo: «Bueno, pues, tengo que hacer yo los guiones». Al principio me costó un poco, y, sin darme cuenta, me he mantenido ese personaje. No sé. Hacer otro personaje ya no me apetecía, tampoco, meterme en otro mundo. A veces me decían: «Cambia a…», y no. Lo dejé una temporada, pero luego me llamaron a decirme: «Está todo tan animado en España, esto de los fachas».

EDUARD: A lo mejor lo tienes que reactivar ahora.

KIM: Sí, vuelve a salir. Toda esta época de la pandemia he estado haciendo *Martínez el Facha*. Yo, al final, me lo paso bien y me río. Yo creo que es muy malo el guion. Es… Tengo que poner mucho diálogo, si no no tiene ninguna gracia. Tengo que meter un diálogo, tonterías, pero hay cantidad de gente a la que le encanta. Tengo lectores que dicen: «Oye, el día aquel en que salió esto y…». Yo ni me acuerdo de qué me hablan.

EDUARD: A lo mejor ha conseguido un cierto estatus, como decía hoy, de los personajes de Bruguera que han quedado en la memoria.

KIM: Sí… Claro, ahora, con *Martínez el Facha,* dicen: «Oye, ¡yo tengo un vecino al que le llamamos Martínez el Facha!». Y ya ha quedado... una cosa más de este país.

EDUARD: ¿Te inspiraste en Zasa o no?

KIM: No, la verdad es que no.

EDUARD: Un poco «el señor apolítico, de derechas como mi padre», como dice Zasa en *La escopeta nacional.*

KIM: No, yo lo único que no quería hacer era un facha que pusiera bombas, un facha malo. Yo hice un tío que se lo cree, ¿no? Y luego, claro, con lo de los guiones, comencé a sacarle personajes alrededor porque, si no, se me acababa... De este modo, tiene el señor moral, el chaquetero, el que va por la pasta, el otro medio tonto, y puse un cura argentino... Y, bueno, aquí los tienes. La verdad es que, claro, en tantos años, le coges cariño al personaje. Y me ha dado de comer también, tengo que reconocerlo. Pero son cosas de la vida. Te encuentras con cosas que nunca hubieras pensado.

EDUARD: Quizá es un éxito algo inesperado, que no pensabas que te iba a llevar tantas décadas.

KIM: Sí, sí.

EDUARD: Y, bueno, de todo no nos va a dar tiempo a hablar, pero, Antonio, me gustaría que nos dieras unas pinceladas de tus obras con Keko, que también es un referente, desde esa última trilogía *Egoísta* en 2014, o volúmenes que todavía se podrían considerar, incluso, novedad: *Yo, asesino,* del 2014; *Yo, loco,* del 2018; *Yo, mentiroso,* del 2020. Yo incluso diría que es una trilogía con estrambote, porque, al menos, *El perdón y la furia*, creo que todo aquello del arte y la crueldad se relaciona bastante con el primero, sobre todo. No sé si nos puedes dar una pincelada de ello.

ANTONIO: Sí, sí. Mira, esto no surge como trilogía desde un principio. La idea era hacer un solo libro, el primero, *Yo, asesino*, que venía motivado por dos cosas. En primer lugar, porque yo acababa de jubilarme de la universidad, un nudo donde uno está casi 38 o 40 años, y es un nudo que da mucho juego narrativo. Tú lo conoces. Curiosamente, hay muy poca literatura que transcurra en un ambiente intelectual, universitario, etcétera. Porque, igual, la gente se piensa que en la universidad nos cruzamos los profesores e intercambiamos discursos filosóficos: «Pues, yo creo que Platón…»; o el otro te recita unas poesías de Góngora; que es el lugar del saber, de la reflexión ética y todo eso. Al mismo tiempo, yo entendía que es un terreno donde en la apariencia hay una cierta corrección (porque a veces se pierden hasta las formas), pero hay un trasfondo de mucha tensión y de mucha violencia porque no hay que olvidar que tu compañero de despacho es el que luego te puede disputar la plaza cuando salga a concurso.

EDUARD: Es un mundo tenso, sí. Vamos, tampoco hace falta ponerse mártir; hay trabajos más complicados en la vida.

ANTONIO: Hay trabajos más complicados. No, yo te lo digo sobre todo porque en materia narrativa sí que hay de eso, de pequeños complots de despacho para marginar a alguno, las rivalidades de departamento, los bandos que se crean dentro de un mismo departamento, las faenas que se arman para que este no salga en las próximas oposiciones y que salga este otro, el enchufismo que también existe. Es decir, que a mí me parece que es un mundo que da mucho juego para la narración, pero que nunca se había tocado. Así, era una manera también, no sé si de ajustar cuentas o de dar un buen repaso a la universidad, y también a la Universidad del País Vasco, que es, en concreto, donde trabaja el protagonista, y plantear este dilema entre el asesino artístico y que mata de manera gratuita y sin ninguna razón (solo por crear una *performance* artística) y lo que yo vivía cotidianamente, que era ver alumnos que con veinte o veintiún años los detenía la policía porque formaban parte de un comando y eran chavales que estaban dispuestos a matar «por la patria». Entonces, la pregunta es esa: ¿qué es lo que nos puede convertir en asesinos? ¿Hay algún motivo para que podamos matar? ¿O lo llevamos ya en la carga genética esto de que cuando hay un conflicto lo resolvemos liquidando al de enfrente? Es un tema, por lo tanto, ético y bastante importante. Y lo que ocurrió es que, ya a la mitad de la escritura de ese libro, yo me quería también desmarcar un poco de *El arte de volar,* porque el libro enseguida tuvo éxito y ya me presentaban: «Este es el de *El arte de volar*», ya no era ni Antonio ni nada. Entonces, este libro, en lugar de «hijo bueno», hice una historia más de mala leche No más el hijo bueno que: «¡Ay!, mi papá», «¡ay!, fíjate todo lo que hizo» y «¡qué injusto le trataron!» y «¡cómo lo olvidó la historia!» y así. Además, quería trabajar el género negro que me gusta mucho. Y luego, a partir de eso, con Keko empezamos a ver que teníamos bastantes posibilidades de explorar distintos ámbitos dentro de la sociedad, que son todos ellos, digamos, poco aceptados. Porque, fíjate que es lo mejor de cada familia: *Yo, asesino; Yo, mentiroso;* y *Yo, loco.* Nos hemos ido, totalmente. Pero se trata de coger tres protagonistas que se encuentran en una situación de marginalidad, que viven así, es decir, el que miente, etcétera. Por eso empiezan siempre con *yo,* es la trilogía del yo. En sus cartuchos, en la voz narrativa, intentan explicar por qué matan, por qué están locos (o no lo están), por qué mienten (por qué es tan fácil mentir). Y eso me permite hacer un poco como una especie de recorrido por toda la podredumbre —que yo creo que es bastante importante— de la sociedad contemporánea. Y allí aparecen. En *Yo, loco*, se denuncian las maniobras de las grandes corporaciones y cómo nos engañan incluso las farmacéuticas para obtener beneficios; y en *Yo, mentiroso* ya prácticamente se ha convertido en una especie de repetición. *Político* y *mentiroso* hoy día casi se han convertido en sinónimos, en términos que vienen a significar [...] y descubrimos cómo nos engañan. Y este es el último (*Yo, mentiroso*) que salió aquí en España a finales del 20 y que acaba de salir ahora en Francia. Tengo que decir, puesto que estamos en este programa de que «París no se termina nunca», que ayer yo estaba en París. Y, efectivamente —lo poco que pude ver, porque estuve solo tres días en París—, es verdad que París no se termina nunca. Estaba precioso, hacía un tiempo magnífico, un sol... Poca gente, es cierto, un París un poco desconocido, lástima que estaba muy cerrado, entonces, igual se podía acabar antes... Pero París, primavera, y con todo abierto, no se termina nunca.

EDUARD: Muchas gracias por este comentario porque tenemos que ir cerrando ya. Al final, yo estaba preocupado por si no tendríamos suficiente material, y podríamos estar horas hablando. Se quedan otras cosas que podríamos haber comentado; no da tiempo a todo. Pero tu comentario sirve para cerrar, en el marco de este festival. Os agradezco a los dos vuestra buena disponibilidad, lo interesante de todo lo que habéis comentado. Esperemos que nos sigan regalando obras. Ya sabemos, al menos en el caso de Kim, que tendremos una adaptación de Stefan Zweig. Antonio, supongo que también tendrá sus cosas en mente. Muchas gracias a los dos.

Si queréis despediros por vosotros mismos…

ANTONIO: Gracias a ti, Eduard, porque la verdad es que nos has llevado muy bien en la charla. Y yo creo, por lo menos por mi parte, que hemos hecho un repaso bastante completo.

KIM: Sí, sí. Ha sido una charla… Yo, es la primera vez que hablo así, delante de un aparato de estos. Pero, bueno, hay que aprender.

EDUARD: Y no será la última.

KIM: He visto lo de Hollywood y hacen lo mismo que nosotros…

EDUARD: Muchas gracias a los dos. Hasta pronto y que estéis bien.

ANTONIO: Gracias, Eduard.

KIM: Muchas gracias.

EDUARD: Un abrazo.

ANTONIO: Un abrazo.

KIM: Un abrazo.

América en el centro de su gravedad

SERGIO RAMÍREZ • VANESSA NÚÑEZ

Conducido por **Justo Mellado**

Esta tarde viajamos a la siempre diversa y estimulante Mesoamérica, para fijarnos en la pujanza de su escritura creativa. Una autora en pleno proceso de consolidación, con un brillante futuro, al lado de todo un consagrado premio cervantes de las letras. En este caso, el crítico chileno Justo Mellado conversará con la narradora salvadoreña Vanessa Núñez y el novelista nicaragüense Sergio Ramírez. Ambos debatirán sobre el papel de Centroamérica en la literatura hispanoamericana. Lo hemos titulado: «América en el centro de su gravedad».

JUSTO MELLADO: Estamos en este encuentro con Sergio Ramírez y Vanessa Núñez, y yo soy Justo Pastor Mellado, chileno. Me cabe el honor de, más que nada, ofrecerles la palabra. Es el trabajo más fácil, en ese sentido. El tema es «América en el centro de su gravedad». Yo ya no sé cuál es nuestra gravedad hoy día. Y la situación del centro, la *periferización* de los centros, es tan evidente que uno a veces no sabe en qué situación o en qué condición está. Pero para hablar de nuestras producciones, yo creo que lo mejor es hablar de la obra y de cómo ustedes se disponen y se sienten en esa producción. Sergio, tú has ido muchas veces a Chile y eres un escritor muy reconocido. Hay un pasado común nicaragüense-chileno: cardenal, mitos grandes. Siempre los países tienen algo que compartir, a veces para bien o para mal, pero tenemos algo. Y con El Salvador hay unas historias, quizá menos literarias —no es por nada—, quizá más políticas, en términos directos. Bueno, quizá con Nicaragua también, pero siempre Centroamérica, para una parte de Chile, sobre todo durante la dictadura, era un lugar muy significativo. Y para la dictadura también era significativo porque representaba el lugar de una amenaza (simbólica, real, etcétera). Entonces, Centroamérica, cuando está lejos, está al mismo tiempo muy cerca. Muy cerca como fantasma, como una realidad literaria y una realidad política también. Al final, el problema de las lejanías o las cercanías casi no existiría en ese sentido, porque la obra nos pone en una situación, en otro tiempo. Y yo quisiera que habláramos de esos tiempos, de ahora, así que les dejo la palabra.

SERGIO RAMÍREZ: Empezando, yo diría que *Centroamérica* es un concepto a veces bastante difuso, a veces bastante concreto, pero ha sido a lo largo de la historia un centro de irradiación que, de alguna manera, expulsa gente que luego adquiere una dimensión universal. Yo digo que *expulsa* (uso la palabra) porque nuestras condiciones, siempre tan precarias en términos materiales, económicos, culturales, hacen que no exista o no haya existido un caldo de cultivo suficiente para un talento. Ya que hablabas justo del caso de Chile, Nicaragua, voy a hablar de Rubén Darío quien ha medrado en esa pobreza del medio nicaragüense. Te imaginarás cómo sería Nicaragua a mediados o en la segunda parte del siglo XIX: un país despoblado tanto por las guerras civiles como por las muertes colocadas por las pestes; un país rural, analfabeto. Y estos niños de quince o dieciséis años, los que quieren volar lejos y encuentran el respaldo, precisamente, de un intelectual y militar salvadoreño —en ese tiempo era posible esta conjunción—. El general Cañas le dice: «Usted váyase a Chile. Váyase a nado, pero váyase. Tiene que irse». Él lo empuja a irse a Chile y esa es la primera estación de la universalidad de Darío. Sin Chile, Darío no hubiera sido posible, sin su experiencia tanto de periodista de gacetilla en Santiago y Valparaíso como de su entrada en los círculos literarios de Santiago. Y de ida y vuelta, la atención que Centroamérica presta a Neruda en el *Canto general.* Hay partes del *Canto general* que tienen que ver con lo que Centroamérica es en la primera mitad del siglo XX: la presencia de las compañías bananeras; la enorme influencia política y militar de los Estados Unidos; los símbolos de rebelión que surgen entonces y que están fijados en el *Canto general,* como el General Sandino en Nicaragua. Y, después, como también Justo señalaba, hasta la modernidad con Ernesto Cardenal, porque Bolaño mostraba una gran afinidad. Es decir, si uno busca en los libros de Roberto Bolaño siempre el nombre de Cardenal estará presente. Fue una influencia muy permanente en la obra de Bolaño, viéndolo primero como poeta. Y, claro, todos esos libros tienen que ver mucho con la poesía. Así, estos son ejes de Mesoamérica; son volcanes dispersos, muchas veces en actividad, ya sea actividad cultural o actividad física, y países que siempre están en busca de su identidad. Siempre me gusta decir que la actividad existe mientras se la busque, porque la homogeneidad no es ninguna ventaja.

JUSTO: Lo curioso es que Rubén Darío lleva también a Chile una universalidad. Eso es lo interesante. Porque no es que él vaya a ser, como dices, un hombre universal ahí, sino que él nos pone en una situación diferente. Por eso es que hay un mito de Rubén Darío. En Valparaíso se celebra la reedición de *Azul*. Es un personaje de culto —obviamente, nadie puede omitirlo—, pero, más allá de eso, Rubén Darío es tan actual en ese sentido: forma parte del paisaje. En cambio, Cardenal es otra situación. Incluso una situación sentimental diferente. Es más cercano a mi generación. Cuando yo entré a estudiar, Cardenal era publicado en una antología de poesía, de Editorial Santiago creo que era, y lo comprábamos siendo estudiantes. Era un caso. Era algo extraño para nuestro tiempo. Pero, al mismo tiempo, muy rejuvenecedor en relación a lo que podríamos decir un cierto «academismo nerudiano». Cardenal era una cosa así como más de bolsillo. Cuando uno dice: «Literatura de bolsillo porque mi vida es la premura, el tiempo y la historia nos espera». En fin, todo eso. De este modo, si había que llevar un libro, era la antología de Cardenal. No íbamos a llevar a Neruda. No, no, no. Había cosas. Creo que también nuestra historia literaria está forjada de exclusiones e inclusiones calculadas a nuestra conveniencia, de acuerdo a la época. A veces, nos parece más útil reivindicar a cierto Cardenal que a otro. Es decir, cómo somos perversos también en el uso de los nombres. Y ahora, le echamos a Rubén Darío encima a Cardenal y lo *retroversiamos* así. No, es que forma parte de la literatura como Bolaño creo que la pensaba. ¡Vanessa!

VANESSA NÚÑEZ: Yo me saco un poco de Darío y retomo Roque Dalton. Yo estudié en Chile, conozco Chile, juré ser escritora sobre la tumba de Neruda. Esas son las cosas locas que le pasan a uno en Valparaíso, precisamente, como tú estabas contando. Lo que pasa es que Centroamérica siempre ha estado integrada. Y, para mí, es un poco complicado hablar de esto porque, básicamente, voy a contar una historia de la que Sergio ha sido un protagonista. De primera mano, pero te cuento mi visión, como alguien que ya apareció en la escena un poco más tarde, la verdad. Centroamérica siempre ha tenido redes intelectuales, siempre ha tenido vinculaciones. En una de las oportunidades que tuve de estar en Nicaragua, gracias a Centroamérica Cuenta, de hecho, estábamos en León, sentados en una mesa con Alfonso Chase —y no me acuerdo quiénes más estaban— y él nos comenzó a contar la relaciones que había entre los poetas costarricenses y los nicaragüenses, que es la misma que ha habido, por ejemplo, entre Guatemala y El Salvador, y Nicaragua también ha estado muy vinculada. Bueno, Sergio lo cuenta en *Margarita, está linda la mar,* toda la peripecia que hay (yo siempre lo cuento en mis talleres, por cierto), la historia de este Rubén «Daricito», chiquitito, que termina siendo chiquito porque se terminan gastando el dinero para la escultura y va a parar a San Salvador, como una escultura de un niño en una sorbetería, en una heladería. Entonces, siempre hemos tenido vinculaciones. Roque Dalton ha tenido vinculación con Guatemala, Marco Antonio Flores también, con El Salvador. De hecho, se fue a refugiar a El Salvador cuando estaba todo el asunto de la represión en Guatemala, algo interesante que también uno vincula. Por supuesto, lo podemos vincular desde la colonia y después con la etapa posindependentista, pero creo que una cosa que nos vincula a Chile, Argentina, Guatemala y El Salvador es toda la historia trágica de nuestros países de los años 70 y 80. Y, dentro de esa historia, Nicaragua particularmente ganó una empatía a nivel mundial y a nivel intelectual como poco se ha visto en la historia, en realidad. Cortázar estuvo en Nicaragua —con Sergio, ahí está en la foto, por eso les digo, que es terrible contar una historia de la que aquí tengo al protagonista—. Cortázar va y visita Nicaragua. Es una cosa que no se había visto antes. Y El Salvador también tenía simpatías en cuanto a otros países por lo mismo, también estábamos en guerra. Pero en El Salvador nunca llegó a haber un triunfo de la revolución como tal. Cuba también es uno de los países que reportó muchísima… Fueron los sueños, las utopías, las grandes utopías latinoamericanas. Y es sabido que los escritores y los intelectuales vivimos de utopías, vivimos de una mejora del mundo, eso es lo que nos mueve a hacer la crítica permanente de aquello con lo que estamos en desacuerdo. Y para eso los chilenos son expertos. Y los chilenos son migrantes, también. Los escritores que han sobresalido han salido de Chile, porque salir le permite a uno tener una perspectiva distinta de su país.

JUSTO: Ah, claro. Pero, Chile… No lo sé. No sería tan optimista como tú —respecto de Chile, digo—. No, es cierto lo que tú dices porque —me acordaba ahora— mencionaste un nombre que me perturbó: Roque Dalton. Roque Dalton era para nosotros una cosa mítica también, pero a través de la literatura y de los poetas chilenos. Enrique Lihn y los otros. Entonces, Dalton en Chile […] de nuevo, no hablamos de Dalton, sino que para hablar de nosotros mismos. ¿Me entiendes? Ese tipo de juego. Y el otro nos viene a decir una verdad que nosotros no queremos ver tampoco. En fin. Todo ese tipo de cosas, obviamente, forman parte de nuestras creaciones, como elementos del...

VANESSA: Sí, perdóname que te interrumpa, pero lo que pasa es que Dalton tenía una conversación, y la conversación era en contra de los conservadores, que se imponía por parte de Guatemala, que es una de las cosas que la gente no dimensiona. Los salvadoreños hemos sido los liberales y Guatemala ha sido el conservador. El hermano castrante que siempre ha estado y que, además, tiene mucho poder. Y en El Salvador siempre hemos sido... Aquí en Guatemala a mí me da mucha risa porque —siendo salvadoreña— hay muchas cosas que digo que a la gente le parece como que son fuera de [...], pero es que aquí la [...] no está instaurada todavía, y tiene su belleza Guatemala por eso, precisamente. Y en El Salvador no teníamos la obligación porque éramos como los hermanos segundones que de alguna u otra manera teníamos más libertad. Lo ven ustedes en la monarquía (para el segundo siempre sale relajo). Entonces, Roque Dalton podía decir cosas, pero sentía mucho ese conservadurismo. Y sí tenía una conversación, entonces, no creas que estaba solo. Él estaba hablando con alguien también. Y por eso es tan divertido, porque era provocador. De los salvadoreños, esa creo yo que es la característica, la provocación.

JUSTO: Has dicho algo clave que te voy a retomar, que es lo de la colonia. O sea, Chile es un país colonial [...]. Hay una cosa, Chile no era virreinato, era solo una capitanía general. Y eso ya nadie lo dice mucho, pero dice mucho. Éramos una pobre capitanía general; no había esmeralda; no había mucho oro —se lo llevaron todo los jesuitas, no todo el que había, ¡el poco!—; no había plata como en Potosí; no había... Por lo tanto, había que trabajar. O sea, ese es un problema. Y, además, los [...] muchos percances, de manera que si la pequeña capitanía no ordenaba sus cuentas había hambruna porque a veces las cosas del Callao no llegaban. Así que hay una especie de austeridad rara chilena, que participamos de un catolicismo medio anglicano, medio protestante, en ese sentido. Y pese a todas las cosas que hemos vivido, la modernización y todo, finalmente no hemos abandonado la colonia. Es decir, el gran triunfo de Pinochet fue reoligarquizar la sociedad chilena, ¿me entiendes? O sea, lo que llega a hacer Allende, pero ni siquiera Allende, sino que es Frei Montalva, desciende del social cristianismo [...] literatura y en todo, es un Gobierno que en los tres primeros años fue realmente, bastante antioligarca. Entonces, lo que hace la dictadura y lo que hace [...] que la oligarquía recupere simbólicamente lo que había perdido a lo largo de todo el siglo XX por su propia descomposición. Eso es muy interesante porque hace que seamos también unos segundones. O sea, somos del sur del sur, finalmente. Se ocupa Chile, España coloniza, digamos, Chile, para impedir, en el fondo, que los franceses o los británicos ocuparan el territorio. Así, pensar que el nacimiento de Chile tiene que ver más bien con eso, bueno, no resulta tan heroico, es mucho más realista. Somos segundones (eso de todas maneras). A mí me encanta esto porque, en el fondo, decir: «Es la réplica», «es la historia de la copia», «es la historia del referente», «no hay historia de transferencia si no hay merma»... ¡Es fantástico! Y eso creo que nos une mucho con Centroamérica. Bastante.

SERGIO: Y creo que la relación de Chile con el virreinato del Perú viene siendo muy parecida a la relación de la capitanía

SERGIO RAMÍREZ • VANESSA NÚÑEZ

general también de Centroamérica con el virreinato de México. Que es una influencia que la modernidad va transformando. Es curioso, porque Centroamérica, una vez llegada la independencia y llegado el siglo XX, comienza a moverse entre dos grandes influencias culturales, que es la de México y, obviamente, la de Estados Unidos. Pero la de México tiene mucho peso. A través del cine, a través de la radio, a través de toda la cultura visual, desde las historietas cómicas hasta las fotonovelas, hasta las películas mexicanas, la televisión. Y entonces, se crea en Centroamérica un modo de ser mexicano. No es que no hubiera el machismo en Centroamérica, pero el machismo es una recreación, desde la cultura que se transmite desde México para estas sociedades. Para no hablar de los vínculos históricos que siempre existieron, la capitanía general de Centroamérica incluía Chiapas...

JUSTO: ¡Ah!... Bueno.

SERGIO: Y cuando le dan la Independencia de Centroamérica, que es como una fruta madura que cae porque las luchas se han dado atrás, y es un acto simplemente burocrático, en 1821. Estamos celebrando ahora los doscientos años de la Independencia de Centroamérica.

JUSTO: Me parece muy importante esta cuestión de la capitanía general.

SERGIO: Lo primero que hacen los centroamericanos es que el mismo capitán general, don Gabino Gaínza, se transforma en el primer jefe de Gobierno de Centroamérica independiente. Podemos darnos cuenta de la calidad de la transición. Y en el acta misma de la Independencia se dice que hay que apresurarse a proclamar la independencia «antes de que lo haga el pueblo mismo», dice, textualmente, el Acta de la Independencia. Y era tan frágil todo esto que cuando Iturbide se proclama emperador de México, inmediatamente estos señores corren a plegarse al imperio de Iturbide y a aleccionar Centroamérica al imperio de Iturbide. Entonces, esta es la historia. Es una historia de diversidades, pero también de grandes debilidades políticas y grandes antagonismos. Porque la República Federal de Centroamérica, que nace después de que termina el imperio de Iturbide, no puede sobrevivir, por las grandes disensiones entre conservadores y liberales que echan por tierra el proyecto del general Francisco Morazán, de la República Federal que dura hasta 1839, pero en medio de grandes trifulcas, guerras civiles, derramamiento de sangre, golpes de Estado, hasta que Morazán muere fusilado. Morazán, que también está en el *Canto general* de Neruda.

JUSTO: Exacto. Sí, sí.

SERGIO: Así pues, esta es una historia muy accidentada, pero para un novelista es muy seductora. Es decir, si la historia de Centroamérica hubiera sido ordenada, con respecto a la ley, sin caudillos, creo que no sería atractiva para los novelistas. Una gran contradicción entre realidad y ficción que siempre existe.

VANESSA: Y, a la fecha, Sergio, la figura del caudillo es impresionante que nos inspire tanto para las novelas, porque ¡tenemos unos caudillos tan increíbles! En Guatemala todavía hay pasos de nivel con el nombre de ciertos caudillos, que los acaban de construir, los acaban de nombrar. Siempre se está esperando este *regresuelo* que, como no lo teníamos, después de la independencia, estábamos acostumbrados a estar bajo el poder de un monarca que nunca vimos, porque estaba o era transatlántico ahora. Por eso, necesitábamos la idea de tener una persona fuerte. De hecho, es como Roque Dalton lo menciona en algún momento, que todos necesitamos tener esa figura, como esa figura de peso sobre nosotros porque todavía estamos en una inmadurez, en una cierta infantilidad de la cual no podemos disponer. Nuestros pueblos no saben disponer. No sabemos. Ahí es donde se cuestiona el término de democracia porque es una democracia con un *demos* que no tiene la capacidad todavía de asumir esta gran responsabilidad de un Gobierno. Entonces, claro, eso nos lleva ahora, doscientos años después de independencia —yo siempre hago la observación: doscientos años de independencia, pero trescientos de colonia—, nos faltan cien todavía. Si dicen que una historia de amor se olvida en la cantidad de años que duró (si duró diez años, se va a olvidar en otros diez), en este caso sería lo mismo. ¿Cuánto nos falta ya para quitarnos la colonia de encima?

SERGIO: […], Vanessa?

VANESSA: Sí, tengo esa mala noticia para ti. Y con lo que dicen de que un clavo saca otro clavo…

JUSTO: Bueno, gracias por el dato.

VANESSA: Sí, cosas importantes. Y el asunto es que nos faltan todavía cien años para que nos podamos desvestir de la colonia. Si es que no tenemos ya encima otro tipo de colonialismo. Nicaragua lo tuvo bien claro porque Nicaragua sí sufrió los efectos del imperialismo, muchísimo más concreto y muchísimo más… Igual que Cuba. Por eso es que ahí se dan las revoluciones, porque el efecto del peso de Estados Unidos como potencia emergente, tras las independencias, es demasiado evidente. La palabra *imperialismo* en El Salvador nos sonaba a marxismo, nos sonaba a FMLN, pero en Nicaragua y en Cuba eran reales. O sea, sí se sabía de qué se estaba hablando.

SERGIO: Yo creo que el asunto del [...] tiene el poder de regeneración en Centroamérica, precisamente por ese desajuste profundo que existe entre este aparato de legalidad constitucional que se creó con la independencia... Si uno lee las constituciones de la independencia, se encuentra con un país ideal, con un país perfecto, con la utopía hecha ley, una ley fundamental. Y la distancia entre ley y realidad siempre se volvió abismal. Y sigue siendo abismal. Y lo que hace el caudillo, sustentado en esa idea que señalaba Vanessa, de que los grandes vacíos de poder los llena una sola persona y las leyes no son capaces, ni las instituciones, de llenar esos vacíos de poder... La gente elige a una persona y se lo deja a esa persona. Y es lo que está ocurriendo hoy, desde México hasta otros lugares de Centroamérica. El fenómeno, en El Salvador, por ejemplo, del presidente Bukele; es un caudillo moderno, es un caudillo joven con un celular en la mano, que no gobierna por decretos con letras floridas, sino por tuits. Y tiene un gran atractivo popular. Y, sin embargo, la gente no lo ve como un dirigente de un país democrático, sino como un caudillo que, él solo, es capaz de resolverlo todo. Entonces este es un juego de espejos: la manera como el caudillo se ve a sí mismo, cualquier edad que tenga, cualquier manera como se vista, aunque no sea militar; y cómo lo ve la gente, que es como un redentor, como el único capaz, como el único posible de arreglar los grandes abismos de miseria que siguen existiendo en estos países. Tengo una contradicción fundamental que sigue consumiéndome.

JUSTO: ¿Cómo ven ustedes —no preguntaré por el rol— el efecto de la construcción de la imagen del caudillo en la literatura centroamericana? Porque en la literatura chilena —puede que diga una estupidez, no me importa— no tengo la impresión de que la figura del caudillo sea, por ejemplo, un índice tan constitutivo. Hay otras cosas, que pueden ser peores: la constitución de la oligarquía creo que puede ser un fenómeno mucho más duro y más grave. Pero, les pregunto a ustedes, ¿la literatura construye esa unidad simbólica en torno a un caudillo o se constituye como literatura en la crítica de la figura del caudillo?

SERGIO: La Centroamérica tropical es caldo de cultivo perfecto para esta literatura del caudillo tropical, del caudillo lleno de medallas y charreteras que se viste con tricornio de plumas como el generalísimo Trujillo en la República Dominicana. O que gobierna desde el luto, vestido de luto, como don Manuel Estrada Cabrera en Guatemala, que no era militar sino abogado, tinterillo, y que llega a asumir todo el poder. Desde finales del siglo XIX y principios del siglo XX, que se transforma después en la figura del general Ubico que, sí, este es el general que se peinaba y se vestía como Napoleón y se metía la mano en la guerrera para tomarse las fotografías igual que Napoleón Bonaparte. Estrada Cabrera es el caudillo que retrata… es el dictador que retrata Asturias en *El señor presidente*.

JUSTO: ¿En *El señor presidente?*

SERGIO: Sí. Es la figura que inspira *El señor presidente*. Y entonces, sí, tenemos una literatura de caudillos porque el caudillo es una figura irremplazable en el panorama real y, por lo tanto, en el panorama literario es demasiado atractivo. Como el general

Maximiliano Hernández Martínez de El Salvador, que era teósofo y era rabdomante (sabía dónde encontrar agua) y que además era curandero, y por la radio estaba conferencias sobre sanidad pública y ordenada que se cubrieran las luces públicas de colores, para ahuyentar las pestes y las enfermedades. Pero era un hombre absolutamente sanguinario, no era solo folclórico, mandó a matar treinta mil indígenas en la masacre de 1932. Entonces, es esta mezcla de horror, de terror, del caudillo despiadado con el caudillo folclórico la que nosotros hemos vivido, pasando por la dictadura de Anastasio Somoza en Nicaragua, Batista en Cuba, Trujillo en la República, Ubico en Guatemala, Carillas en Honduras, Hernández Martínez en El Salvador. Hasta que se llega a desfolclorizar y las dictaduras se vuelven menos atractivas literariamente, pero no son menos letales. El dictador deja de ser este individuo que representa esa tradición folclórica, pero son dictaduras siempre muy letales, como ha ocurrido en Guatemala hasta el día de hoy.

VANESSA: Yo creo que, si partimos desde la independencia, tal como dijo Sergio, si es que el Acta de Independencia decía: «En presencia de todos los guatemaltecos, cuyo clamor de libertad se oye en Palacios», y no había nadie, mandaron a llamar al pueblo, les pusieron un montón de tamales y no se disparó una bala. Ya los que estaban ahí concentrados para firmar el Acta de Independencia, cuyos nombres seguían sonando, todavía están presentes, ya eran personajes —que no se les llama *próceres*, pero eran personajes que tenían poder—. Luego la aparición de Francisco Morazán, que es nuestro Bolívar. Es bien interesante porque son estos personajes que se obsesionan con un sueño. El sueño de Morazán fue unificar Centroamérica, pero eso costó miles de muertes en Centroamérica. Es interesante cómo Morazán, su obsesión era invadir Guatemala, y la invadía constantemente. Hay una historia —que esto es para una novela— que se lleva todos los relojes de los edificios públicos y los instala en San Salvador y nombra San Salvador la nueva capital de la Federación porque tenía un pleito. Y destierra al arzobispo Casaus y Torres, y al marqués de Aycinena, los saca de Guatemala. El marqués de Aycinena era el único que pertenecía a la aristocracia. Era el único. Esa era la razón por la cual Guatemala quería anexarse con México, para tener todavía una legitimidad. Así fue el asunto. Y podemos ir viendo cómo en el caso de El Salvador tenemos, por ejemplo, a Regalado. También el caso de Barrios que muere llegando a El Salvador, aunque se cree que llegó muerto, que ya era tanta la gana de anexar a San Salvador que en un momento se liberan de él. Y hay historias —esta historia es para novela también—; mi papá me estaba contando de un compañero que contaba precisamente en el colegio que su abuelito había matado a Justo Rufino Barrios, que él vio que su abuelito estaba subido en un árbol y desde ahí le disparó, entonces le metió un balazo. Pero ahora los historiadores han llegado a la conclusión de que en realidad lo envenenaron y él llegó muerto. Mi abuela me contaba la historia de que el cadáver llegó rígido, que lo subieron en el caballo cuando —¡y encima y todo matan a Justo Rufino!— pierde la batalla el ejército salvadoreño. Cuando Justo Rufino va tieso en el caballo y se puede ver a aquel muerto cabalgando, el ejército salvadoreño se da la vuelta. Así que estamos plagados, de otro modo no se puede explicar: la historia de Centroamérica es la historia de los berrinches de nuestras oligarquías. ¡Berrinches! O sea, de repente se enojan, algo les cae mal y cambian las leyes. No es por gusto, es que los dictadores la mayoría de las veces la gente cree que son militares, pero en realidad son abogados. La mayoría de las veces han sido abogados, incluso de los literarios. Y, Sergio,

¿no es por gusto que usted y yo somos abogados también? Algo tiene que haber. O sea, estamos trazados por el tema de esta idea de la ley. Cabe recordar que el primer caudillo en la literatura fue del Valle-Inclán: *Tirano Banderas*. De ahí es de donde Miguel Ángel Asturias gana la idea para escribir *El señor presidente*. Entonces, sí, la legalidad es un tema que en nuestros países debería ser historizado.

JUSTO: Una cosa que se me acaba de ocurrir es que la novela, la invención de la novela —aquí, entre nosotros— ¿no es un deseo de poner orden en algo que no puede tener orden? *El señor presidente* a mí me… ¡ay, pero tan deprimido! Es que yo tenía diecisiete años. Es algo que no se lee a los diecisiete años, deberían prohibir esas cosas. Habría que establecer una escala. Es que, claro, la novela es parte de la invención del país y parte de la invención de la lengua. Quizá para nosotros no sea tanto la novela como la poesía y por eso Neruda, De Rokha, Zurita. Es que a veces uno piensa: ¿dónde está el poeta y dónde empieza el chamán? O sea, ya nos fuimos en otro. Pienso que la novela es eso, casi en términos freudianos y literarios. Es decir: ¿de dónde vienen los niños? Tenemos que escribir y decirles: ¿y de dónde vienen los niños?, ¿quién es el caudillo?, ¿quién es el papá?, ¿pero el papá se tiene que someter o no a una ley? Es padre y es productor de leyes al mismo tiempo. Entonces, esa situación es terrible.

VANESSA: Rescato eso de «¿dónde comienza el poeta?». Y en el caso de Centroamérica es: ¿dónde comienza el poeta y dónde el guerrillero? Y eso es una cuestión que no la vas a encontrar. O sea, en Centroamérica nosotros tenemos escritores que a la par de tener el fusil estaban escribiendo. Roque Dalton, hay muchísimos. Realmente llegaron a tomar acción, no fue quedarse solamente en lo que escribían. Y eso es sumamente interesante. O sea, Nicaragua tiene una historia de poesía y revolución a la par, por eso la historia de la revolución nicaragüense fue tan hermosa, porque estaba plagada de poesía, porque estaba plagada de cultura. Hasta la fecha, Nicaragua todavía sigue siendo fruto de esa revolución que tuvo poesía. Eso es una cosa hermosísima.

JUSTO: En nuestro caso es posible que la poesía sea más una sugestión simbólica. Por eso uno es más crítico —desde un cierto momento, con todo respeto— de Neruda, de Rokha, de todos los grandes. Creo que es la invención de un país sustituto que con la poesía nos viene muy bien, no tanto con la novela. Es mi idea, quizá un poco loca, pero no tanto con la novela. Porque en Chile no hay caudillos como esos y Centroamérica y lo tropical pasan a ser más bien un espacio peyorativo. O sea, imagínense ustedes que la dictadura de Ibáñez del 27, cuando participa Chile de la Feria Iberoamericana de Sevilla del año 29 —muy importante, muy grande— es una dictadura que nombra un comisario, imagínense, culturizado a la germana, a la alemana (no nazi) [...]. ¿Cómo pueden explicarse ustedes que en una dictadura haya una sala de arte mapuche? Porque es una dictadura que asume, acepta, un cierto nacionalismo, yo diría que un nacionalismo de baja intensidad. Es una sala que se arma para mostrar que Chile es un país frío, no tropical. Entonces tiene esta cuestión de que durante la transición el presidente Aylwin haya enviado a Sevilla (a la nueva Sevilla) unas pirámides de hielo y uno dice: «Pero, querido, ¡estamos repitiendo la misma movida del año 29!». Justamente para demostrar que no somos tropicales, que no somos calientes, que no tenemos caudillos y que tenemos pura gente responsable. Entonces, esa ficción. Creo que en Chile no hay grandes novelas. Digo así, ya. Es horrible, Sergio, lo que te voy a decir (tú me dirás), pero ¿sabes por qué no hay grandes novelas? Porque en el fondo la política es la gran novela de Chile. La gran ficción de vanguardia es la política chilena. Es la discursividad, son las ciencias humanas. Es ahí donde yo veo […] y creo que, Bolaño, en este sentido, es el elixir expresivo de eso. Es decir, la infraestructura lingüística de Bolaño es la política. Es una hipótesis que me viene a bien. Pero, como les digo, en esa hipótesis, el trópico, Centroamérica, es una construcción para la cual la peyoratividad es lo único que existe. Está lo tropical, y nosotros somos fríos y, además, no usamos muchos colores. La pintura chilena se caracteriza por una escasa variedad tonal. Todo es color ceniza, todo es apocado, calculadamente apocado. Pero todo es una cuestión política. Yo creo que ahí la relación entre la literatura y la política se juega en la lengua. Pero, como ustedes dicen, ustedes son abogados y se juega en la lengua jurídica. Porque la lengua jurídica fija, a través de códigos, un real que es imposible de codificar así.

SERGIO: Yo creo que la novela tiene —como decías antes— esa ambición transformadora y, al mismo tiempo, de reponer la realidad. O sea, es una realidad paralela que refleja en la realidad verdadera. Los novelistas buscan siempre mundos diferentes, crear mundos diferentes. Y, en ese sentido, la novela es una gran muestra de insatisfacción, y el subconsciente busca cómo reponer la realidad real con una realidad distinta, una realidad transformadora, por muy negro que sea el panorama que se pinte. Yo creo que la novela siempre tiene un impalpable trasfondo crítico. Es decir, la novela siempre, a través de las propuestas que hace, está criticando la realidad y buscando cómo la realidad sea diferente, no en reproducirla. En eso mismo consiste el trabajo de la ficción. Es este trabajo de tomar la materia prima de la realidad y transformarla a través de la imaginación. Pero hay escenarios definidos, no como el escenario tropical, que es atractivo. Aunque, como Justo dice, llegó a volverse peyorativo. Cuando O. Henry, uno de mis cuentistas preferidos, se va a vivir a Honduras, huyendo de una acusación de estafa de un banco para el que trabajaba como cajero en Nueva Orleans, se va al puerto de Trujillo en Honduras. Y el puerto de Trujillo era la puerta de salida del banano, que se cultivaba en Honduras, que es el país productor de bananos más grande junto con Guatemala. En un tiempo lo fue Costa Rica también, pero Honduras era la puerta de salida de la llamada Flota Blanca, que eran los barcos de la llamada Fruit Company que iban de Trujillo a Nueva Orleans. Ahí es donde O. Henry se va, huyendo de la justicia norteamericana. Se va a vivir allí y en Honduras escribe una novela bastante desconocida que se llama *Coles y reyes (Cabbages and Kings)*. Y en esta novela que se desarrolla allí en ese ambiente tropical es donde O. Henry inventa el término *banana republic*. Y este término de la 'república bananera' es el que pasa a definir este sentido peyorativo de todo lo que es el trópico centroamericano: dictadores, caudillos, sargentones en el poder, en alianza con la compañía frutera. Porque la que quitaba y ponía presidentes o daba golpes de Estado en Centroamérica, creaba guerras como la que se dio entre Honduras y Guatemala por disputas de terreno de la propia compañía frutera, golpes de Estado como el que llegaron a dar contra el general Alves en 1954, y que está en la novela última de Mario Vargas Llosa. Todo este proceso de putrefacción de la fruta en Centroamérica lleva a esta creación literaria para leer entre estos juegos de poder. El fundador de The Fruit Company era un turco (bueno, árabe, pero *turco* decimos en Centroamérica), Sam Zemurray. Y Zemurray decía —y esto lo escribe Ernesto Cardenal en su poema *Hora 0* donde habla de las dictaduras tropicales en Centroamérica— que en Honduras un diputado es más barato que una mula. Y esto de alguna manera sigue siendo así en Centroamérica. Si la corrupción política es un factor que no ha desaparecido, más bien se ha fortalecido y se ha ramificado. Y otra vez vuelvo al caso de Honduras, el hermano del presidente ha sido condenado por un tribunal de Nueva York por narcotráfico y en las actas del juicio se menciona al presidente de Honduras recibiendo dinero del narcotráfico. Esto es hoy todavía más profundo que entonces. Hay que ser folclórico para meterse a pudrir la raíz constitucional en Centroamérica. Así, narcotráfico, corrupción, pobreza... Todos estos son elementos que están íntimamente ligados por la falta de institucionalidad, y con otros fenómenos que caracterizan a la literatura centroamericana contemporánea, como son el fenómeno de las pandillas en Guatemala, El Salvador, en Honduras, que se transforma en un hecho delictivo y que conspira también contra la institucionalidad. Y el fenómeno de las migraciones permanentes hacia los Estados Unidos que son otra gran tragedia humana con relieves literarios muy importantes. No solo en la literatura de ficción, sino en la literatura testimonial. Hay libros extraordinarios escritos por salvadoreños de crónicas periodísticas o documentales de cine sobre este fenómeno masivo de las migraciones que uno lo puede ver como una estadística hasta que se asoma a localizar a los individuos que forman parte de esas enormes corrientes que van a pie buscando la frontera de los Estados Unidos. Y ahí están los grandes dramas humanos.

VANESSA: Yo creo que...

JUSTO: Ahí, en ese sentido, ¿cómo entra...? No, dime, dime.

VANESSA: No, dale, dale.

JUSTO: No, era para ver eso de las migraciones. Cuando Sergio dice que migrar implica también abandonar, dejar a la madre, ¿qué pasa con la construcción mujer literaria hoy día en Centroamérica?

VANESSA: Eso es una cosa en relación con la novela: mientras la historia es el recuento de los hechos, la novela es el recuento de los sentimientos de una época, a fin de cuentas. Y cuando tú mencionas, por ejemplo, el tema de Chile, de la política, no creo que tenga que ver con los escritores, sino que tiene que ver con la recepción de la memoria colectiva, con la forma en que se miran las cosas. Tú te sorprenderías si vinieras a Centroamérica y vieras a la gente fregada en los pueblos ¡y con un sentido del humor que es admirable! El humor, en nuestros países, es algo que uno admira en la gente. Una va a El Salvador y la gente tiene una sonrisa, se mueren de risa de las cosas que están pasando. En Nicaragua es muy parecido. En Guatemala, los indígenas tienen mucho sentido del humor, o la gente del oriente del país —que es lo más pegado a El Salvador—. Y eso se refleja en la literatura. Por este motivo, a la hora de contar estas historias, son historias superdivertidas. ¿Y por qué traigo a colación esto? Si ustedes revisan a Gabriel García Márquez, ¿qué es lo que él precisamente aportó a la literatura? Es ese sentido del humor tan del interior del país. Porque las ciudades somos serias, somos trágicas, todo lo vemos que tiene que ser negro o blanco. Y eso es una cuestión un poco pesada, quien nos refresca es la gente que tiene una forma de ver las cosas de una manera distinta. Igual, el sentido del humor, creo que es el aliciente cuando las cosas están complicadas. En el caso de lo que tú mencionas de la literatura, bueno, Centroamérica es uno de los lugares que tiene mayores dificultades, obviamente, con el tema de la igualdad y, obviamente, con el tema de la violencia contra las mujeres. Guatemala, Honduras y El Salvador se disputan el Triángulo

Norte, como le han llamado. Ahora, imagínate lo que puede ser para las mujeres el tema de dedicarse a la literatura. No es una cuestión usual en nuestros países y cuando te dedicas tenés un montón de cosas que los hombres no tienen. Es un gremio complicado, el gremio literario también, obviamente. Para vincularlo con el tema de la migración, sí, somos países que estamos teniendo situaciones en las que hay familias que se están quedando con solamente una persona a cargo de los niños, y a veces son mujeres ancianas porque la hija migra, decide emigrar y ya sabemos lo que le ocurre a todas las mujeres cuando van en inmigración. La situación de las mujeres es complicada, complicadísima. Siempre nos llevamos la peor parte. Las mujeres, niños y ancianos, es siempre la parte que sufre las consecuencias más terribles, pero gracias a la literatura creo que están saliendo a la luz cosas que antes no se hablaban, que no se mencionaban. ¡Hasta dónde las mujeres podían tener circunstancias distintas! Rescato la novela *La ruta de su evasión* de Yolanda Oreamuno, en Costa Rica, que por primera vez cuenta la historia de una mujer a la que le quitan a su hijo y ella entra en una crisis. Sergio escribió una novela al respecto. Creo que es de rescatar, y es la primera novela psicológica de Centroamérica. Ganó un premio importante en Guatemala. Si no me equivoco, fue en el 68, y ya es una mujer invisibilizada, aunque tiene todo ese mérito. Y todavía tenemos una relación bien complicada con el tema de las mujeres. Bueno, irá cambiando, esperemos.

JUSTO: Y una cosa me gustaría saber, ¿qué están haciendo ahora ustedes? Me carga la palabra *proyecto* cuando uno está escribiendo una novela, pero en el fondo es: ¿qué están haciendo? ¿En qué están?

SERGIO: Yo he terminado de escribir una novela que ahora va a aparecer publicada en Alfaguara en España y en México en septiembre de este año. Entonces voy a comenzar las pruebas de edición con los editores, las pruebas del libro. Y, bueno, ese es mi último libro, pertenece a la trilogía que empecé con *El cielo llora por mí* y siguió con *Ya nadie llora por mí,* y esta última que se llama *Tongolele no sabía bailar.* Tiene un mismo personaje, que es el inspector Dolores Morales y esta novela está centrada en los acontecimientos que se produjeron en Nicaragua hace tres años, precisamente en abril del año 2018, cuando se produjeron aquí terribles masacres contra jóvenes que protestaban desarmados en las calles. Esta trama contemporánea es la que está metida dentro de la novela.

JUSTO: Ah, bueno, bueno. Estaremos pendientes, entonces, con Alfaguara.

SERGIO: Muchas gracias.

JUSTO: Y, Vanessa, ¿qué estás haciendo?

VANESSA: Estoy trabajando en una novela en la que llevo bastante rato sobre la etapa después de la firma de página de El Salvador que yo lo catalogo como una etapa de violencia económica porque entra todo el tema de qué hay que consumir, de que nos decían que teníamos que subirnos en el «tren de la globalización», pero no teníamos los recursos económicos para hacerlo. Yo lo estoy disfrutando un montón, pero el tema es que uno se pone a investigar un montón y en la investigación le surgen un montón de otras situaciones pero no es un tema muy investigado tampoco. O sea, no es algo que esté muy investigado.

Me ha costado mucho, he tenido que investigar personajes de la época que, por supuesto, tienen su propio punto de vista. Me interesa mucho ese tema. Y estoy escribiendo cuentos, creo que la pandemia nos dio el tiempo para escribir cosas cortitas. La pandemia sí que nos ha marcado mucho la forma de funcionamiento, tenemos la oficina en la casa, estamos siempre en el mismo lugar. Yo tengo que dar una vueltecita a la panadería alrededor de mi casa, aunque hay un montón de lugares, pero voy ahí para sentir que camino porque es que realmente ya no necesitamos ni siquiera salir de la casa, ¿verdad? Sí, afecta, y caminar hace que funcione el cerebro de una manera distinta.

JUSTO: Y esa cuestión del cuento… El cuento, sí, es una estructura más, uno debiera rearmarla. En Francia hay una editorial dedicada al cuento nada más. En todo el mundo. Y eso recupera la estructura del cuento, el cuento corto, etcétera. Pero les ha bajado a estas editoras una especie de obsesión, yo no diría purista, sino de reivindicación, muy nostálgica (en el mejor sentido) de: «No, ¡el cuento! ¡El cuento!».

SERGIO: Me parece que se trata de un buen *revival* ese, porque en España existe la editorial Páginas de Espuma, que se especializa en cuentos, y ha servido muchísimo para revalorizar, revalorar, contemporáneamente, el arte de escribir cuentos. Yo, la verdad, cuando empecé a escribir, hace muchos años, empecé escribiendo cuentos porque yo quería ser cuentista. Los cuentistas tenían mucho prestigio. Uno entraba a las librerías y se encontraba los libros de cuentos. Hoy en día, si un escritor joven quiere ir a una editorial por un libro de cuentos, tiene de antemano puesta la cerradura. Hay que recuperar ese prestigio que tiene el cuento.

JUSTO: Exacto. ¿Y qué cuentistas? Los cuentistas argentinos de los 70. ¡Era una trama! Había un mapa. Eso lo perdimos después. Claro, viene la dictadura chilena y nuestras relaciones con el mundo cambian un poco, pero el *cuentismo* argentino para nosotros fue un referente importante, muy genial. Muy genial. Sobre todo, no sé, Tununa Mercado, y sin dejar de mencionar a los otros, históricos ya, Silvina Bullrich. El mapa de la *cuentística* Argentina creo que hay que recuperarlo. Así, como forma. Lo otro que tú dices, con la pandemia y el cuento corto —o el cuento, así, estricto—, sí parece que hay una especie de técnica de la escritura en que el cuento funciona como una especie de máquina mental, que funciona por trechos cortos y que no está diseñada más que para ir hasta ahí. Porque, no lo sé, yo he estado ocupado, pero escribiendo sobre historia del arte que es mi espacio, de una manera sustituta de hacer novela. Entonces, yo más que nada me califico de escritor y novelista porque mi forma de contar y mi novelística están insertas en esta historia del arte que considero como una ficción más.

VANESSA: Yo te diría que el cuento es intensidad y la novela es resistencia. Una novela es una relación larga. Un cuento es un *one night stand,* pero memorable.

JUSTO: Lo que pasa es que tenemos un problema porque con Bolaño se intensifica la conexión y la cadena *cuentística* que forma la base de su novelística. Entonces la expansión en Bolaño es algo raro porque es una expansión intensificada que no habíamos logrado entender. Yo leo mucho a José Donoso, a Jorge Edwards. Hay grandes novelistas chilenos en ese sentido. Sí, Carlos Droguett. Ya, todos. Pero a Bolaño recién lo estamos leyendo. Es demasiado.

A mí me parece demasiado. He dejado de leerlo porque si no no puedo hacer otras cosas. Es un problema.

VANESSA: Es que Bolaño es un compromiso. Tú agarras sus novelas y es… Terminas de leer y te dan ganas de comenzarlas de nuevo porque algo pasaste por alto. Es una transformación.

JUSTO: Pero eso es el delirio mexicano. Yo creo que lo positivo de esto es un chileno ya delirante que sale por primera vez de Chile. Porque, en Chile, todos mirándonos el ombligo antes, todos mirándonos el ombligo. Y había que pagar la cuota de dólares antes porque si no no te dejaban salir. Y no sabíamos qué era viajar. O sea, Bolaño se deslocaliza también en el foco. Llega a México en un momento bastante magistral. Entonces es el efecto de un delirio mexicano.

VANESSA: Claro, fíjate que, la lógica, si vamos a hablar de la novela, de la gran novela chilena escrita por mujeres, yo no sé por qué siempre es sobre Isabel Allende. Y yo te voy a decir que *La casa de los espíritus* es una gran gran novela, y que yo entiendo que desde la perspectiva patriarcal no la contemplen como tal, pero es una gran gran novela.

JUSTO: Es que ahí con eso ya nos metemos en problemas, porque, efectivamente, es desde la perspectiva patriarcal, porque es una gran escritora, pero mal querida también. Porque no cumple con ciertos rasgos que debiera cumplir de acuerdo a un canon literario oficial chileno.

VANESSA: Es que si te decides poner patriarcal, no. Entonces vamos a lo mismo.

JUSTO: ¡Ay!, es que es complicado.

VANESSA: Es que ¿quién es Marcela Serrano? Y en el caso de Nicaragua […]. *Los recuerdos del porvenir* de Elena Garro, que más o menos sufrieron el mismo tratamiento y hoy se la reconoce como una novela fundadora del realismo mágico.

JUSTO: Ahora hay unas jóvenes novelistas chilenas muy muy arriesgadas. Muy bien, de verdad que te diría que la narrativa joven chilena escrita por mujeres… Es un espacio, te diría, para experimentar, un espacio importante. No lo veo… No veo… en términos…

VANESSA: Es que es lo mismo. Así como, en su momento, algún latinoamericano fue considerado un club de escritores —es que me da risa, porque se menciona eso— un club de escritores hombres, con corbata. Lo mismo pasó en Centroamérica, durante mucho tiempo, han visibilizado a los hombres. De hecho, la obra de muchas mujeres centroamericanas es estudiada en Estados Unidos, en Europa, pero no en Centroamérica. Es que en Centroamérica es todavía muy muy complicado el tema. Y te lo digo como mujer.

JUSTO: ¡Ah!, es verdad. Pero imagínate que recién estamos estudiando a Pizarnik y a otras. O sea, también hay una especie de retraso u omisión. Sí, hay omisiones históricas así. Pero yo te diría que en la literatura chilena el futuro de las mujeres está, hay. Hay una cuestión importante ahí que está ocurriendo. En la poesía quizá también. Pero los tiempos que se vienen yo creo que son de un cierto riesgo formal. Sobre todo en estas nuevas escritoras jóvenes, hay una nueva apuesta así. Creo que hay que verlo con cuidado, con atención, con todo.

VANESSA: Y ¡ojo!, que el 70 % de los lectores son mujeres. Y eso es importante.

JUSTO: ¿Tú crees? ¿Y por qué el 70 %?

VANESSA: Tenemos un desarrollo económico, ahora podemos adquirir literatura. Y las mujeres estamos superinteresadas. Yo en mi taller de literatura tengo un 80 % de mujeres, que son las que están interesadas en la literatura hispánica. Entonces, eso sí está interesante porque antes los hombres eran los que tenían el poder adquisitivo. Y ahora hay muchas más mujeres con poder adquisitivo.

JUSTO: No lo había pensado tan así. Ya. Sí.

VANESSA: Habría que confirmarlo con las editoriales directamente, pero está en los datos y en lo que yo he escuchado. Y tiene lógica.

JUSTO: Para cerrar, hay una cosa que me estaba dando vueltas sobre Centroamérica —para volver a terminar de hablar de Centroamérica—. Me quedé muy contento con esto que ustedes me decían de las capitanías generales. Creo que hay que buscar un poco más. Luego de esta conversación con ustedes, me voy a dedicar a estudiar las capitanías generales como concepto jurídico y de administración del imperio, de la monarquía. Creo que es un asunto fascinante. Otra cosa que les diría es que quizá nosotros no tenemos novelas de caudillos, pero sí tenemos novelas de la desconstitución de la oligarquía. En el sentido de que son los historiadores contemporáneos chilenos que dirán: «Bueno, mira, la levedad de nuestra clase política siempre» y «el mercantilismo chileno del siglo XIX que no logra construir un Estado, bla-bla-bla». Así pues, es una novelística de la incapacidad de constitución de la nación, por parte de esta oligarquía que, así como pensando en un «Marx literario» no cumplió con la misión que su tiempo le tenía reservado. Entonces: «¡Ah, esa oligarquía se desplomó!». Es como la novelística del desplome de esa oligarquía. Y tú lo encuentras en Joaquin Nodal. Pero, sobre todo, hay una figura […] lo que cabe estudiar ahora porque es el año del centenario de su fallecimiento es don Alberto Blest Gana, que es el que escribe una novela maravillosa que se llama *Los trasplantados*. Y yo digo que es maravillosa, pero lo que pasa es que es una novela terrible porque es la historia de los tipos que se quedan en París haciendo nada. Que ya no pueden regresar, que ya son todos fallidos. Y esa es una novela del 1900. Entonces, ya, en la novelística chilena el asunto de la falla, como falla geológica, en literatura es una cuestión importante, constitutiva. Quizá eso nos hace ser un poco más desesperanzados. O por lo menos de mi parte. Bueno, ha sido un gran placer conversar con ustedes. Y como una cosa lleva a la otra, me ocuparé de lo que están haciendo.

SERGIO: Muchas gracias.

JUSTO: Los buscaré y les escribiré.

VANESSA: Muchas gracias. Nos buscaremos.

SERGIO: Muchas gracias, Vanessa, por esta conversación.

VANESSA: A usted, Sergio. Qué gusto verlo.

JUSTO: Bueno, un gran abrazo. Y ya seguiremos comunicados. Ha sido un gran placer conversar con Sergio y Vanessa.

París en mayo: cantar la libertad en español

PABLO MILANÉS

Conducido por **Yolanda Castaño**

Queridos amigos, amigas: Hasta el París que no se acaba nunca toca su fin. Así y todo, no quisiéramos dejar de despedirnos sin poner el mejor broche posible a una auténtica fiesta de las letras hispánicas. Tras un pequeño y muy cercano diálogo con él, lo hacemos, ni más ni menos que con un concierto de uno de los más grandes cantautores en español de todos los tiempos: Pablo Milanés. Un incalculable regalo, un lujo capaz de dejarnos en los labios toda la miel de estos días. Con París en mayo: cantar la libertad en español, *nos despedimos por este año. Muchísimas gracias por la atención, y sigan cuidándose lo más posible.*

YOLANDA CASTAÑO: Buenas tardes a todas y a todos. Bienvenidos a *Paris ne finit jamais*, a *París no se acaba nunca*, en una nueva sesión del festival que pone un broche de oro como no podíamos imaginar de mejor forma. Tras ver estas imágenes de los mejores momentos del festival vamos a concluir con la edición de este año de una manera inmejorable. Tenemos con nosotros nada más y nada menos que a Pablo Milanés, legendario compositor, guitarrista, y cantante, con 55 años de una carrera irrepetible que ha conseguido conmover a generaciones. El cantautor cubano ha sido fundador de la Nueva trova cubana junto a Noel Nicola y Silvio Rodríguez. Ha construido su personalísimo acento, y llevado a lo más alto, desde el son cubano hasta la canción protesta. Cuenta con dos Grammys latinos, entre muchísimos otros galardones, tras 44 discos grabados como solista, además de otras decenas y docenas grabados con el grupo de experimentación sonora del ICAIC, del Instituto Cubano del Arte y de las Industrias Cinematográficas, y en colaboración con otros enormes artistas de los que la lista sería interminable. En definitiva, Pablo Milanés es uno de los mayores tesoros musicales, y de los más ricos de toda Latinoamérica. ¡Muy buenas tardes, queridísimo Pablo! Muchísimas gracias por estar con nosotros. Bienvenido.

PABLO MILANÉS: Buenas tardes. Muchas gracias por tus elogios.

YOLANDA: A mí me emociona poder saludarte, poder entrevistarte y conversar contigo, Pablo. Además, personalmente, sabes que, llamándome yo Yolanda, llamándome como me llamo, tú sabrás y adivinarás que las que nos llamamos Yolanda tenemos un vínculo muy especial con Pablo Milanés, un vínculo eterno.

PABLO: [*Risas*]. Es cierto, es cierto.

YOLANDA: Adonde vamos, se nos recuerda tu eterna canción, Pablo.

PABLO: Es cierto. Es verdad.

YOLANDA: Te hemos invitado, como es evidente en este festival, por la enorme y fecunda relación de tu trabajo con las poéticas latinoamericanas en general. Somos un festival de literaturas de ámbito hispánico, y esa relación tan intensa con todos esos autores, señaladamente con poetas, poetas latinoamericanos, creo que ha sido muy fecunda. Pero cuéntanos un poquito de cómo empezó y cómo ha sido esa relación.

PABLO: Sí. Yo fundamentalmente empecé por José Martí, que era lo más natural. Porque, independientemente de que José Martí representa una figura patriótica grande dentro del panorama independentista de Cuba, también era un gran poeta. Se introdujo en el Modernismo de una forma en que, bueno, hay anécdotas de que cada vez que Darío se encontraba con él le decía *maestro*, así que estaban de tú a tú. Y tiene una gran poesía, y me dio por musicalizarlo a él primero, y después a quién se considera hoy el poeta nacional, que es Nicolás Guillén, también lo musicalicé completo. Después seguí musicalizando a distintos poetas de América Latina como César Vallejo, Benedetti, y se me dió también por un poeta extraordinario al que muy poca gente lo conoce como poeta, Ho Chi Minh. También Rubén Darío, Amado Nervo. Esa es la lista de poetas que yo he musicalizado. Hay poemas de ellos que me han desgarrado completamente por su calidad. Por ejemplo, a Jaime Sabines no lo he musicalizado, y eso es una promesa que tengo, porque a los pocos días de verme por primera vez con él, hicimos una gran amistad, y quedamos en hacer un disco entre los dos. No lo pude hacer, y eso es algo que tengo pendiente y creo que lo haré porque, bueno, tú sabes la calidad de Jaime, la clase de poetazo que era.

YOLANDA: ¡Tremendo, tremendo! Afortunadamente, los poetas nunca mueren, Pablo. Así que, que haya siempre proyectos tan hermosos, para seguir.

PABLO: Sí, sí.

YOLANDA: También, en La Habana, en La Casa de Las Américas, por allí pasaron también muchos poetas, Pablo. ¿Qué recuerdas de aquella época? Porque yo recuerdo que allí entraste en contacto con nombres que, bueno…

PABLO: Uy, sí, sí. ¡Cómo no! La memoria no me alcanza ahora porque, imagínate tú, desde los años 60 conversando con todos aquellos personajes que llegaban a La Habana al Premio Casa de Las Américas. Recuerdo una figura, Cortázar, por ejemplo.

YOLANDA: Llegaste a conocer a Cortázar, y creo que hay una anécdota.

PABLO: ¡Claro! Éramos amigos también. Paseábamos. Una vez, paseando por el Malecón, le dije: Te tengo una pregunta… Y me dijo: No me vayas a hablar de *El perseguidor*, porque te mato. [*Risas*]. Y no le hablé de *El perseguidor*, que es uno de los cuentos más geniales junto con *El asesino*, de Hemingway, que yo he leído. *El perseguidor...* Y también tengo otra anécdota de él, en que me pidió la canción *Ya ves, yo sigo pensando en ti*, y resulta que después hizo un poema basado en aquella canción, que se titula *Ya ves, yo sigo pensando en ti*, exactamente. Y dije: Inspirado en una canción de Pablito. Como me decía él, "Pablito". [*Risas*].

YOLANDA: Un poema de amor que, al escucharte cantar...

PABLO: Y muchos, muchos poetas. ¡Qué te digo!

YOLANDA: Qué hermoso, que al escucharte cantar, Cortázar tomara prestado ese verso para escribir un poema. También conociste a Benedetti, a Amado Nervo...

PABLO: Sí, ¡cómo no! Conocí a Benedetti personalmente, por supuesto. Incluso trabajó en La Casa de Las Américas un tiempo y nos veíamos muchas veces al mes. Musicalicé ese poema tremendo que se llama *Hombre preso que mira a su hijo*. Y después de eso mis amigos me dijeron que podía musicalizar La Biblia sin problema [*risas*] porque era un poema tan espeso y tan plúmbeo, y, de verdad, tan difícil además, con todo lo que él decía y escribía. Pero me atreví a hacerlo y lo hice. Y en estos días estoy ensayando para cantarlo porque llevo como 15 o 20 años sin cantarlo. Bueno, lo canté la primera vez que llegué invitado por el gobierno, primer gobierno democrático, en Uruguay, cuando cayó la dictadura. Y lo canté como ante cien mil personas, a guitarra sola, ¡imagínate tú! Con una pierna apoyada en una sillita, ahí, cantando para toda aquella gente *Hombre preso que mira a su hijo*. Pero, de todas formas, fue conmovedor, fue una historia muy linda.

YOLANDA: Qué hermosa historia. Y además, con tu arte has conseguido llevar a todos esos poemas por todo el mundo.

PABLO: Ha sido muy enriquecedor todo lo que yo he hecho en cuanto a literatura y poesía, porque he leído mucho. He leído, se podría decir, a casi todas las generaciones de escritores que han existido. Un poco de esto, un poco de aquello, un poco de cada uno. Te puedo decir, por ejemplo, que de la generación perdida me he leído todo. La novela negra me encanta. Y John Bowlby, hoy en día, es uno de los representantes máximos. John Connolly, irlandeses… Tengo una leve inclinación hacia la literatura irlandesa, [*risas*] no sé por qué pero me leo a muchos irlandeses. Bueno, a los ingleses también, poetas, escritores, Yeats, Keats, todos ellos. En fin, estoy saturado y lleno del espíritu de toda esa gente.

YOLANDA: Sabemos que eres un lector voraz, un lector sensible. Y es maravilloso que un alma sensible como la tuya pueda no solo recoger todo eso sino devolverlo, además, en forma de sensibilidad musical.

PABLO: ¡Sí, señor! Por eso me dio mucho gusto que me invitaras a esto para, al final, hacerles un breve regalo que, tal vez, no esperen.

YOLANDA: Eso va a ser un auténtico lujo, un auténtico privilegio. También, basado en un poema de Miguel Barnet, nace la canción *Si el poeta eres tú…*

PABLO: Así es, es de un poeta cubano.

YOLANDA: Claro. Eso fue desde el centro de la canción protesta, ¿no?

PABLO: El poema de él es muy breve, decía: *No es que quiera cambiar pluma por pistola/ pero el poeta eres tú//.*

YOLANDA: ¡Qué hermosura!

PABLO: Sí, en verdad. Entonces, de ahí nace la canción. *Si el poeta eres tú, como dijo el poeta,* digo yo en la canción.

YOLANDA: Y tú te has hecho poeta como todos ellos, y llevado esos versos por el mundo. Y quizás la experiencia más reciente es *La canción de otoño*, ¿no?, que es un disco que acabáis de sacar en el 2015, que concibes junto a José María Vitier, y que aparece un catálogo entero de poetas latinoamericanos.

PABLO: De poetas latinoamericanos, y algunos poemas de él también. José María es un gran poeta. Pero además es hijo de dos grandes poetas, de Fina García Marruz, premiada con el Reina Sofía, y de Cintio Vitiel, gran poeta cubano también. Y es así que José María tiene toda la gran talla de esos poetas cubanos.

YOLANDA: Qué maravilla de catálogo de poéticas contemporáneas. También incluso está San Juan de la Cruz ahí musicalizado.

PABLO: ¡También!

YOLANDA: Bueno, Lorca, José Martí, Ernesto Cardenal, Rubén Darío, Gabriela Mistral también.

PABLO: Gabriela Mistral también. Sí, es un compendio de poetas latinoamericanos extraordinarios. Él los musicalizó y yo los canté.

YOLANDA: Claro. Es un disco muy sencillo: piano y voz.

PABLO: Sí. Piano y voz nada más. Es precioso.

YOLANDA: Y supongo que habrá sido un proceso de creación emocionante entre vosotros dos, con esa amistad, ¿no?

PABLO: Sí, sí. Fue un trabajo de años, porque veníamos pensando y soñandolo de antes, de hace 20 años. Hasta que me aparecí por su casa un domingo por la mañana. Lo desperté y le dije: Ya. Este disco va. Vamos a estudiarlo y vamos a trabajar. Lo grabamos y ya. Fue una maravilla.

YOLANDA: Qué legado maravilloso, Pablo. Muchísimas gracias por haberte conectado, por haber puesto tu grano de arena, por habernos revelado un poco más de esa fructífera relación tuya con los poetas y las poéticas de toda Latinoamérica. Creo que vamos a tener el inmenso honor y el orgullo de que puedas mostrar un poquito de todo esto, de tu genio y de tu talento creativo, con una ocasión realmente desde la intimidad pero desde toda la grandeza que tú tienes para toda nuestra audiencia.

PABLO: Bueno. Muchísimas gracias, a ti y a todos.

YOLANDA: Te pasas al estudio y nos vemos allí mismo.

PABLO: Muy bien. Voy para allá.

YOLANDA: Muchas gracias. Te escuchamos con toda la atención junto a tus músicos y en tu estudio de grabación. Muchísimas gracias, Pablo. Siempre te recordamos. Un fuerte abrazo.

PABLO: Gracias. Adiós.

Agradecimientos

Nuestro más profundo agradecimiento a todas aquellas personas e instituciones que han contribuido a la realización de este festival, pues, sin ellas, no habría sido posible.

Un especial agradecimiento para Yolanda Castaño, Teresa Cuíñas y Álvaro Rebón, por su gran implicación en este festival.

Muchas gracias a todas las personas que han intervenido en todas y cada una de las sesiones que nos han acercado al goce y el placer de la literatura, que nos han mostrado la vinculación de esta con otras artes y que, desde París, nos han ayudado a descubrir nuevos horizontes para hacer de este mundo, un mundo mejor.